W0309551

Henning Beck

12 GESETZE DER DUMMHEIT

Denkfehler, die vernünftige Entscheidungen in der Politik und bei uns allen verhindern

Econ

Wir verpflichten uns zu Nachhaltigkeit

- Papiere aus nachhaltiger Waldwirtschaft und anderen kontrollierten Quellen
- Druckfarben auf pflanzlicher Basis
- ullstein.de/nachhaltigkeit

MIX
Papier
FSC FSC® C083411

Econ ist ein Verlag
der Ullstein Buchverlage GmbH

ISBN 978-3-430-21102-4

3. Auflage 2023

© 2023 by Ullstein Buchverlage GmbH, Berlin
Alle Rechte vorbehalten
Wir behalten uns die Nutzung unserer Inhalte für Text und Data Mining im Sinne von § 44b UrhG ausdrücklich vor.
Gesetzt aus der Aldus nova Pro
Satz: LVD GmbH, Berlin
Druck und Bindearbeiten: CPI books GmbH, Leck

Inhalt

Vorwort

Ich bin nicht gerne dumm. Denn es berührt mich in meiner Ehre als Mensch, wenn ich höre, dass ich nicht das Beste aus meinem Intellekt mache. Schließlich ist es unsere Fähigkeit, klug zu denken, die uns von anderen Lebewesen unterscheidet. Wir haben sonst nichts: Wir können nicht schnell rennen, nicht gut schwimmen, weder fliegen noch hoch springen. Unsere Zähne degenerieren seit der Erfindung des Feuers so sehr, dass wir mit ihnen heute noch weich gekochte Nudeln oder Reis, aber kaum rohes Fleisch mehr zerteilen können. Wir sind praktisch nackt, nicht besonders stark, haben weder Giftstacheln noch Hörner oder Klauen. Sprich: Im Vergleich zu vielen Wildtieren sind wir das geborene Opfer. Das Einzige, was uns bleibt, ist unser Gehirn – und unsere Gabe, besser zu denken als der Rest auf dieser Welt.

Dummheit ist deswegen das große Tabu unserer Gesellschaft. Sie können über Menschen heute praktisch alles sagen, dass sie groß, klein, dick, dünn, fleißig oder faul sind. Aber wehe, Sie nennen jemanden aufrichtig und ehrlich gemeint »dumm«. Denn in einer Gesellschaft, in der die Fähigkeit, mit Informationen umzugehen, zur wichtigsten Kulturtechnik geworden ist, gilt derjenige, der nicht gut denken kann, schnell als wertlos. Dass zu einem schönen Leben mehr dazugehört als Klugheit, kümmert uns nicht. Denn nichts kränkt uns mehr als der Vorwurf, dumm zu sein. Dumme Menschen haben keine Lobby. Sosehr wir die Vielfalt preisen, Dumme schließen wir immer davon aus. Teams, Unternehmensvorstände und Parlamente sollen möglichst divers besetzt werden: kulturell übergreifend, alle Altersgruppen umfassend, alle Geschlechter einbindend. Aber niemand hat bisher eine Petition gestartet, dass man auch dumme Menschen aus Gründen der Diversität öfter in Vorstände oder Abgeordnetenhäuser bringen sollte. Wir meiden Dummheit, wo es nur geht. Das Einzige, was wir den Dummen zuschreiben, ist ein bisschen Glück: »Die dümmsten Bauern haben die dicksten Kartoffeln«, heißt es dann. Selbst auf Dumme können Menschen also noch neidisch sein. Wenn das mal nicht gleichfalls dumm ist.

Unsere menschliche Identität baut darauf auf, dass wir gerade nicht dumm sind. Und das ist auch völlig korrekt. Wir mögen schwach und verletzlich sein. Doch wir können Dinge, die kein anderes Lebewesen fertigbringt: Wir kommunizieren mit künstlich geschaffenen Symbolen (einzigartig auf der Welt). Wir kooperieren familienübergreifend und helfen Wildfremden, bauen dadurch Sozialstrukturen auf, die alles übersteigen, was andere Lebewesen auf diesem Planeten erschaffen. Wir sind in der Lage, uns die Zukunft mental vorzustellen und daraufhin Pläne für Dinge zu entwerfen, die es heute noch gar nicht gibt. Diese Eigenschaften sorgen dafür, dass wir die dominante Spezies auf diesem Planeten geworden sind. Im direkten Duell haben wir gegen einen Löwen keine Chance – und trotzdem machen wir Selfies mit dem König der Tiere, zwei Meter von ihm entfernt, während er eingesperrt in einem Käfig liegt. Selbst wenn man kognitiv »dumm« ist (also einen IQ von unter 70 aufweist, während Hochbegabung bei einem IQ von 130 beginnt), ist man immer noch schlauer als der cleverste Delfin.

Dummheit kann entstehen, wenn man kognitiv zu schlecht denkt: Wenn man sich aus organischen Gründen wenig merken kann, ständig unkonzentriert ist, mathematisch unterbegabt oder sprachlich zurückgeblieben. Dummheit kann es aber auch sein, wenn wir wider besseres Wissen Entscheidungen treffen, die uns zum Nachteil gereichen – nicht aus Mangel an Intelligenz, sondern aus falsch eingesetzter oder sogar aus zu viel Intelligenz. Menschen können nämlich auch derart intelligent und gebildet werden, dass sie dumme Entscheidungen treffen. Denn dass jemand viel geistige PS unter der Haube hat, heißt noch lange nicht, dass er diese auch in die richtige Richtung lenkt. Dieses Thema finde ich so paradox, dass ich es gleich zum Schwerpunkt des ersten Kapitels gemacht habe. Denn allein die Tatsache, dass wir einen hohen IQ haben, heißt noch lange nicht, dass wir der Dummheit entkommen wären. Das Gegenteil kann mitunter der Fall sein.

Überhaupt: Dass Intelligenz allein genug wäre, um menschlichen Fortschritt dauerhaft zu ermöglichen, ist erst mal nur eine Vermutung. Es könnte auch sein, dass Intelligenz ein evolutionäres Ereignis ist, das keineswegs stabil ist, sondern schon nach kurzer Zeit (also nach wenigen Hunderttausend Jahren auf einer evolutionären Skala) kollabiert. Dass alle paar Millionen Jahre in einem Ökosystem in unserer Galaxie eine Form von Intelligenz aufblitzt, die sich so sehr in die eigene Vernichtung steigert, dass sie schnell wieder verschwindet.

Unplausibel wäre diese Annahme nicht. Schauen Sie sich um: An vielen Stellen handeln wir wider unsere Existenz. Wir wissen, dass wir unser Verhalten an vielen Stellen ändern müssen (nicht nur in großen Fragen wie dem Artensterben, sondern auch in »kleinen« wie unserem Rentensystem), trotzdem tun wir nichts wirklich Entscheidendes dagegen. Wir vertrauen lieber darauf, dass wir ein langsam bedrohlicher werdendes Problem ad hoc lösen können, wenn es allzu akut geworden ist. Oder wir halten krampfhaft an dem fest, was wir haben, und verteidigen es gegen alle Bedrohungen. Krisen kommen immer überraschend, weil wir lieber in Trends denken und uns die Zukunft deswegen immer falsch vorstellen. Wir lieben unsere Ansichten so sehr, dass wir uns in Meinungsgrabenkämpfen gegen andere Menschen verschanzen, statt gemeinsam an einem Strang zu ziehen. Und je gebildeter wir sind, desto besser gelingt uns genau diese intellektuelle Frontenbildung, bis am Ende ganze Gesellschaften zerfallen. Nicht aus geistiger Umnachtung, sondern als Ergebnis rhetorischer Schlachten. Wir sind so sehr von unseren ausgefeilten Denkmöglichkeiten verzaubert, dass wir bei Problemlösungen immer mehr Dinge hinzufügen, bis die Welt am Ende so komplex geworden ist, dass sie kaum steuerbar bleibt.

Alle diese Formen von Dummheit resultieren nicht daraus, dass wir zu wenig intelligent sind, sondern dass wir unsere Denkfähigkeiten nicht sinnvoll oder wider besseres Wissen einsetzen. Hinter manchen dieser »Dummheiten« stecken tatsächlich menschliche Denkfehler und kognitive Verzerrungen, die es uns schwer machen, die Welt richtig zu erfassen. Unsere Risikowahrnehmung ist zum Beispiel vollkommen verzerrt. Das ist noch keine Dummheit. Dumm ist es, im Wissen um diese Denkschwächen trotzdem weiter unklug zu handeln.

Genau das können wir uns hierzulande nicht leisten. Denn wir sind ein Land ohne große Ressourcen. Wir buddeln nichts aus der Erde, um es dann teuer zu verkaufen. Wir sind ein Land, das von den Ideen seiner Menschen lebt, von seiner Fähigkeit, Probleme anders anzupacken und besser zu lösen als anderswo auf der Welt. Kaum ein anderes Land ist derart darauf angewiesen, dass man sein Gehirn sinnvoll einsetzt und Dummheit(en) vermeidet. Genau da soll dieses Buch einen Hebel ansetzen und zeigen, an welchen Stellen wir uns unter geistigem Wert verkaufen – um es mit diesem Wissen in Zukunft besser zu machen.

Ich habe Neurowissenschaften studiert, weil ich davon überzeugt bin, dass das menschliche Gehirn das wundervollste Organ der Welt ist. Und ungeachtet der Tatsache, dass selbst die intelligenteste Struktur dieser Welt immer wieder Mist bauen kann, bleibe ich dabei: Über alles, was wir brauchen, um in Zukunft clever zu denken, verfügen wir schon längst. Wir dürfen es bloß nicht dumm einsetzen. Denn jede Superkraft will sinnvoll genutzt werden. Wie schrieb die Comic-Legende Stan Lee über seinen Spider-Man: »Aus großer Kraft folgt große Verantwortung.« Wir haben die Verantwortung, gut zu denken. Das ist unser evolutionäres Erfolgsmodell.

DIE POST-WISSENSCHAFTLICHE GESELLSCHAFT 1

Bildung schützt vor Dummheit nicht

Geht es den Menschen heute besser als früher? Natürlich, werden Sie sagen, die Statistik spricht schließlich eine eindeutige Sprache. Nie war die Kindersterblichkeit geringer, nie lebten wir gesünder. Die Lebenserwartung in Deutschland hat sich in den letzten 150 Jahren sogar verdoppelt: Im Kaiserreich wurden Frauen im Durchschnitt gut 38, heute über 83 Jahre alt.[1] Hans Rosling hat ein wunderbares Buch (*Factfulness*) über den globalen Trend geschrieben, dass Menschen heute viel wohlhabender und gesünder sind als praktisch zu jeder beliebigen Zeit in der Vergangenheit.[2] Objektiv betrachtet gab es niemals eine bessere Zeit als jetzt. Früher starb man hierzulande an den Pocken, der Cholera oder der Tuberkulose, Krankheiten, die heute nur noch Medizininteressierte kennen. Sie können online haufenweise Statistiken finden, aus denen eindeutig hervorgeht, wie gut wir es heute haben. Nicht nur Hans Rosling, sondern zahlreiche Statistiker haben in Büchern, Vorträgen oder Artikeln nachgewiesen, dass die Vorstellung einer immer schlechter werdenden Welt Unsinn ist.

Ist Ihnen etwas aufgefallen? Die Eingangsfrage wurde nicht beantwortet. Natürlich, wir sind gesünder als vor 200 Jahren, aber geht es uns auch subjektiv besser? Sind wir glücklicher? Wir wissen es nicht, denn niemand hat in den 1940er-Jahren eine Umfrage zum Lebensglück der Deutschen gemacht. In den USA aber schon – mit dem Ergebnis: Direkt nach dem Krieg waren die Leute glücklicher als Ende der 2000er.[3] Verrückt, werden Sie sagen: In den 1940ern gab es offenen Rassismus in den USA, das Einkommen war noch nicht mal halb so hoch wie heute, es gab kein iPhone, kein Internet, keine Flugreisen für alle, auch keinen Impfstoff gegen Kinderlähmung. Doch während in den folgenden Jahrzehnten der technische Fortschritt ungeahnten Wohlstand brachte, blieb das Glück der Menschen davon offenbar weitgehend unberührt.[4] Im Gegenteil: Eine Studie aus dem Frühjahr 2023 befragte über 500 000 Jugendliche aus 72 Ländern mit dem Ergebnis, dass gerade die 15-Jährigen umso unglücklicher werden, je höher der Wohlstand und Bildungsgrad eines Landes ist.[5]

Genau deswegen ist die Frage umso wichtiger: Hat sich das Versprechen des wissenschaftlich-technischen Fortschritts, zu einer subjektiven Lebensverbesserung zu führen, wirklich erfüllt? Natürlich braucht man für sein Lebensglück ein Mindestmaß an Gesundheit, Sicherheit und Wohlstand. Wir haben heute fließendes Wasser, wir können im Bett liegen und Fernsehen auf unserem Telefon schauen oder uns einen veganen Gemüseburger in den vierten Stock liefern lassen. Und dennoch sinkt die Lebenszufriedenheit in Deutschland seit Jahren[6]: Wir sind so glücklich wie in den frühen Achtzigern (eine tolle Zeit, ich wurde damals schließlich geboren). In den USA sind die Menschen sogar unglücklicher als in den Siebzigern.[7] Nie gab es in Deutschland mehr Depressionen als heute[8] – in Europa sind wir unter den Top drei der am meisten von Depression betroffenen Länder.[9]

In den letzten drei Jahrzehnten haben wir einen ungeahnten Aufschwung an technologischem Fortschritt, finanziellem Wohlstand und Gesundheit erlebt. Ganz eindeutig wurde genau dieser Erfolg durch Wissenschaft und Technik ermöglicht. Das ist in allen Statistiken ablesbar. Aber was wäre, wenn genau dieser grandiose Erfolg einige wichtige Aspekte unseres Lebens unberücksichtigt ließe? Die Wissenschaft hat viele Lebensbereiche verbessert, aber eines hat sie nicht gebracht: Erlösung. Vielleicht ist gerade dies das große Missverständnis, wenn wir der Wissenschaft begegnen: Wir erwarten von ihr Dinge, die sie nicht bieten kann. Wissenschaft liefert Erklärungen, kein Seelenheil. Oder wie der Astrophysiker Harald Lesch schon 2001 gesagt hat: »Sind wir Naturwissenschaftler – und damit schließe ich auch alle Atheisten unter ihnen ein – denn nicht irgendwie alle auf der Suche nach Gott?«[10] Wissenschaft lässt uns gesünder sein – aber das bedeutet nicht zwangsläufig, dass wir auch glücklicher sind oder dass wir besser leben. Denn was ein »besseres Leben« ist, kann man leider nicht mit einer optimierbaren Kennzahl messen.

Das soll nicht heißen, dass ich den wissenschaftlich-technischen Fortschritt infrage stelle. Das Gegenteil ist der Fall. Aber die wissenschaftliche Objektivierbarkeit des menschlichen Fortschritts liefert ein unvollständiges Bild unserer Existenz. Menschen wollen nicht immer gesund leben und die vernünftigsten Entscheidungen treffen. »*Bad ideas make the best memories*«, heißt es in einem Lied des deutschen Musikproduzenten »Alle Farben« – und möglicherweise ist genau das der passende Gegenentwurf zu einer objektiv-wissenschaftlichen Vernunftgesellschaft, die uns in den letzten Jahrzehnten so viel Gesundheit und Wohlstand gebracht hat. Wenn wir wissenschaftlich begründen können, dass Rauchen schädlich ist, dass man regelmäßig zur Vorsorgeuntersuchung gehen soll, dass weniger Fleisch zu essen gesund ist, dann ist jeder plötzlich für seinen eigenen (Lungen-)Krebs verantwortlich. Früher bestand das Leben aus Fährnissen und Schicksalsschlägen – heute sind wir selbst schuld, wenn wir mit Hautkrebs ins Krankenhaus kommen, denn wir hätten es besser wissen können. Wie soll man in einem solchen übervernünftigen Lebensentwurf glücklich werden?

Die Aufklärung hat uns gezeigt, wie wir besser denken können und wie wir mit vernünftigen Denktechniken aus dem

Post-Mittelalter in die Moderne eintreten. Sie hat praktisch die Grundlage geschaffen für den wissenschaftlichen Fortschritt der Industrialisierung. Indem Menschen kraft ihres Geistes befähigt wurden, ihr Schicksal in die eigene Hand zu nehmen, wurden technische Revolutionen wie die Dampfmaschine ermöglicht. Allein: Weder die Aufklärung noch das rationale Denken brachten irgendeine Form der spirituellen Erfüllung. Im Gegenteil: Wissenschaftliches Denken legte den Grundstein für unsere moderne Welt, ließ die Menschen mit ihrer Sehnsucht nach Seelenheil jedoch allein und radierte im Laufe der Zeit die spirituelle Komponente eines erfüllten Lebens aus. Wissenschaftliches Denken ist so trocken wie ein Liebesbrief von Immanuel Kant.

Interessanterweise kam es in Europa nach dem Höhepunkt der Aufklärung dank ebenjenes Immanuel Kant zu einer Gegenbewegung, die noch heute den deutschen Gemütszustand in erheblichem Maße prägt: die Romantik, quasi die sinnliche (und göttliche) Verklärung eines Naturerlebens, das in krassem Widerspruch zur prosaischen Weltsicht aufgeklärter Denker steht. Der Mythos des deutschen Waldes, er entstand genau in dieser Zeit – übrigens nicht auf dem Land, sondern durch eine intellektuelle Kopfgeburt der Städter, die sich im Zuge der Industrialisierung nach einem sinnlichen Naturerleben sehnten. Entfremdet von der Natur, unterjocht vom technischen Zeitgeist der Industrialisierung, schrieb man dem Wald das zu, was man in der Stadt verloren hatte: einen Ort der natürlichen Harmonie, eine bessere Welt, beseelt vom Göttlichen oder zumindest von einem Naturgeist. Das kommt Ihnen bekannt vor? War aber knapp 200 Jahre vor Peter Wohllebens Buch *Das geheime Leben der Bäume*, das auf eine ähnlich neo-spirituelle Weise den Wald als beseelten Superorganismus inszeniert. Eine Vorstellung, die durch eine Metastudie kanadischer Forstwissenschaftler im Fachblatt *Nature Ecology & Evolution* im März 2023 hart attackiert wurde.[11] Bäume, die bewusst mit dem Pilzgeflecht im Boden kommunizieren, damit sie in einem harmonischen Gleichgewicht der Natur eine Forstgesellschaft aufbauen? Vergessen Sie's. Aber was sind schon wissenschaftliche Fakten, wenn das Gefühl etwas anderes sagt?

Wie will man überhaupt noch wissenschaftlich argumentieren, wenn schon Goethes Faust (man erinnere sich: der Prototyp des Wissenschaftlers) seine rhetorischen Waffen zur Zeit der deutschen Romantik strecken musste: »Gefühl ist alles, Name ist Schall und Rauch«. Die Bankrotterklärung der Wissenschaft gegenüber dem emotionalen Weltempfinden. Okay, fairerweise muss man sagen, dass er diese Worte nur aussprach, um eine Frau zu beeindrucken. Das hat schon so manchem Wissenschaftler sein rationales Denken vernebelt.

Zurück zur eigentlichen Frage dieses Kapitels, das sich mit post-wissenschaftlichem Denken befassen soll: Erleben wir möglicherweise gerade in diesem Moment einen Gegentrend zur wissenschaftlich-technologisch geprägten Phase des gesellschaftlichen Fortschritts der 1980er- bis 2010er-Jahre, so wie die Romantik auf die Aufklärung folgte? Wissenschaft hat die Welt objektiv besser gemacht, aber hat sie die Menschen vielleicht subjektiv zurückgelassen? Wenn Wissenschaft und Technologie die Welt zwar erklären, aber wichtige menschliche Grundbedürfnisse (Erlösung, Seelenheil, ein erfülltes und freies Leben) unerfüllt lassen, wie soll diese Lücke gefüllt werden?

Was, wenn wir uns tatsächlich auf dem Weg in eine post-wissenschaftliche Gesellschaft befinden: eine Gesellschaft, in der das persönliche Empfinden wichtiger wird als das rationale Argument? 2019 wertete eine große Studie des US-Thinktanks Rand Corporation aus, wie Informationen in den wichtigsten Medien (Print, TV, online) in den letzten Jahrzehnten präsentiert wurden. Ergebnis: Seit 2000 werden Informationen immer weniger faktenbasiert erklärt. Stattdessen argumentiert man mithilfe von subjektiven Erfahrungsberichten, um eine Meinung zu belegen. Es passiert genau das Gegenteil dessen, was entscheidend für kluges Verhalten (sowohl persönlich als auch politisch) ist. Das Argument löst die Erklärung ab, Subjektivität wird wichtiger als faktenbasiertes Präsentieren. Im Ergebnis spricht die Studie von einem »*Truth Decay*«, einem Wahrheitsverlust in der medialen Darstellung von Ereignissen innerhalb der letzten zwei Jahrzehnte.[12] Das können Sie auch auf die Spitze treiben: Sie wollen eine unliebsame Diskussion beenden? Dann argumentieren Sie erst gar nicht. Sagen Sie lieber etwas wie: »Bitte höre auf, ich fühle mich nicht wohl dabei.« Was würde mit unserer Gesellschaft passieren, wenn das Gefühl wichtiger wird als die Wahrheit? Sind wir einfach nur weich geworden – oder suchen wir uns gerade das, was uns die Wissenschaft nicht liefern kann?

Das Paradoxe daran ist: Die Wissenschaft zeigt, dass postwissenschaftliches Denken nicht dadurch entsteht, dass wir zu ungebildet sind, sondern dass wir auf unsere Art so vernünftig geworden sind, dass wir nur noch unvernünftig werden können. Fast könnte man meinen: Wir haben das Limit des klugen wissenschaftlichen Denkens erreicht. Es hat uns reich, satt und gesund gemacht. Aber erfüllter und zufriedener sind wir dadurch nicht geworden. Probieren wir es doch mal mit dem nicht Vernünftigen …

Die Erlösungslücke füllen

Je mehr wir die Welt rational erklären, desto mehr Platz bleibt für das irrationale Empfinden, und dieser Platz muss gefüllt werden – religiös, spirituell, emotional, auf jeden Fall nicht wissenschaftlich.

Zwar hat die Kirche ihren Platz als emotionale Seelenbegleitung in den letzten Jahrzehnten räumen müssen, aber das lag nicht daran, dass sie ein schlechtes emotionales Angebot gemacht hätte. Die Sehnsucht nach Seelenheil, nach einem »erfüllten Leben« ist ja weiterhin ungebrochen. Das Problem der Kirche war, dass sie gegen die wissenschaftlichen Welterklärungen keine Chance hatte. Kirchliche Erklärungen für Naturvorgänge sind einfach schlechter (weil weniger umfassend und überprüfbar) als naturwissenschaftlich-technische. Man kann sie auch weniger anwenden und in konkrete Technologien umsetzen.

Genau deswegen verloren hierzulande die Religionen so sehr an Zuspruch, dass sich im Jahre 2021 erstmals weniger als die Hälfte der Deutschen als evangelisch oder katholisch identifizierte.[13] Das bedeutet natürlich nicht, dass die Menschen weniger religiös geworden sind, denn auch ohne Kirche muss man schließlich sein Seelenheil finden. Auch Konfessionslose können an etwas glauben. 2021 untersuchte das Institut für Demoskopie in Allensbach genau diese Frage. Das Ergebnis: 61 Prozent der Deutschen glauben an eine Seele, 52 Prozent glauben daran, dass »in der Natur alles eine Seele hat, auch Tiere und Pflanzen«, und ebenfalls 52 Prozent glauben an Wunder.[14] Dabei hat der Anteil der Wundergläubigen in den letzten knapp 40 Jahren um 19 Prozentpunkte zugelegt! Kurzum: Gottglaube ist auf dem Rückzug – aber die Menschen suchen sich Alternativen.

Fast zwei Drittel der 18- bis 24-Jährigen glauben an Horoskope.[15] Selbst bei der Gesamtbevölkerung liegt der Anteil der Horoskop-Gläubigen bei über 50 Prozent. Der Esoterikmarkt wird allein in Deutschland auf über 15 Milliarden Euro geschätzt[16] (wenn man entsprechende Yoga-Angebote und den Buchmarkt für Engelsliteratur mitzählt). Nur als Vergleich: Das wäre doppelt so viel wie der deutsche Biermarkt.

Was für ein erschreckender Befund (für mich als Wissenschaftler zumindest): Spirituelle, nicht wissenschaftliche Bewegungen sind trotz unserer auf technisch-wissenschaftlichem Fortschritt gründenden Gesellschaft aktueller denn je. Popkulturell ist das sowieso der Fall: Ich bin noch in einer Zeit aufgewachsen, als in der US-Mysteryserie *Akte X* zumindest einer der beiden parapsychologischen FBI-Agenten vernünftig dachte, während der andere rief: »*I want to believe!*« Heute beschäftigen sich fünf der zehn erfolgreichsten Netflix-Serien mit übernatürlichen Mystery-Themen. Die 2022 am häufigsten hinzugefügte Profilinformation auf der Dating-Plattform Tinder war das Sternzeichen.[17] Und dass Frank Schätzings *Der Schwarm* oder Peter Wohllebens *Das geheime Leben der Bäume* Millionenbestseller wurden, liegt nicht zuletzt an ihrem transzendenten Narrativ: dass es nämlich eine beseelte (oder sogar bewusste) Natur gäbe, die zweckmäßig handelt. Neo-Romantik im 21. Jahrhundert? Fehlt nur noch das passende Caspar-David-Friedrich-Bild dazu. Wäre das nicht irgendwie eine tröstliche Vorstellung bei aller Kälte, die unserer technologischen Welt innewohnt?

Unsicherheit vermeiden

Wissenschaft bringt keine Erlösung, also suchen sich Menschen diese in nicht wissenschaftlichen Erlebnissen. Daneben gibt es noch eine weitere Ursache, die Menschen irrational und post-wissenschaftlich (also wider besseres Wissen unvernünftig) handeln lässt – und die eine maßgebliche Zutat für Schicksalsglauben und Verschwörungstheorien ist: drohender Kontrollverlust in der Unsicherheit. In einem meiner Lieblingsexperimente untersuchten Jennifer Whitson und Adam Galinsky 2008, wie Menschen in einer unsicheren Situation Sicherheit gewinnen.[18] Konkret legten sie ihren Probanden Bilder mit wild durcheinander gezeichneten Strichen und Linien vor, Chaosbilder ohne echten Inhalt. So ähnlich wie bei einem Rorschachtest, bei dem Probanden Tintenkleckse interpretieren sollen. Oder wie bei Horoskopen, bei denen Menschen aus den Konstellationen kosmischer Objekte willkürliche Prognosen ableiten. Oder wie bei keltischen Druiden, die aus tierischen Eingeweiden die Zukunft ablesen wollten … Ich schweife ab, Sie erkennen das Prinzip.

Das Ergebnis des Experiments war verblüffend: Unter normalen Umständen erkannten die Testpersonen keine Muster in den Strichbildern. Anders war es jedoch, wenn man die Leute eine Situation durchleben ließ, in der sie Kontrollverlust erlebt hatten. Sollten sie sich beispielsweise daran erinnern, wie sie mal vor einer Prüfung in Panik ausgebrochen waren, dann erkannten sie anschließend auch in Chaosbildern tatsächlich Muster, auch wenn gar keine da waren. Im Folgeexperiment dann der nächste Schritt: Man ließ die Probanden wieder eine Situation mit Kontrollverlust erleben, woraufhin sie nicht nur Muster sahen, wo gar keine waren, sondern auch empfänglicher für Verschwörungstheorien wurden. So weit, so erwartbar. Doch in einem letzten Experiment waren die Probanden sogar bereit, in Momenten der Unsicherheit am Aktienmarkt vorschnelle Entscheidungen zu treffen, weil sie plötzlich Zusammenhänge sahen, auch wenn gar keine da waren.

Es ist ein grundsätzliches Phänomen unseres Denkens, dass wir Zusammenhänge sehen, auch wenn gar keine da sind – und zwar insbesondere dann, wenn uns die Kontrolle abhandenkommt. Erstsemesterstudenten sind (verunsichert, wie man zu Beginn des Studiums nun mal ist) deutlich empfänglicher für Verschwörungstheorien als Zweitsemesterstudenten.[19] Baseballspieler sind umso abergläubischer, je mehr ihre Spielposition vom Zufall abhängt (der Werfer ist typischerweise derjenige, der am meisten auf »magische Rituale« bei seinem Sport achtet).[20] Und je unsicherer die wirtschaftlichen Zeiten sind, desto eher suchen Menschen Muster dort, wo keine sind: Je schlechter der Verlauf am Aktienmarkt, desto eher verkaufen sich Horoskope.[21]

Tatsächlich bringt es auch nichts, Menschen zu sagen, dass ihr »magisches Denken«, das Suchen nach Sinn und Zusammenhängen im Chaos, kompletter Unsinn ist. Natürlich ist ein solches Verhalten post-wissenschaftlich, denn eigentlich sind alle Beteiligten mit den neuesten Erkenntnissen aus Wissenschaft und Technik ausgebildet worden (an der besagten Studie nahmen sogar Studenten teil, also Menschen, denen man durchaus ein gewisses Maß an kritischem Denken unterstellen kann) – und trotzdem entscheiden sie sich ganz bewusst für ein irrationales Verhalten. Eine Studie aus dem Jahr 2022 versuchte der Sache auf den Grund zu gehen und untersuchte, wie sich Menschen aus verschiedenen Kulturen (Deutschland, Südkorea, Indien, Türkei) auf magische Rituale verlassen. Sie kennen solche Rituale bestimmt: dass man es zum Beispiel für ein gutes Omen hält, wenn man es gerade noch in der Grünphase über die Kreuzung schafft, oder dass man nicht auf ungerade Treppenstufen tritt, um Glück zu haben. Ergebnis: Wenn man den Menschen sagt, dass ihr magisches Denken nichts bringt, akzeptieren sie das, stimmen zu – und machen trotzdem weiter.[22]

Der Grund: Das Angebot, das die Wissenschaft in Zeiten der Unsicherheit bietet, ist einfach zu schlecht. Je komplexer die Probleme, je verworrener die Zukunft, je unsicherer die eigene Lage, desto besser ist das Versprechen einer Pseudoerklärung wie der Astrologie oder eines magischen Rituals. Es schafft Sicherheit, sogar als Placebo.

Die Geheimzutat für post-wissenschaftliches Denken: Bildung

Sie haben nun schon zwei Zutaten kennengelernt, die uns irrational denken lassen: die Sehnsucht nach Erlösung und die Erfahrung von Unsicherheit. Beide sind plausibel und nachvollziehbar. Das trifft aber nicht auf die dritte Zutat zu: Bildung. Man könnte ja annehmen, dass Bildung das beste Gegenmittel gegen unwissenschaftliches Denken sei. Schließlich hat uns die Aufklärung beigebracht, dass es gerade der Erwerb von Bildung und Wissen ist, der Menschen kritisch denken lässt. Aber das ist ein Irrtum.

Bildung sagt zum Beispiel nur wenig darüber aus, wie sehr sich Menschen von neuen Informationen überzeugen lassen. Eine grundsätzliche Fehleinschätzung in der Diskussion über den Klimawandel war deswegen lange Zeit, dass man den Menschen nur erklären muss, was es mit dem menschengemachten Treibhauseffekt auf sich hat – zwangsläufig würde dann die Meinung darüber, wie man dem Klimawandel begegnen soll, in Richtung erneuerbare Energien und Naturschutz kippen. Aber schon 2012 konnte eine Studie im Fachblatt *Nature Climate Change* zeigen, dass nicht Bildung oder Intelligenz ausschlaggebend dafür sind, ob man den Klimawandel als menschengemacht akzeptiert, sondern ob diese Ansicht mit dem eigenen sozialen Umfeld übereinstimmt.[23] Die Annahme, nur dumme (oder unwissende) Menschen würden den Klimawandel nicht als menschengemachte Bedrohung ansehen, ist wissenschaftlich widerlegt. Im Gegenteil: Es zeigt sich, dass gerade unter den gebildetsten Menschen die Frontenbildung hinsichtlich des Klimawandels am größten ist. Nicht zuletzt deswegen kommt der Theologe Michael Rosenberger in seinem Artikel »Die Ratio der ›Klima-Religion‹« zu dem Schluss: »Der Klimadiskurs ist mehr ein ethisch-spiritueller als ein naturwissenschaftlich-technischer Diskurs – so überraschend das sein mag.«[24]

Sie denken, dass gebildete Menschen besonders offen und tolerant gegenüber Neuem sind? Vergessen Sie das. Eine Umfrage des US-Magazins *The Atlantic* und des Marktforschungsunternehmens PredictWise zeigte 2019: Politische Intoleranz ist am größten unter weißen, gut gebildeten Stadtbewohnern.[25] Es kommt noch schlimmer: Je intelligenter Menschen sind, desto hartnäckiger glauben sie, gerade sie würden keinen

Denkfehlern unterliegen, und fallen deswegen häufiger darauf herein. Sie sind beispielsweise wider besseres Wissen starrköpfiger als weniger intelligente Menschen.[26] Gebildete sind auch schwerer zu überzeugen als Ungebildete; zudem sind sie politisch besonders voreingenommen.[27] Und rhetorisch besonders fähige Menschen sind überhaupt signifikant weniger bereit, sich überzeugen zu lassen.[28] Letzteres dürfte jedoch kaum überraschen, wenn man sich eine durchschnittliche deutsche Politik-Talkshow anschaut.

Es bleibt der erschreckende Befund: Bildung führt zu Dogmatismus. Je höher der Bildungsgrad, desto eher tendiert man zu harten und unverrückbaren politischen Positionen[29] und desto eher versucht man sich in seinen Ansichten zu bestätigen, statt sich zu hinterfragen.[30] Eine Erklärung dafür lautet: Je mehr man Menschen ausbildet und mit Wissen versorgt, desto beflissener werden sie natürlich auch, ihr Wissen und ihre Position zu verteidigen. Je sorgfältiger man sich eine eigene Position erworben hat, desto widerwilliger gibt man sie wieder auf. Die Bildung kommt, doch das unkritische Denken bleibt. So entsteht die vielleicht größte Paradoxie unserer Zeit: Mit Wissen und Bildung haben wir es geschafft, die dunklen Zeiten der Menschheitsgeschichte hinter uns zu lassen. Nur um jetzt erneut ein dunkles Zeitalter der gegenseitigen Ignoranz und der pseudowissenschaftlichen Heilsversprechen zu betreten. Fast könnte man meinen, die Geschichte treibe mit uns einen Scherz.

Erschwerend kommt hinzu, dass gebildete Menschen in ihrer kognitiven Hybris (und nichts anderes zeigen alle in diesem Kapitel genannten Studien) zu einer ganz handfesten Fehleinschätzung neigen: Man erfindet Wissen, auch wenn gar keins da ist. In den USA behauptet etwa ein Fünftel der Konsumenten, schon mal ein erfundenes, gar nicht existierendes Produkt konsumiert zu haben.[31] Befragt nach fiktiven politischen Gesetzen, gibt etwa ein Drittel an, schon mal von einem »1975

Public Affairs Act« gehört zu haben – der natürlich auch erfunden war.[32] Eine Studie aus dem Jahr 2015 untersuchte daraufhin die zugrunde liegenden psychologischen Mechanismen und fand heraus: Je eher die Leute von ihrem Wissen überzeugt waren, desto eher äußerten sie sich auch zu komplett erfundenen wissenschaftlichen Ideen. Selbsterklärte Biologieexperten kommentierten etwa den Begriff der »Meta-Toxine« oder das Prinzip der »Retroplexität« (beides erfundene Begriffe).[33] Vielleicht täusche ich mich, aber während der Coronapandemie ist mir exakt dieses Erklärmuster bei selbst ernannten Neo-Virologen begegnet.

Kein Wunder, dass Verschwörungstheorien heute so komplex sind wie niemals zuvor – sogar komplexer als echte wissenschaftliche Theorien, wie eine Studie aus dem Jahre 2022 zeigte.[34] Paradoxerweise steigt ihre Glaubwürdigkeit, je komplexer sie sind. Bei richtiger Wissenschaft ist es andersherum: Je simpler, desto eher akzeptieren Menschen eine Theorie.

Wir haben uns mit so viel Wissen weitergebildet und sind als Gesellschaft technologisch auf einem Stand, der uns dazu befähigen könnte, den Hunger der Welt, das Artensterben, den Klimawandel aufzuhalten. Das große Missverständnis war, dass wir vom wissenschaftlichen Fortschritt erwartet haben, dass er die Menschen besser macht. Leider müssen wir nun feststellen: Wichtiger als die rationale Erkenntnis, das selbstkritische Auseinandersetzen mit Informationen, sind uns die eigenen Interessen und die soziale Kohäsion. Wir sind den Umweg über Bildung gegangen in der Hoffnung, dass wir daraufhin auch grundsätzlich kritisch, reflektiert, ja geradezu wissenschaftlich denken. Aber im Kern ticken wir immer noch wie im Mittelalter. Im Prinzip sind wir also immer schlauer geworden, bis wir jetzt wieder dumm werden. Was für eine kognitive Tragödie.

Die Ankunft der Neo-Religionen

Überall, wo Unsicherheit (über die Gegenwart oder die Zukunft) herrscht, wo eine Erlösungssehnsucht unerfüllt bleibt und wo sich gebildete Menschen tummeln, tun sich Möglichkeiten für neue religiöse Erzählungen auf. Ich spreche bewusst nicht von neuen Religionen, aber die Parallelen zu religiösen Narrativen sind in einigen Bereichen derart frappierend, dass man sie in einem Kapitel wie diesem nicht unerwähnt lassen darf.

Ich bin zum Beispiel immer wieder für Konferenzen, Vortragsveranstaltungen oder Gesprächsrunden in den USA. Dabei fällt mir auf, dass Menschen in einem besonderen Milieu ganz empfindlich darauf reagieren, wenn man ihnen widerspricht: Leute aus dem Tech-Umfeld, allesamt hochdekorierte Professoren, Firmengründer oder Programmierer, die an künstlicher Intelligenz arbeiten. Wenn man denen erzählt, dass die Ankunft einer menschenähnlichen künstlichen Intelligenz wohl noch in weiter Ferne sein könnte, erntet man nicht nur Widerspruch, sondern gleichsam inquisitorisches Gelächter: Wie könne man nur derart rückständig sein und die Unvermeidbarkeit der Entwicklung von künstlicher Intelligenz leugnen! Der Transhumanismus ist mittlerweile eine obskure Bewegung einer ultrareichen Tech-Elite geworden, die das menschliche Schicksal der Endlichkeit durch technologischen Fortschritt überwinden will. Der Tod – ein biologischer Fehler, den man technisch beheben kann durch künstliche Intelligenz oder moderne Biotechnologie. An der Singularity University in Kalifornien (aufgepasst: keine Universität, sondern ein Privatunternehmen, das Menschen in technischen Disziplinen wie Robotik, künstlicher Intelligenz oder Biotechnologie ausbildet) bereitet man sich schon auf den Tag vor, an dem denkende Maschinen den Menschen geistig überflügeln und über dessen Schicksal urteilen. Das Jüngste Gericht 2.0, wenn man so will.

Dann kann nur noch helfen, dass man sich, wie Elon Musk plant, einen Chip ins Hirn setzt, um dann (computertechnisch aufgerüstet) mit der rasant wachsenden künstlichen Intelligenz konkurrieren zu können. Das passende Unternehmen existiert schon längt, es nennt sich Neuralink. Natürlich gibt es auch andere Möglichkeiten, das ur-religiöse Ewigkeitsversprechen einzulösen: Alphabet hat extra ein Unternehmen namens Calico gegründet, das sich zum Ziel gesetzt hat, die menschliche Unsterblichkeit medizinisch zu verwirklichen.

Was wie der Spleen einer weltfremden Tech-Elite anmutet, sollte nicht darüber hinwegtäuschen, dass die Anhänger dieser Ideen an den zentralen Schaltstellen gegenwärtiger oder zukünftiger Unternehmensgiganten sitzen: Sergey Brin und Larry Page (beide Gründer von Google) bekennen sich offen zu diesen Ideen, Sam Altman (der ChatGPT in die Welt brachte) sympathisiert ebenso damit wie Elon Musk.

Die Ironie dieser Geschichte: Es handelt sich um äußerst intelligente und gebildete Menschen (zumindest habe ich sie so kennengelernt), die mit dem größten Moment der Unsicherheit spielen: Niemand weiß, was Digitalisierung und künstliche Intelligenz bringen werden. Alles, was die Tech-Schmieden im Silicon Valley entwickeln, wird 500 Kilometer weiter südlich in dystopischen Hollywoodfilmen verbildlicht – maximale Unsicherheit und Komplexität garantiert. Denn nach Erlösung suchen wir alle, vor allem, weil wir in einer übertechnisierten Gesellschaft leben. Dass gerade die größten Verfechter der Tech-Branche mit ur-religiösen Motiven arbeiten (Apokalypse, Sehnsucht nach ewigem Leben, Paradies, Überwinden der menschlichen Fehlbarkeit), mutet wie ein Treppenwitz der westlich-technischen Geschichte an.

Ähnliche Muster wie die der (überdigitalisierten) Tech-Welt erkennt man auch in Umweltschutzbewegungen. Man erinnere sich, dass es mal die Grundidee war, den Klimawandel zu bekämpfen, indem man über ihn aufklärte. Was, wie bereits dargelegt, nicht funktioniert. Folglich musste man das Narrativ ändern. Aus »*Follow the science!*« wurde gewissermaßen ein »*I believe in science!*«. Nicht falsch verstehen: Der Klimawandel muss bekämpft werden. Die Bekämpfung des Klimawandels ist auch keine Religion. Dennoch sollte man nicht die neo-religiösen Erzählmuster ignorieren, die im Zuge des Kampfes gegen den Klimawandel zum Einsatz kommen. Denn sie verschlimmbessern die Bekämpfung.

Ein typisches Erzählelement ist die Sünde. Wahlweise haben wir uns mit unserem heutigen Lebensstil an künftigen Generationen[35] oder an der Welt an sich versündigt.[36] Erschwerend kommt hinzu, dass diese Sünde vererbt wird: Schon heute kann man den CO_2-Fußabdruck eines neugeborenen Kindes in Deutschland berechnen lassen, was bedeutet, dass man schon qua Existenz in diesem Land dem Klima schadet (denn das Problem ist nicht allein das Individuum in der Gesellschaft, sondern das gesellschaftliche und wirtschaftliche System an sich).[37] Eine ererbte Sünde – da müsste bei jedem bibelfesten Leser dieses Buches etwas klingeln.

Dass eine Apokalypse bei heutigem Nicht-Handeln alttestamentarischen Sintflut-Erzählungen nicht nachsteht, muss nur am Rande erwähnt werden. Dass die Zeit dabei abläuft, ist ein ebenso häufig wie clever eingesetztes Erzählelement aller Weltreligionen. Es ist übrigens ein psychologisch oft genutztes Prinzip, das ähnlich wie eine Angebotsverknappung funktioniert: Wenn man weiß, dass die Zeit abläuft, trifft man nicht nur impulsive Entscheidungen (Stichwort: Buchungsseiten im Internet, die das »letzte Zimmer zu diesem Preis« anbieten), sondern auch sinnsuchende: Unter Zeitdruck denken Menschen weniger rational und faktenbasiert, dafür eher in religiösen Dimensionen (denn wissenschaftliches Denken erfordert vor allem eines: keinen Stress).[38] Hinzu kommt eine anthropozentrische Sichtweise, die sich nicht hinter einer christlichen Weltsicht verstecken muss: Nicht die Welt muss gerettet werden, sondern der Mensch. Schließlich ist es für den Fortbestand der Natur völlig egal, ob das Klima fünf oder zehn Grad wärmer ist. Und in 100 Millionen Jahren wird es mit Sicherheit keine Menschen mehr auf der Erde geben, wohl aber Leben. Dass der Mensch als »Krone der Schöpfung« gerettet werden muss, ist jedoch zweifelsfrei ein religiöses Erzählmuster. Auch aus diesem Grund kommt eine Meta-Studie mit dem Titel »Religion und Klimawandel« aus dem Jahr 2018 zu dem Schluss: »Der gegenwärtige Klimawandel könnte bei der Entstehung neuer religiöser Gruppierungen eine Rolle spielen.«[39]

Es ist auch prinzipiell nicht problematisch, wenn man die Bekämpfung des Klimawandels als religiöses Erlebnis empfindet. Problematisch wird es, wenn man mithilfe von religiösen Narrativen eine gesellschaftliche Veränderung (noch dazu eine derart große wie durch den Klimawandel gefordert) bewirken will. Denn dann gerät das größte Defizit einer apokalyptischen Klimaerzählung in den Fokus: das Fehlen eines Paradiesversprechens. Alle Religionen arbeiten mit Motiven der Sünde, des Weltuntergangs, der ablaufenden Zeit, aber alle Religionen wissen auch um das Wichtigste, um Menschen auf dem Weg in die seelische Reinigung zu begleiten: das Angebot eines Paradieses. Und was ist unser Paradiesversprechen an eine junge Generation, an diejenigen, die jetzt zwei oder drei Jahre alt sind? Meine Uroma sagte mir immer noch: Junge, ich will, dass du es mal besser hast als wir. Mit dieser Einstellung hat sie zwei Weltkriege, die Spanische Grippe, die größte Weltwirtschaftskrise der Geschichte und die deutsche Hyperinflation überlebt. Sie war mit Anfang 40 Witwe und stand mit zwei Kindern in einem zerbombten Land, nachdem ihre Tochter als 17-Jährige von den Flakgeschützen desertierte, um rechtzeitig vor der anrückenden Roten Armee durch halb Deutschland »nach Hause« zu radeln. Manchmal denke ich, meine Uroma hat die Apokalypse schon längst erlebt – aber sie hat sie immer durchgestanden, weil sie hoffnungsvoll war, dass es besser wird. Dieses Land wurde nicht aufgebaut, weil wir es mal nicht ganz so schlecht haben wollten, sondern weil die Hoffnung bestand, dass das Leben besser werden würde. So lässt sich selbst die größte Apokalypse durchstehen.

Wenn ich ehrlich bin, müsste ich meiner dreijährigen Nichte heute sagen: Ich hoffe, dass es für dich mal nicht ganz so schlecht wird. Und dann soll ich darauf vertrauen, dass sie ohne Paradiesversprechen im Jahr 2100 ihren 80. Geburtstag feiert? Wenn entweder die künstliche Intelligenz die Weltherrschaft an sich gerissen oder halb Europa unter Dürren vertrocknet oder vom ansteigenden Meeresspiegel weggespült ist? Was für eine grandiose Verkennung der menschlichen Psyche.

Die Renaissance der Wissenschaft

Was sollte man also tun, um diesem post-wissenschaftlichen Denken zu begegnen? Ist es überhaupt möglich, vernünftiges, wissenschaftliches Denken zu restituieren, um damit die großen gesellschaftlichen Probleme zu lösen? Zumindest sollte man auf große Krisen, wie wir sie derzeit erleben, nicht mit neo-religiösem und damit post-wissenschaftlichem Verhalten reagieren. Wie sagte Harald Lesch im Frühjahr 2023: »Fragen Sie mal im Flugzeug in Turbulenzen nach Atheisten. Da werden Sie wenig finden.«[40] Man kann natürlich aufhören, vernünftig zu denken, wenn es kritisch wird. Es wird aber wenig nützen. Was sollte es auch bringen? Wenn es hart auf hart kommt, fangen wir an zu beten? Erfolgreich ist das Gegenteil: Wenn es hart auf hart kommt, landet man einen Airbus A320 auf dem Hudson River. Wir können derweil eine Kerze anzünden, kann ja nicht schaden – solange es nicht im Flugzeug geschieht.

Nicht erst heute stehen wir vor schwierigen gesellschaftlichen und politischen Fragen, auch in früheren Zeiten mussten große Entscheidungen für die Zukunft getroffen werden. In den Neunzigern stand beispielsweise die Gentechnologie stark im Fokus der Öffentlichkeit. Es war die Zeit, als Klonschaf »Dolly« Schlagzeilen machte und als sich Hollywood-Dystopien mit den unkontrollierbaren Folgen der Gentechnik beschäftigten. Noch heute bestimmt der »Jurassic-Park-Komplex« das öffentliche Bewusstsein, der uns gentechnische Produkte verteufeln lässt. Ob das berechtigt ist oder nicht, ist an dieser Stelle egal, denn der Punkt ist ein anderer: Ein ideologiefreier Umgang mit gesellschaftlichen Veränderungen erfordert, dass man sich ergebnis- und meinungsoffen austauscht. In den USA wurde zu diesem Zweck 1996 die »National Bioethics Advisory Commission« gegründet, die die Aufgabe hatte, die Regierung in bioethischen Fragen zu beraten.[41] Sie tagte aber nicht als orakelhafte Expertenrunde hinter verschlossenen Türen, bis weißer Rauch aufstieg, sondern verfolgte ein anderes Prinzip: den Austausch von Argument und Gegenargument. Eine Gruppe trug Argumente, Erklärungen und Begründungen für eine bestimmte gentechnische Haltung vor, die dann (öffentlich einsehbar) von einer anderen Gruppe nach denselben wissenschaftlichen Standards erwidert wurde. Durch diesen Pingpong-Austausch nähert man sich einer Erkenntnis an, auf deren Grundlage dann eine Entscheidung getroffen wird. Das Spannende: Am Ende trägt die Öffentlichkeit ein solches Ergebnis viel eher mit, weil alle beteiligten Positionen genügend Raum bekommen haben.

Der frühere Staatssekretär im Energieministerium der Obama-Regierung nannte dieses Verfahren *»Red Team Exercise«*, weil zwei Teams (ein rotes und ein blaues) immer wieder in einem offenen Prozess Ideen austauschen und dadurch genau jener selbstkritischen Auseinandersetzung Vorschub leisten, die in einer post-wissenschaftlichen Ideologiedebatte oftmals verloren geht.[42] Mir fällt dazu der Streit um Stuttgart 21 ein, der letztendlich in einem öffentlichen Schlichtungsverfahren mit Anhörungen beider Seiten befriedet wurde. Ja, keine Frage, Stuttgart 21 läuft zeitlich und finanziell »etwas« aus dem Ruder (einen Grund dafür finden Sie übrigens in Kapitel 10). Aber wichtiger ist, dass eine Demokratie solche Entscheidungen treffen und aushalten muss. Übrigens: Über dem Haupteingang des Stuttgarter Hauptbahnhofs hing in leuchtenden Buchstaben ein Hegel-Zitat: »… daß diese Furcht zu irren schon der Irrtum selbst ist«. Wir sollten viel mehr Mut haben, Dinge in einem offenen (im besten Sinne wissenschaftlichen) Diskurs zu besprechen und dann auch umzusetzen. Denn wir wissen vielleicht nicht, was die Zukunft bringt, aber uns in post-wissenschaftlichen Ideologien unversöhnlich gegenüberzustehen, hat ein Land, das von den Ideen seiner Menschen und dem wissenschaftlich-technischen Fortschritt lebt, nicht verdient.

DIE SEHNSUCHT NACH EINFACHHEIT 2

Warum wir die Welt immer wieder falsch erklären

Nachdem wir im ersten Kapitel gesehen haben, dass wir allzu leicht unwissenschaftlich denken, kommen wir nun zu den wissenschaftlichen Erklärungen. Doch bevor wir uns an die gewichtigen Welterklärungen machen, fangen wir mit etwas Leichtem an: Wie funktioniert ein Fahrrad? Was denken Sie: Wo läuft die Kette entlang, wo die Rohre des Rahmens, wo sitzen die Pedale? Wenn Sie Lust haben und dieses Buch nicht nur als geistreiches Druckerzeugnis, sondern als praktisches Arbeitsbuch betrachten, nehmen Sie sich einen Stift und versuchen Sie, ein Fahrrad auf ein Blatt Papier zu zeichnen. Viel Glück!

Wenn Sie nun denken, das kann ja nicht so schwer sein, immerhin habe ich schon Tausende Fahrräder gesehen, dann Achtung: Im Detail wird es nämlich schwierig. Immerhin stellte die Psychologin Rebecca Lawson schon 2006 in einer wissenschaftlichen Studie diese Aufgabe, woraufhin knapp die Hälfte der Probanden eine falsche Zeichnung anfertigte.[1] Und zwar waren diese Zeichnungen nicht nur ein bisschen falsch, sondern zum Teil groteske zweirädrige Verzerrungen echter Fahrräder – mit Pedalen am Vorderrad oder direkt unter dem Sattel oder mit zwei Ketten (eine am Hinter-, eine am Vorderrad). Zehn Jahre später wiederholte der Designer Gianluca Gimini mit 500 Probanden den Versuch und fand noch Verblüffenderes: Nur 370 Leute wollten überhaupt eine Zeichnung anfertigen, der Rest ärgerte sich so sehr über die eigene Unfähigkeit, dass er vorzeitig abbrach. Von denjenigen, die sich zu einer Zeichnung durchrangen, lag nur etwa ein Viertel richtig. Einige der Zeichnungen übersetzte Gimini anschließend in 3-D-Modelle, die wunderbar lustig und weltfremd anmuten.[2] Wohlgemerkt: Die Leute sollten nicht kreativ sein, sondern einfach nur einen technischen Sachverhalt zeichnen, mit anderen Worten: erklären.

Nun gut, kann man sagen, so ein Fahrrad ist ja auch keine triviale Sache. Wer kennt schon den genauen Unterschied zwischen Vorbau und Nachlauf? Doch Menschen sind oft bei noch simpleren Erklärungen aufgeschmissen: Schon 2002 zeigte eine Studie von Leonid Rozenblit und Frank Keil von der Yale University, dass wir selbst die einfachsten Dinge nicht erklären können, obwohl wir fest davon überzeugt sind, zu wissen, wie etwas funktioniert[3], zum Beispiel eine Toilette. Jeden Tag sitzen wir drauf – aber was wissen wir schon über diese Vorrichtung, außer dass wir auf eine Taste drücken und dann ein Wasserschwall unser Geschäft wegspült? Warum fließt überhaupt Wasser, wenn wir auf die Taste drücken? Warum ist immer Wasser in der Toilette, warum stinkt sie nicht, warum hört das Wasser plötzlich auf, in den Spülkasten zu fließen?

Fragen über Fragen, über die man sich erst Gedanken macht, wenn man konkret danach gefragt wird. Vorher laufen wir im Glauben durch die Welt, alles um uns herum erklären zu können. Zumindest bilden wir uns ein, zu wissen, wie die Dinge laufen – alles andere würde uns auch in den totalen mentalen Kontrollverlust stoßen. Dabei haben wir meistens keine Ahnung, wie ein Wäschetrockner funktioniert, warum ein Kühlschrank kühlt, geschweige denn, wie Katzenvideos durch die Luft auf unser Handy kommen.

Das wäre alles kein Problem, wenn wir uns nicht so verdammt überheblich selbst einreden würden, dass wir die Welt verstehen. Ehrlicherweise haben wir gar nichts verstanden –

und die Art und Weise, wie Menschen vorgehen, um die Welt um sie herum zu erklären, macht die Sache nicht besser, sondern schlimmer. Man schnappt zwei Worte über einen Sachverhalt auf – schon glaubt man, es kapiert zu haben. Dabei ist uns noch nicht mal klar, wie genau eine Toilette das Wasser wegspült.

Genau das ist die große Paradoxie unserer Zeit: Nie standen mehr Informationen zur Verfügung, und noch nie war die Gefahr so groß, genau deswegen weniger zu wissen. Jahrhundertelang kämpften die Menschen mit dem Problem, überhaupt an Informationen zu kommen. Viele Krisen der Menschheit (Seuchen, Kriege bis zu Wirtschaftskrisen) lassen sich mit einem Mangel an rechtzeitigen Informationen erklären. Hätten die Menschen nur eher gewusst, dass Bakterien Tuberkulose auslösen, dass zu viel Geld zu drucken in die Hyperinflation führt, dass CO_2-Emissionen den Treibhauseffekt ankurbeln, was wäre uns alles erspart geblieben …

Vielleicht aber auch nicht. Heute besteht die größte Gefahr nicht darin, dass wir zu wenig, sondern dass wir zu viel wissen. Wir haben viel mehr Informationen als früher, doch wirklich ins wissensbasierte Handeln kommen wir trotzdem nicht. Denn unsere Denkmechanismen, die auf ein Zuwenig an Informationen ausgelegt sind, wenden wir immer noch an. Wir manipulieren heute Menschen, indem wir ihnen mehr Informationen anbieten, als sie verkraften können. Eine Technik, die auf dem *»Illusory Truth Effect«*, der »Wahrheitsillusion«, basiert: Je öfter man etwas hört, desto eher glaubt man es (selbst wenn es gar nicht stimmt). Marketing beeinflusst die Menschen, indem sie mit zu vielen Informationen zugeschüttet werden. Politische Kampagnen gewinnen an Glaubwürdigkeit, wenn sie etwas Grottenfalsches nur oft genug wiederholen. Das funktioniert, denn Menschen reagieren auf ein Überangebot an Informationen sonderbar: Sie glauben auch faktisch Falsches oder legen sich im Angesicht des Informations-Overkills plausible, aber falsche Welterklärungen zurecht. Zudem nutzen wir Informationen zunehmend zu politischen Zwecken und nicht mehr zu einem neutralen, rein faktischen Erkenntnisgewinn. Das hat fatale Folgen. Irgendwann sind wir unfähig, die Welt wirklich zu verstehen, weil unsere Welterklärungen an entscheidenden Stellen fehlerhaft sind.

Schauen wir uns deswegen in diesem Kapitel an, welche drei Grundfehler man beim Welterklären macht – und wie man sie verhindert. Denn nicht alle Dinge sind so einfach zu verstehen wie eine Toilette.

Die Illusion der eigenen Stärke

Die genannten Beispiele (eine Toilette oder ein Fahrrad zu erklären) mögen lustig anmuten, aber sie zeigen ein ganz grundsätzliches Problem, das sich auch auf politische Welterklärungen übertragen lässt: das Problem des »Oberflächenwissens«. Der psychologische Fachbegriff für diese Denkschwäche lautet »*illusion of explanatory depth*«. Gemeint ist damit dasselbe: Je eher Menschen glauben, etwas zu verstehen, desto größer ist die Gefahr, dass sie es eben nicht tun. Oder anders gesagt: Dummheit nimmt zu, je mehr man glaubt, schlau zu sein.

Was für Fahrräder und Klospülungen gilt, konnte Philip Fernbach in einer Studie aus dem Jahr 2013 auf die großen politischen Fragen übertragen.[4] Der Ansatz war ähnlich, nur sollten die Testteilnehmer diesmal politische Position beziehen und erklären, ob sie eher für oder gegen einen CO_2-Zertifikatehandel waren, ob sie eine Einheitssteuer für alle gut finden oder ob Lehrer nach Leistung bezahlt werden sollten. Anschließend wurden sie nach den Gründen für ihre Haltung gefragt und konnten dann einen kleinen Geldbetrag an eine Organisation spenden, die ihre Ansichten vertrat. Das Ergebnis war erwartbar: Je fester die Leute von ihrer Haltung überzeugt waren, desto eher spendeten sie. Von den Radikalsten taten dies immerhin knapp drei Viertel.

Anders sah es jedoch aus, wenn die Leute nicht nur begründen sollten, warum sie einer Position anhingen, sondern wenn sie diese auch erklären sollten. Bevor man also spenden konnte, musste man ins Detail gehen: Wie funktioniert ein CO_2-Zertifikatehandel? Wie sieht eine leistungsabhängige Bezahlung für Lehrer genau aus? In diesem Fall brach die Spendenbereitschaft ein: Nur noch ein Viertel der radikalsten Anhänger einer Idee war dazu bereit.

Begründungen sind etwas anderes als Erklärungen. Das Problem in der heutigen Welt ist, dass politische Haltungen oftmals gut begründet, aber schlecht erklärt werden. In der gesellschaftlichen Debatte zählt das beste Argument, die beste Begründung für eine Maßnahme. Niemand wählt einen Erklärbären, sondern denjenigen, der am überzeugtesten von seiner Haltung ist oder diese am besten begründen kann. Die Forschung zeigt jedoch: Genau das führt dazu, dass sich Fronten verhärten oder Menschen mit radikalen politischen Positionen identifizieren. Was in einer politischen Debatte wirklich zählen sollte, ist die bessere Erklärung, nicht das bessere Argument. Denn interessanterweise bringt man die Überzeugungen von Menschen eher ins Wanken, indem man ihnen die Dinge erklärt, nicht indem man seine eigene Position begründet.

Nebenbei: In der Wissenschaft wird man genau zu diesem selbstkritischen Denken erzogen. Je mehr man weiß, desto mehr kennt man auch die Grenzen seines Wissens. Eine Studie im Wissenschaftsmagazin *Nature* konnte 2022 sogar zeigen: Wissenschaftler werden mit zunehmendem Wissen bescheidener. Nicht-Wissenschaftler hingegen tendieren dazu, mit zunehmendem Pseudowissen immer selbstbewusster zu werden.[5] Leider kommt in der öffentlichen Wahrnehmung derjenige zu Wort, der von seiner eigenen Stärke überzeugt ist.

Niemand setzt einen selbstzweifelnden Sokrates in eine Talkshow. Wie soll der auch ein knackiges Statement raushauen, wenn er permanent weiß, nicht alles zu wissen?

Problematisch wird es, wenn man diese Zweifel als Schwäche auslegt. Warum wurden in der Coronapandemie ständig Virologen gefragt, ob man die Schulen auflassen oder schließen soll? Einen Virologen zu fragen, ob man einen Mundschutz tragen soll, ist so sinnvoll, wie einen Friseur zu fragen, ob man einen neuen Haarschnitt braucht. Natürlich ist ein Mundschutz aus virologischer Sicht sinnvoll. Aber ob man Kindergärten dichtmachen muss, kann kein Virologe entscheiden. Man fragt ja auch nicht einen Kfz-Mechaniker, wie man den ständigen Stau auf der A3 bei Köln auflösen kann. Wenn sich dann vernünftige Wissenschaftler aus der Diskussion zurückziehen und darauf verweisen, dass sie sich nicht zu allem äußern können, sollte das als ein Zeichen von Stärke gesehen werden.

Wer die Welt verstehen will, muss sie erklären. Wer mit diesem Verständnis die Welt verändern will, muss seine Entscheidungen begründen und auf demokratischem Wege für sie werben (zumindest bei uns). Wenn Klimawissenschaftler zu dem Ergebnis kommen, dass eine Klimaerwärmung von drei Grad bis zum Ende des Jahrhunderts fatale Folgen hätte, wenn sie erklären, was man dagegen tun kann, wenn sie plausible Szenarien entwerfen, was genau bei welchen Maßnahmen passiert (oder was passiert, wenn wir nichts tun), dann trägt das zum Verständnis des Problems bei. Was dann anschließend umgesetzt wird, liegt aber nicht mehr im Wirkungsbereich der Wissenschaft. Wenn sich eine Gesellschaft gegen den Klimaschutz entscheidet, dann ist das ihr gutes Recht. Wenn sie sich dafür entscheidet, ebenfalls. Beide Entscheidungen sind zu akzeptieren. Wer anderer Meinung ist, muss versuchen, für seine Überzeugung eine Mehrheit zu gewinnen, oder das politische System ändern. Ob Letzteres sinnvoll ist, dazu kann die Wissenschaft ebenfalls etwas Fundiertes sagen. Aber ob man es umsetzt, ist keine wissenschaftliche Entscheidung. Es bleibt natürlich die Hoffnung, dass wissenschaftliche Erkenntnisse den demokratischen Entscheidungsprozess verbessern. Dazu müssten wissenschaftliche Erklärungen aber allgemein verständlicher kommuniziert werden.

Netter Nebenaspekt an dieser Stelle: Während der Coronapandemie wurde von vielen Querdenkern gefordert, dass man doch nach Schweizer Vorbild mal das Volk abstimmen lassen sollte, ob die Pandemiemaßnahmen richtig sind. Sonst würden »die da oben«, die virologische Expertokratie, die »Pandemieräterepublik«, ja über die Köpfe der Menschen hinweg entscheiden. In der Schweiz gab es während der Pandemie zwei Volksabstimmungen über die Coronamaßnahmen: am 13. Juni 2021 und am 28. November 2021. Beide Male wurden die Maßnahmen der Regierung bestätigt. Danach verlor die »Anti-Coronamaßnahmen-Bewegung« an Zulauf. Eine gute demokratische Bewegung weiß auch, wann sie verloren hat. In diesem Fall war es infolge einer gelungenen Symbiose aus wissenschaftlicher Erklärung und direktdemokratischer Willensbildung.

Erklärfehler 1: Wir erklären nicht genug

Warum schaffen wir es nicht, die Welt sinnvoll und plausibel zu erklären? Warum fallen wir so oft auf die Denkfalle des »Oberflächenwissens« herein? Der Hauptgrund liegt darin, dass wir uns permanent Modelle über Phänomene oder Ereignisse bilden, mit denen wir niemals direkt konfrontiert waren. Beispiel: Wir alle glauben zu verstehen, wie der Treibhauseffekt auf der Erde funktioniert. Man hat zum Beispiel irgendwo mal erlebt, dass es in Gewächshäusern wärmer ist als draußen, weil das Gewächshaus den Wärmeverlust vermindert. Man hat auch irgendwo mal gehört, dass CO_2 wie eine Decke wirkt, die die Wärmeabstrahlung von der Erde vermindert. Aber wirklich präzise mit dem Treibhauseffekt auseinandergesetzt haben sich die wenigsten. Wer weiß schon, dass nur Luftmoleküle mit mehr als drei Atomen am Treibhauseffekt beteiligt sind (molekularer Stickstoff trägt zum Beispiel nicht zum Treibhauseffekt bei)? Oder wer kann erklären, auf welche Weise CO_2 genau zum Aufheizen der Erde beiträgt? Wir basteln uns eine grobe Vorstellung vom Treibhauseffekt zusammen – und begnügen uns dann mit dieser Oberflächlichkeit. Was sollten wir auch anderes tun? Wir wären ja heillos überfordert, wenn wir für jede Entscheidung zum wissenschaftlichen Experten mutieren müssten.

Dieser Mechanismus ist sehr wirkmächtig und macht uns anfällig für Fehleinschätzungen, wie eine Untersuchung von Ethan Meyers Ende 2020 zeigen konnte.[6] Zunächst wurden die Probanden aufgefordert, zu Fragen aus Wirtschaft und Politik Stellung zu beziehen. Natürlich hatten die allermeisten sofort eine Meinung – egal, zu welchem Thema. Doch als sie dann zum Beispiel erklären sollten, inwiefern ein verstärkter Handel mit China eine gute Sache sei, war es vorbei mit dem Selbstvertrauen, und die Teilnehmer vertrauten eher auf eine angebotene Expertenmeinung.

Diese kognitive Arbeitsteilung ist unerlässlich – aber sie führt genau zu diesem Oberflächenwissen, welches uns die Welt allzu selbstbewusst erklären lässt. Das Gegenmittel: Wir müssen uns klarmachen, dass wir genau an dieser Stelle ein Wissensdefizit haben. Klimawandelleugner wissen das genau und nutzen diese Denkschwäche sehr clever mit folgendem Argument aus: CO_2 hat ja nur einen Anteil von 0,04 Prozent an der Atmosphäre. Vor der Industrialisierung lag er bei knapp 0,03 Prozent. Wie soll ein so geringer Anstieg für die globale Klimaerwärmung verantwortlich sein? Natürlich ist das nur scheinbar eine plausible Erklärung, denn selbstverständlich hat der (absolut betrachtet geringe) CO_2-Anstieg einen Effekt auf die Klimaerwärmung. Aber wir werden empfänglich für Manipulationen, die unser Selbstbewusstsein aushebeln, wenn wir unser vermeintliches Weltwissen erklären sollen. Wir werden unsicher – und genau dann empfänglich für neue Erklärungsmuster. Wir können Klimawandelleugnern auf den Leim gehen oder uns von Wissenschaftlern überzeugen lassen – aber in beiden Fällen beginnt es damit, dass Zweifel an der eigenen Erkenntnis gesät werden.

Wir erklären also nicht genug, wie die Dinge genau funktionieren. Wir legen stattdessen unsere Argumente dar und bieten unserem Gegenüber eine (in unseren Augen) gute Begründung an.

Achten Sie mal darauf, wie Talkshows zusammengesetzt werden: Viel zu oft sind die Positionen schon vorher klar und es geht nur noch darum, wer seine Argumente im rhetorischen Wettstreit am besten vertreten kann. Genau diese Art von Diskussionskultur führt in eine kognitive Sackgasse: Menschen können schlichtweg keine vernünftigen Entscheidungen treffen, wenn sie nie aufgefordert werden, zum Kern der Probleme vorzustoßen. Genau deswegen sollten mehr Vertreter aus der Wirtschaft in Talkshows sitzen, wenn über die Problematik der Abhängigkeit von China, den Effekt eines CO_2-Preises, die Lieferkettenproblematik oder den Sinn oder Unsinn von Elektromobilität gesprochen wird.

Erklärfehler 2: Die Sinnsuche

Neben der *»illusion of explanatory depth«*, dem Oberflächenwissen, gibt es noch zwei weitere Probleme moderner Welterklärungen. Paradoxerweise führen beide dazu, dass man ungenauer denkt, obwohl das Gehirn bei beiden Problemen eigentlich clever vorgeht. Fangen wir deswegen mit einer der härtesten Nüsse an, die man knacken muss, wenn man präzise denken will. Bestimmt sind Sie auch schon darauf hereingefallen.

Frage: Warum gibt es eine Ozonschicht?
Antwort: Damit wir Menschen vor der schädlichen UV-Strahlung der Sonne geschützt sind.

Was für ein Unsinn. Die Erde hat schließlich niemals beschlossen, eine Ozonschicht aufzubauen, damit es uns Menschen gut geht. Es ist andersherum: Menschen sind vor der UV-Strahlung geschützt, weil es eine Ozonschicht gibt. Wenn es sie nicht gäbe, hätten wir andere Verfahren gegen die UV-Strahlung entwickeln müssen – oder es gäbe uns eben nicht. Trotzdem argumentieren viele Menschen nach ebendiesem Prinzip, das man »teleologischen Fehlschluss« nennt, auf Deutsch: Sinnfehlschluss. Man erfindet einen Sinn für Dinge oder Vorgänge, auch wenn es gar keinen Sinn gibt.

Das Problem: Solche Erklärungen muten besonders plausibel an. Es gibt nichts Eingängigeres, als einen guten Zweck in der Natur zu sehen. Typische Beispiele für diesen Erklärfehler haben Sie sicherlich schon gehört:

Bäume produzieren Sauerstoff, damit Menschen ihn atmen können.

Die Sonne erzeugt Wärme, damit es nicht so kalt ist auf der Erde.

Die Erde hat Wasser, damit Lebewesen überhaupt überleben können.

Warum denken wir auf diese Weise? Es liegt daran, wie unser Gehirn funktioniert: Wenn wir die Dinge verstehen wollen, müssen wir ihre Ursache und Wirkung erkennen. Das tun wir, indem wir uns vorstellen, dass wir selbst (hypothetisch zwar) in die Rolle eines Verursachers schlüpfen und dann einen Effekt auslösen.[7] Wenn wir verstehen wollen, warum die Erde warm wird, stellen wir uns vor, die Sonne zu sein, die ihre wärmenden Strahlen auf die Erde schickt. Nun haben wir Menschen in aller Regel eine Absicht in dem, was wir tun. Also folgern wir, verkürzt und falsch: Alles, was einen Grund hat,

hat auch einen Zweck. Nach Schicksalsschlägen suchen wir krampfhaft nach einem Sinn, denn das Leid soll ja »nicht umsonst« gewesen sein. Wir vermuten hinter Zufällen eine Absicht, ein Schicksal, ein Ziel, auf das die Dinge zusteuern. Wir suchen sogar den Sinn des Lebens, denn schließlich passiert ja nichts ohne Grund. Natürlich passiert nichts ohne Grund – aber zweifellos ohne Zweck.

Wir atmen zum Beispiel Sauerstoff, weil die Pflanzen ihn produzieren. Aber ob wir den Sauerstoff atmen oder nicht, ist der Pflanze ziemlich egal. Tatsächlich ist es sogar andersherum: Sauerstoffproduzenten sind im Allgemeinen äußerst rücksichtslos, denn Sauerstoff ist ein ziemlich giftiges Gas. Er greift die Erbsubstanz an, schädigt Proteine und Zellmembranen. Sauerstoff ist sogar so toxisch, dass er für das erste (und wahrscheinlich größte) Massenaussterben der Evolutionsgeschichte verantwortlich war: die große Sauerstoffkatastrophe vor über zwei Milliarden Jahren. Als in der praktisch sauerstofffreien Erdatmosphäre die ersten Lebewesen mit der Fotosynthese begannen, vergifteten sie alle anderen Lebewesen, die schon mehr als eine Milliarde Jahre auf der Erde lebten. Es überlebten nur die »gifterzeugenden« (also sauerstoffproduzierenden) Einzeller – und ein paar besonders anpassungsfähige Bakterien, die in der Lage waren, sich gegen den Sauerstoff zu verteidigen. Auch heute noch ist unsere Biochemie maßgeblich darauf eingestellt, dieses giftige Sauerstoffgas zu bändigen. Eine Hypothese geht sogar davon aus, dass wir überhaupt nur altern, weil der Sauerstoff im Laufe der Zeit die Bestandteile unserer Körperzellen killt. Denken Sie daran, wenn Sie das nächste Mal hören, dass die Bäume unsere Luft mit so viel gesundem Sauerstoff versorgen. Das Gegenteil ist der Fall: Wir leben nur, weil wir uns so gut gegen das giftige Gas verteidigen können (und weil wir seine Energie so gut nutzen können – das wäre die einzige positive Seite des Sauerstoffs).

Interessant bleibt dieser Erklärfehler auch deshalb, weil wir ihn üblicherweise auf die Nützlichkeit für Menschen beziehen. Beispiel: Der Aussage »Bäume produzieren Sauerstoff, damit Menschen ihn atmen können« stimmen über 60 Prozent der Menschen zu. Die Aussage »Bäume produzieren Sauerstoff, damit Leoparden ihn atmen können« finden aber nur 30 Prozent der Befragten plausibel.[8] Wir vermenschlichen die Natur zu unseren Zwecken. So erklären sich die typischen Erklärmuster in Bezug auf unsere Umwelt: »Corona war die Rache für das zu penetrante Vordringen in die Natur«, so Hannes Jaenicke.[9] Oder: »Die Menschheit führt Krieg gegen die Natur. Das ist selbstmörderisch. Die Natur schlägt immer zurück, und zwar mit voller Kraft und Wut«[10], so UN-Generalsekretär António Guterres auf einer Konferenz der Vereinten Nationen Ende 2020. Oder der Klassiker: »Die Erde hat Fieber« (Eckart von Hirschhausen).[11] Was für ein Unsinn – die Natur schlägt nicht zurück. Sie rächt sich auch nicht. Sie hat auch kein Fieber. Erdgeschichtlich gesehen befinden wir uns momentan sogar in einer Eiszeitphase. Zur Zeit der Dinosaurier war die Erde bis zu zehn Grad wärmer als jetzt. Kein Wunder, dass damals riesige wechselwarme Echsen die Natur beherrschten. Dass die Erde Fieber haben soll, ist ein typisches Beispiel für diesen anthropozentrischen Erklärfehler. Fragen Sie mal einen Saurier, was er von der heutigen Erde halten würde. Er würde von akuter Unterkühlung sprechen. Kurzum: Wir sind der Natur völlig egal.

Das Problem dieses Fehlschlusses ist, dass wir die Welt nach Nützlichkeitskriterien beurteilen: Wir halten uns für so wichtig (mehr dazu in Kapitel 8), dass wir sogar die simpelsten physikalischen oder biologischen Phänomene auf uns beziehen und danach beurteilen, ob ihre Funktion für uns relevant ist. Genau das kam heraus, als man bei Oberstufenschülern untersuchte, wann sie besonders auf diesen Denkfehler hereinfallen. Ergebnis: Sobald etwas nützlich ist, wird dahinter ein Zweck vermutet. Deswegen glauben wir, dass wir in unseren Ohren

Ohrenschmalz haben, damit sich das Ohr so vor Schmutz schützt (und nicht, weil bestimmte Drüsen das Ohrenschmalz produzieren).[12] Was nützlich oder funktional ist, klingt plausibel – und damit verstehen wir die Abläufe nicht mehr. Was stimmig ist, muss noch lange nicht stimmen. Wir vereinfachen durch falsche Erklärungen die Welt so sehr, bis sie zur Unkenntlichkeit verzerrt ist. Und dann ist unsere Weltsicht falsch.

Noch schlimmer: Wir liefern vielleicht eine einleuchtend klingende Erzählung vom »Leben in Einklang mit der Natur«, damit »diese sich nicht rächt« – oder andersherum: vom harten Leben im Angesicht einer gnadenlosen Natur. Aber in beiden Fällen schaffen wir eine Front: Wenn jemand nun mal der Ansicht ist, dass man die Natur nicht retten muss, dann kann er sie auch verschmutzen. Und aus der Erzählung, dass sich die Natur rächt, könnte man auch folgern, dass man noch härter gegen sie kämpfen muss. Wer teleologisch argumentiert, braucht sich nicht zu wundern, wenn die Gegenmeinung genauso irrational daherkommt. Wer Einfachheit sät, wird Dummheit ernten.

Sie können das praktisch erleben, wenn Sie Wissenssendungen im Fernsehen einschalten. Ich bin noch mit Joachim Bublath aufgewachsen, der mir in aller wissenschaftlichen Nüchternheit erklärt hat, wie ein Schwarzes Loch funktioniert. So etwas ist heute unmöglich. Stattdessen werden Wissenssendungen zu Servicesendungen. Vor einigen Jahren sah ich eine Sendung zum Thema »Fleisch«, die sich sofort darum drehte, ob vegane Ernährung gesund ist, wie man den Fleischkonsum reduziert, warum das Tierwohl so wichtig ist und was eine fleischhaltige Ernährung mit unserem Körper macht. Keine Frage, das ist alles wichtig. Es wurde aber nicht erklärt, was Fleisch überhaupt ist. Ob wir Fleisch essen, wenn wir Insekten verzehren. Ob Fleisch aus der Zellkultur oder dem 3-D-Drucker als Fleisch gilt. Kurzum: Nicht die wissenschaftliche Erkenntnis, sondern die Nützlichkeit stand im Vordergrund. Das kann man machen. Aber dann darf man sich nicht wundern, wenn Menschen jegliche Welterklärung nach der eigenen Nützlichkeit befragen. Und wenn eine Entwicklung für mich nicht nützlich ist, dann finde ich sie entweder uninteressant – oder lehne sie ab.

Erklärfehler 3: Der Reiz der Einfachheit

Stellen Sie sich vor, Sie sollen folgendes Ereignis erklären: Ein neuartiges Virus breitet sich aus China aus und befällt die Atemwege. Wie könnte das Virus entstanden sein?

Möglichkeit 1: In Fledermäusen entwickelte sich schon vor Jahren ein Atemwegsvirus, das sich anschließend in Schuppentieren weiterverbreitete und sich dort mit anderen Virusvarianten vermischte. Auf einem Markt in China wurden solche Schuppentiere als Delikatesse verkauft, wodurch die zufällig neu entstandene Virusvariante auf den Menschen übersprang. Im Gegensatz zu vielen anderen Varianten des Virus war diese besonders ansteckend und konnte sich von einigen wenigen infizierten Menschen auf die gesamte Welt ausbreiten.

Möglichkeit 2: Ein Mitarbeiter eines Viruslabors hatte nicht aufgepasst, und ein tödliches Atemwegsvirus konnte dadurch ausbüxen.

Selbst der rationalste Mensch wird eingestehen: Möglichkeit 2 klingt irgendwie griffiger. Während man bei der ersten Variante von gleich mehreren zufälligen Ursachen ausgehen muss, gibt es bei Variante zwei nur eine: einen trotteligen Labormitarbeiter. Bei ähnlichen Fragestellungen konnte sogar experimentell belegt werden: Menschen greifen überwiegend zu den Erklärungen, die mit den wenigsten Grundannahmen auskommen. Sie suchen nach der einen Ursache für alles – es sei denn, diese eine Ursache ist mindestens zehnmal unwahrscheinlicher als die komplizierte Variante mit vielen Ursachen.[13]

Kurz gesagt: In der Kürze liegt die Würze. In der Philosophie spricht man vom Prinzip der Parsimonie, dem Prinzip der

Sparsamkeit (lat. *parsimonia* = Sparsamkeit). Von allen Erklärungen sollte man diejenige bevorzugen, die mit den wenigsten Grundannahmen auskommt. Nach diesem Prinzip findet man in der Wissenschaft alles schön, was richtig und einfach zugleich ist: Die Evolutionstheorie (kommt mit nur drei Grundannahmen aus: Mutation, Selektion, Rekombination) landet bei Umfragen unter Wissenschaftlern zumeist auf Platz eins der schönsten Theorien.[14] Allerdings sind selbst drei Grundannahmen für viele Menschen zu viel des Guten: 2019 fand eine Studie des Meinungsforschungsinstituts Gallup heraus, dass 40 Prozent der US-Amerikaner davon ausgehen, der Mensch in seiner heutigen Form sei von Gott geschaffen.[15] Und gerade mal 22 Prozent der Leute in den USA glauben, dass Gott keinerlei Einfluss auf die menschliche Evolution hatte. Das ist übrigens dasselbe Land, das bisher über 40 Prozent aller Nobelpreise gewonnen hat. Fragen Sie mich nicht, wie das zusammenpasst. Doch bestimmt gibt es auch dafür eine einfache Erklärung.

Prinzipiell gewinnen Erklärungen, je einfacher sie gestrickt sind. Das Problem ist: Die Welt ist nicht einfach und schön. Im Gegenteil, viele moderne wissenschaftliche Erklärungen sind potthässlich und superkompliziert: Die Quantentheorie erklärt viel mehr als die klassische Physik, aber niemand hat sie wirklich gern, weil sie total unanschaulich ist. Komplexe Atmosphärenphysik hat weit weniger Fans als die klassischen Bauernregeln zum Wetter (»Das Wetter am Siebenschläfertag noch sieben Wochen bleiben mag«). Und in der Neurowissenschaft sammeln sich untote Mythen, die allesamt gut klingen, aber falsch sind (nein, Frauen sind nicht multitaskingfähiger, nein, die linke Gehirnhälfte ist nicht analytisch, und nein, wir nutzen nicht nur zehn Prozent unseres Gehirns).

Passen Sie deswegen auf, wenn Ihnen eine einfache Welterklärung angeboten wird. Sie kann stimmen, aber meistens tut sie es nicht. Das beste Gegenmittel, um nicht auf dieses

Vereinfachungsdenken hereinzufallen, ist übrigens, sich ein bisschen mit den Dingen zu beschäftigen. So zeigte eine Studie aus dem Jahre 2017: Wenn man Menschen einen komplizierten Sachverhalt auch als kompliziert schildert, dann suchen sie sich auch eine kompliziertere Erklärung aus.[16] Wer ihnen einfach nur die Info »Virus aus China« hinknallt, braucht nicht zu erwarten, dass man sich intensiv damit beschäftigt.

Das süße Gift der Welterklärungen – und wie wir es bekämpfen

Einen Hauptgrund dafür, dass wir mehr zu wissen glauben, als es eigentlich der Fall ist, könnte man »Hierarchiekonfusion« nennen: Die allermeisten Dinge in unserem Leben sind hierarchisch organisiert. Wenn man zum Beispiel fragt, wie ein Auto funktioniert, werden die meisten sagen, dass ein Auto einen Motor hat, dass man mit einem Lenkrad lenken kann, dass man Gas geben und bremsen kann. Geht man eine Ebene tiefer, wird man vielleicht auch noch erklären können, dass Benzin verbrannt wird und den Motor antreibt oder dass man eine Kupplung hat, um den Gang zu wechseln. Sobald Menschen jedoch glauben, dass sie die ersten Hierarchieebenen eines Systems erklären können, bilden sie sich ein, das System verstanden zu haben. Man schaut gewissermaßen »von oben« auf den Sachverhalt und kann sich nicht vorstellen, dass es immer komplizierter wird, je tiefer man hinabsteigt. Wer kann schon wirklich die Funktion einer Kupplung erklären oder wofür man einen Turbolader braucht oder was eine Lambdasonde genau macht?

Irgendwann wird unsere Welt so speziell, dass wir aussteigen. Wir müssen Experten das Feld überlassen, was dazu führt, dass Wissenschaft immer kleinteiliger wird. Vielleicht haben Sie noch das Bild eines Universalgelehrten vor Augen, wenn

Sie an einen Spitzenwissenschaftler denken. So einen Leonardo da Vinci oder Alexander von Humboldt. Vergessen Sie das. Es gibt keine Universalgelehrten mehr, weil wir einen gesellschaftlichen Fortschrittsgrad erreicht haben, der es gar nicht mehr möglich macht, den ganzheitlichen Überblick über die Dinge zu behalten. Welcher Nobelpreisträger der Quantenmechanik kann erklären, wie genau eine Toilettenspülung funktioniert? Welcher Dachdecker kennt den Unterschied zwischen 4G- und 5G-Mobilfunknetzen? Über 80 Prozent aller Veröffentlichungen aus dem Bereich der Sozial- und Geisteswissenschaften (Psychologie, Pädagogik, Literaturwissenschaften, Soziologie oder Geschichtswissenschaften) werden überhaupt nicht zitiert[17] – sprich: sind eigentlich für die Katz. Wir fragmentieren unsere Wissenschaften derart, dass wir irgendwann keinen Überblick mehr haben. Genau dann beginnt jedoch der Siegeszug der Anti-Wissenschaften (wie im ersten Kapitel gezeigt). Schon 1986 sprach Ulrich Beck in seinem Buch *Risikogesellschaft* davon, dass sich die Wissenschaft immer weiter spezialisiert und wir dadurch die Kontrolle über die Abläufe zu verlieren drohen. Das Buch hatte ein verblüffendes Timing und kam pünktlich zur Reaktorkatastrophe von Tschernobyl heraus. Kein Kunststück, dass diese griffige These verfing.

Heute müsste man einen Schritt weitergehen: Die Wissenschaft hat es mit ihren bahnbrechenden Erkenntnissen geschafft, so viele Dinge der Welt zu erklären, dass man kaum noch weiß, wie diese zusammenhängen. Dann hat man zwei Möglichkeiten: Der Experte versucht, die Dinge immer kleinteiliger zu erklären, bis er am Ende über nichts alles weiß. Der Generalist tut das Gegenteil, bis er am Ende über alles nichts weiß. Ein Dilemma.

In diesem Kapitel haben Sie jedoch schon erfahren, was man tun kann, um diesen Denkfehlern zu begegnen. Alle Studien, die auf dem Feld der fehlerhaften Weltanschauungen durchgeführt werden, zeigen: Sobald man Menschen bittet, ihre Position zu erklären, räumen sie diese. Auch sich selbst kann man mit dieser Technik austricksen und dadurch zu besseren Erklärmodellen kommen: Stellen Sie sich das nächste Mal, wenn Sie zu einem komplizierten Problem Stellung beziehen sollen, vor, was ein Freund, der die Dinge anders sieht als Sie, dazu sagen würde.[18] Sie simulieren quasi ein inneres Zwiegespräch – mit dem Ergebnis, dass Sie auf einmal so clever denken wie eine Gruppe, die aus unterschiedlich denkenden Menschen zusammengestellt wurde.

Fazit: Wir können die in diesem Kapitel erwähnten Denkfehler nur vermeiden, indem wir häufiger erklären statt begründen. Eine Begründung zielt auf Nützlichkeit ab. Weil für jeden Menschen etwas anderes nützlich ist, schafft man auf diese Weise eine Front: Entweder das Gegenüber ist für mich oder gegen mich. Wenn ich jedoch aufhöre zu begründen und anfange zu erklären (oder um eine Erklärung bitte), verlasse ich den Boden der Konfrontation. Das bedeutet nicht, dass man sofort aufgeklärt und rational denkt, sobald man zu erklären beginnt, aber ohne gute Erklärungen werden wir keine guten Entscheidungen treffen.

Die hier beschriebenen Denkfehler zeigen jedoch auch: Wir Menschen sind nicht so klug, wie wir glauben – vor allem ist die Art und Weise, wie wir Pseudo-Welterklärungen schaffen, oftmals antiwissenschaftlich und fortschrittsfeindlich (Stichwort: teleologischer Fehlschluss). Sie untergräbt genau das, was unsere Gesellschaft erfolgreich und anpassungsfähig gemacht hat.

3 DAS KLAMMERN AM TREND

Warum wir uns die Zukunft immer falsch vorstellen

Nach zwei textlastigen Kapiteln wird es nun Zeit für etwas Praktisches. Testen wir mal an Ort und Stelle, wie gut Sie in der Lage sind, logisch zu denken. Wie würden Sie folgende Zahlenreihe sinnvoll fortführen:

2–4–8–16–32–64–?

Logisch, werden Sie sagen, das muss 128 sein, denn man muss immer verdoppeln. Machen wir es also ein bisschen schwieriger. Mit welcher Zahl würden Sie folgende Zahlenreihe ergänzen:

1–2–4–7–11–16–?

Klar, hier kommen Sie sicherlich schnell auf die 22, denn man muss immer eins mehr hinzuaddieren als beim Schritt zuvor. Wie würden Sie folglich diese Zahlenreihe weiterführen:

2–4–6–8–10–12–?

Ohne zu zögern kommen Sie sicherlich auf die 14. Die 14 passt super, die 14 ist perfekt – und wenn Sie eine Gruppe von Menschen spontan fragen, sagen die allermeisten 14. Ganz wenige machen etwas anderes. Die sagen nicht 14, sondern 28. Oder

56. Oder 3980. Statt immer zwei hinzuzuaddieren, könnte die Regel nämlich auch lauten, dass die nächste Zahl einfach nur größer sein muss als die Zahl davor. Wenn Sie 14, 16, 18 sagen, würde das immer passen – aber es entspräche nicht der Regel, die dahintersteht.

Vor über 60 Jahren wurde ein ähnlicher Test von Peter Wason durchgeführt – mit dem gleichen Ergebnis: Die meisten Menschen tendieren dazu, sich in ihren Ansichten zu bestätigen und einen Trend einfach und kritiklos in die Zukunft fortzuschreiben.[1] Bedenken Sie jedoch: 14 sagt jeder. Sie müssen schon eine besonders schöne 14 haben, um sich damit vom »Wettbewerb« zu unterscheiden. Wenn Sie das machen, was alle anderen tun, werden Sie dort ankommen, wo alle anderen auch schon sind. Mit der 14 kann man kein großes Geld verdienen, denn man schwimmt einfach mit dem Strom.

Was in diesem Test sichtbar wird: Wir trainieren Menschen regelrecht dazu, Muster aus der Vergangenheit zu erkennen und in die Zukunft fortzuschreiben. Tatsächlich beurteilen wir die Güte des menschlichen Denkens danach, wie gut uns das gelingt. In keinem IQ-Test dürfen sie deswegen fehlen: Zahlenreihen wie die soeben gezeigten. Was man in solchen Tests abfragt, ist genau die Fähigkeit, die wir heutzutage nicht mehr brauchen: in die Vergangenheit zu schauen, um daraus die Zukunft abzuleiten. Das ist so sinnvoll, wie mit 200 Sachen über die Autobahn zu fahren und dabei nur in den Rückspiegel zu blicken. Keine gute Idee.

Genau aus diesem Grund kommen Krisen immer überraschend und aus dem Nichts. Wenn Sie zurückblicken (diesmal bitte jedoch kritisch und nicht selbstbestätigend), werden Sie nämlich feststellen: Keine Krise hat man kommen sehen. Nicht die Finanzkrise 2007, nicht die Euro- und Griechenlandkrise, nicht die Flüchtlings- oder die Coronakrise, nicht die Ukrainekrise, die Energiekrise oder die Inflationskrise. Alle Krisen kommen plötzlich und unerwartet. Ein Kunststück, wenn man

Menschen regelrecht dazu trainiert, in die Vergangenheit zu schauen, um daraus Trends für die Zukunft zu erkennen. Wir haben ein Gehirn, das es uns ermöglicht, genau das Gegenteil zu machen: zu fragen, was wäre, wenn? Sich die Zukunft proaktiv vorzustellen und sich dann zu überlegen, wie man dort hinkommt. Aber genau das machen wir nicht.

Wie stellen Sie sich die Zukunft vor? Wenn Sie so ticken wie die meisten, dann werden Sie erst mal überlegen, wie die Welt gerade ist – und dieses Muster auf die Zukunft übertragen. Es wird alles immer digitaler? Dann muss das auch in Zukunft so sein. Alle Welt baut an selbstfahrenden Autos? Dann sind wir bestimmt bald umgeben von autonomen Robo-Taxis. Künstliche Intelligenz ersetzt immer mehr menschliche Tätigkeiten? Machen wir uns bereit für die kommende Massenarbeitslosigkeit. Das ist nicht besonders clever.

Problem 1:
Wir analysieren die Vergangenheit mit dem Wissen von heute

Menschen sind notorisch schlecht darin, sich die Zukunft vorzustellen. Wir schreiben Trends bedingungslos in die Zukunft fort – und wir interpretieren sie auch noch falsch. In keinem Managementseminar dürfen beispielsweise spektakuläre Falschprognosen fehlen, anhand derer man sich über die Dummheit der Menschen lustig macht. Mit der Bemerkung »Gitarrenbands sind auf dem absteigenden Ast« wurden die Beatles vor ihrem ersten Plattenvertrag vom englischen Plattenlabel Decca Records abgelehnt.[2] »Es gibt keinen Grund, dass jeder einen Computer zu Hause haben sollte«, so Ken Olsen, amerikanischer IT-Unternehmer, im Jahr 1977.[3] Oder Steve Jobs noch 2007, dem Jahr, als das iPhone veröffentlicht wurde, über die Zukunft des Musikstreamings: »Da machen die Kunden nicht mit. Sie wollen keine Abonnements.«[4]

Der Fehler, den wir bei solchen Analysen begehen, nennt sich »Rückschaufehler«: Wenn man zurückschaut, erscheint auf einmal jede Entwicklung logisch und plausibel. War ja schließlich klar, dass Apple den Markt für Smartphones beherrscht, logisch, dass Google die Suchmaschinen und Amazon den E-Commerce dominiert. Das hat zwei Gründe: Erstens erinnern wir uns nur an das, was geklappt und sich durchgesetzt hat. Alle Fehlschläge werden aktiv ausgeblendet und gar nicht weiterverarbeitet. Zweitens: Weil wir wissen, wie die Geschichte ausgegangen ist (wir schauen schließlich mit dem heutigen Wissen zurück), basteln wir uns ein stimmiges Bild zusammen, sodass wir den heutigen Zustand erklären können. Die Forschung zeigt sogar: Wir verfälschen aktiv unsere Erinnerung mit dem Ziel, in einer möglichst widerspruchsfreien Welt zu leben. In einem cleveren Experiment konnte man 2018 sogar zeigen, dass uns eine falsche Erinnerung mehr wert ist als bares Geld:[5] Zunächst führte man mit über 1000 Studienteilnehmern ein kleines Quiz durch, trommelte einen Monat später die Teilnehmer wieder zusammen und stellte dieselben Fragen erneut. Diesmal sollten die Teilnehmer aber nicht nur antworten, sondern auch angeben, welche korrekten Antworten sie schon bei der ersten Quizrunde gegeben hatten. Für jede richtige Erinnerung gab es einen Dollar, für jede falsche verloren die Leute einen Dollar. Man konnte auch mit »Ich kann mich nicht erinnern« antworten, dann konnte man nichts gewinnen – aber auch nichts verlieren. Ergebnis: Anstatt im Zweifel lieber nicht zu antworten, tendierten die Menschen systematisch zu einer Überschätzung der eigenen Fähigkeiten und verzerrten dafür ihre eigene Erinnerung. Über 50 Prozent der Leute behaupteten, mehr richtige Antworten gegeben zu haben, als es tatsächlich der Fall war. Wohlgemerkt: Auch wenn man sich richtig erinnert hätte, dass man vor einem Monat eine falsche Antwort gegeben hatte, hätte man einen Dollar gewonnen. Stattdessen reden wir uns lieber ein, wir wären früher schon toll gewesen. Kostet halt Geld. Aber es gibt uns ein gutes Gefühl.

Der Sinn des Gedächtnisses ist es nicht, die Vergangenheit akkurat wiederzugeben, sondern dass wir uns im Hier und Jetzt am wohlsten fühlen. Genau deswegen neigen narzisstische Menschen besonders gerne zum Rückschaufehler (schließlich sind Narzissten besonders daran interessiert, das eigene Weltbild zu schützen[6]), und deswegen fallen ältere Menschen eher auf den Rückschaufehler rein als jüngere (denn je älter man ist, desto mehr Erinnerungsmaterial kann man nutzen, um sein Weltbild zu stützen).[7] Im Prinzip neigen wir zu einer grundsätzlichen kognitiven Geschichtsfälschung, die es uns auf Dauer schwer macht, die Zukunft zu antizipieren. So zeigte eine Studie aus dem Jahr 2022: Auch Wikipedia-Artikel über historische Ereignisse sind durch den Rückschaufehler systematisch verzerrt[8], schließlich schreiben heutige Menschen über die Vergangenheit und verzerren sie so, dass sie zur heutigen Welt passt.

Das Problem ist: Mit diesem Denken hat man es später immer besser gewusst, aber im eigentlichen Moment ist man dumm, weil man die Zukunft eben nicht antizipiert, sondern auf falsche Weise zurückschaut. Jedes Mal, wenn ich eine der oben genannten »Rückschau-Anekdoten« höre, muss ich daran denken, dass wir Menschen dazu trainieren, falsch über die Vergangenheit zu denken. Wir sollten uns die Zukunft aber nicht als logische Folge aus der Vergangenheit vorstellen.

Um sich gegen den Rückschaufehler zu schützen (und aus der Vergangenheit zu lernen), ist es deswegen vielleicht besser, auf das zu achten, was nicht funktioniert hat. Etwa zur selben Zeit, als das Internet populär wurde, brachte die Telekom ISDN auf den Markt – und machte Werbung für Bildtelefone. Bildtelefone haben sich aber niemals durchgesetzt. Gewiss, es gibt Videotelefonie, aber die grundsätzliche Idee, dass man in eine Kamera spricht, wenn man schnell etwas klären will, widerspricht der Idee des Telefons. Schließlich ist es ein zentrales Nutzungsversprechen des Telefons, dass ich den anderen gerade nicht sehe. Besser so. Das hat mich sehr oft gerettet.

Permanent laufende Videokameras sind überhaupt ein Produktkiller: Die Datenbrille von Google, Google Glass genannt, floppte vor zehn Jahren genauso wie Webcams an Fernsehern. Denn permanent gefilmt zu werden (ob von einer Brille oder einem Fernseher), gilt als übergriffig. Apropos Filmeschauen: Auch das 3-D-Kino stand schon mehrmals kurz vor dem Durchbruch. Dabei ist heute noch nicht mal klar, ob das Kino überhaupt eine Zukunft hat.

Ich weiß nicht, wie Sie gerade dieses Buch lesen. Wahrscheinlich tun Sie es in gedruckter Form, obwohl vor 15 Jahren der E-Book-Reader als »disruptive Todestechnologie« galt. Der Marktanteil von E-Books liegt heute allerdings bei weniger als sechs Prozent.[9] Nennen Sie mich verrückt, aber ich vertraue auch in Zukunft dem gedruckten Buch. Der Grund: Menschen erinnern sich an gedruckte Bücher einfach besser als an E-Books.[10] Das liegt auch daran, dass man beim Durchblättern ein dreidimensionales Konstrukt des Buches aufbaut. Sie erinnern sich am Ende nicht nur daran, was im Buch stand, sondern auch wo. Wenn Sie den Inhalt dieses Buches also am besten behalten wollen, greifen Sie bitte zur gebundenen Variante.

Auch in diesem Moment leben wir in einer Welt voller Zukunftsversprechen, von denen wir nicht wissen, ob sie realisiert werden oder nicht. Das selbstfahrende Auto ist so ein Beispiel. Überall wird uns erzählt, dass wir in Zukunft von autonomen Fahrzeugen umherkutschiert werden. Das muss aber nicht so sein. Der Grund: Menschen unterschätzen massiv, wie sich menschliches Verhalten in der Zukunft ändert. Wir sind gut geschult darin, Trends zu erkennen und in die Zukunft zu projizieren – aber wir vergessen, dass jeder Trend von Menschen unterstützt werden muss. Beispiel selbstfahrendes Auto: Eine Studie aus dem Jahr 2020 zeigte, was wirklich passiert, wenn wir von selbstfahrenden Autos umgeben sind: Menschen attackieren solche Autos.[11] Denn selbstfahrende Autos sind auf Sicherheit programmiert, werden im Zweifel also immer zurückweichen. Ein vollautonomes Kfz im Stadtverkehr? Gute Fahrt, wenn Sie permanent von Radfahrern weggedrängelt werden. Etwas anderes ist es natürlich in der Logistikbranche. Denn wann sind die Autobahnen frei? Zwischen ein und fünf Uhr morgens. Dann könnten Sie problemlos selbstfahrende Lkw auf die Reise schicken – Sie bräuchten keine Ruhezeiten und lieferten pünktlich Ihre Ware am Lager ab. Mit dieser Idee kann man Geld verdienen. Das selbstfahrende Auto könnte hingegen ein ewiger Wunschtraum bleiben.

Kurzum: Weil wir immer nur auf die Vergangenheit schauen, sind wir besonders schlecht darin, uns die Zukunft vorzustellen. Wir verstehen nicht, dass Menschen damals gute Gründe hatten, sich die Zukunft so vorzustellen, wie sie es eben taten. Hinterher ist man immer schlauer, und das wird auch in Zukunft so sein. Denn wir versuchen gar nicht erst, technische oder ethische Sprünge zu antizipieren. Denken wir an die Zukunft, haben wir eher einen Fluss an Ereignissen vor Augen, der kontinuierlich vom Gestern ins Morgen strömt. Nichts könnte der Realität ferner sein.

Problem 2: Wir unterschätzen, wie sehr wir uns verändern

Stellen Sie sich vor, im Jahre 2000 hätte man zu Ihnen gesagt: In 20 Jahren wird ein Pandemievirus den gesamten öffentlichen Raum lahmlegen. Sie werden weder fliegen noch zur Arbeit fahren können, um Ihre Kollegen zu treffen. Ihre Kinder werden nicht zur Schule gehen können, auch Kinos oder Einkaufszentren werden geschlossen bleiben. Sie werden sich zu Hause isolieren müssen und irgendwie per Telefon Ihre Arbeit erledigen.

Nicht vergessen: Es gab im Jahre 2000 kein flächendeckendes Internet, es gab keine Smartphones, praktisch keinen Onlineversand. Es gab auch kein Streaming, keine Videotelefonie, und noch nicht mal die Hälfte aller Deutschen hatte zu Hause einen Computer. Zu Beginn unseres Jahrtausends wären Sie in einer Pandemie zu Hause gefangen gewesen, hätten sich noch nicht mal Lebensmittel bestellen können, zur Ablenkung hätte aber immerhin lineares Fernsehen bereitgestanden, das Sie allerdings immer pünktlich hätten einschalten müssen, um Ihre Lieblingssendung nicht zu verpassen. Ihre Kinder hätten mit ausgedruckten Arbeitsblättern ihre Schulaufgaben erledigt. Und wie Sie Ihren Job hätten machen sollen ohne E-Mails, Computer, Internet und Smartphones – man kann es sich heute gar nicht vorstellen. Noch dazu wäre es technisch völlig unmöglich gewesen, innerhalb von 18 Monaten einen funktionierenden Impfstoff gegen ein solches neuartiges Virus zu entwickeln. Kurzum: Die Aussicht auf eine Pandemie hätte uns verzweifeln lassen müssen.

Wie wir alle wissen, kam es anders: Von zu Hause aus zu arbeiten, ist heute praktisch selbstverständlich. Videokonferenzen sind quasi Alltag. Sie können, wann immer Sie wollen, einen James-Bond-Film streamen oder sich zu jeder Tageszeit Ihr Lieblingsessen liefern lassen. Nur Schulaufgaben werden heute weiterhin mit Stift und Papier gemacht – das wäre auch zu viel des Guten gewesen.

Dieses Gedankenexperiment zeigt, dass wir zukünftige Probleme immer mit den Lösungen von heute assoziieren. Wir unterschätzen dabei massiv, wie schnell oder grundlegend sich nicht nur unsere Technologien, sondern auch unsere Ethik verändern. Genau deswegen haben wir auch immer Angst vor der Zukunft: Wir denken, wir müssten die Probleme von morgen mit den Techniken von heute lösen. Dabei wissen wir gar nicht, welche Techniken wir in 20 oder 40 Jahren zur Verfügung haben werden.

Dieses Denkphänomen nennt sich »End of History«-Illusion. Man denkt, man selbst wäre jetzt in diesem Moment mehr oder weniger am Ende seiner Entwicklung angekommen, quasi die beste Version seiner selbst – und kann sich deswegen kaum vorstellen, dass man in Zukunft anders denken und handeln wird. Etwas weniger heftig formuliert: Menschen glauben, sich in Zukunft weniger zu verändern, als sie es bisher taten. 2013 kam ein Team um Jordi Quoidbach von der Universität Harvard diesem besonderen Denkphänomen erstmals konkret auf die Schliche.[12] Insgesamt untersuchte es über 3800 Personen und fragte zunächst Menschen zwischen 18 und 58 Jahren, wie sehr sie davon ausgehen, dass sich ihre Werte und Vorlieben oder ihre Persönlichkeit in den nächsten zehn Jahren ändern würden. Gleichzeitig befragte man Menschen, die jeweils zehn Jahre älter waren als die Probanden unterschiedlichen Alters, wie sehr sich ihr Leben genau in diesen Kategorien in den vergangenen zehn Jahren geändert hatte. Würde sich also ein 35-Jähriger anders an seine letzten zehn Jahre erinnern, als sich ein 25-Jähriger seine kommenden zehn Jahre vorgestellt hätte? Ergebnis: Menschen unterschätzen systematisch (und zwar in jedem Alter), wie sehr sich ihre Lebenseinstellung in den kommenden Jahren ändern wird. Erst ab Mitte 50 gleichen sich unsere Zukunftserwartung und die tatsächliche Veränderung in unserem Leben an. Die krasseste Diskrepanz zwischen der erwarteten und der tatsächlichen Veränderung gibt es übrigens im Alter von Mitte 20. Niemals im Leben unterschätzen wir mehr, wie sehr wir uns in den folgenden zehn Jahren ändern.

Im Jahre 2015 wiederholte man ein ähnliches Experiment, diesmal allerdings mit Angestellten des öffentlichen Dienstes in den USA, die nach ihrer Arbeitsmotivation gefragt wurden: ob sie glauben, dass sich ihre Arbeitsmotivation in den kommenden zehn Jahren mehr ändern wird als in den vergangenen? Antwort: Nein – im Gegenteil. Die Probanden waren grundsätzlich besonders konservativ in ihrer Motivationserwartung, nach dem Motto: Was soll noch passieren, die größte Weltveränderung liegt hinter mir.[13]

Wenn wir ein Geschichtsbuch aufschlagen, kommt die Gegenwart immer auf der letzten Seite vor, und das Buch ist zu Ende. Kein Wunder, dass Menschen denken, dass die Entwicklung abgeschlossen ist. Vor 50 Jahren mussten Frauen ihre Ehemänner noch um Erlaubnis fragen, arbeiten zu dürfen. Noch nicht mal 30 Jahre ist es her, dass Homosexualität in Deutschland noch strafbar war. Beides ist heute völlig undenkbar, weil wir uns gar nicht mehr vorstellen können, wie wir als Gesellschaft früher gedacht haben. Wenn Sie sich wirklich clever die Zukunft vorstellen wollen, fragen Sie besser andersherum: Welche Ethik, die heute noch normal ist, wird man in 100 Jahren als barbarisch ansehen? Und was könnte passieren, dass wir unsere Meinungen in Zukunft ändern?

Joseph P. Overton, ein amerikanischer Politikanalyst, hat eine Theorie für solche Veränderungen entwickelt, die besagt, dass es einen Rahmen gibt – das nach ihm benannte Overton-Fenster –, der politische Korrektheit (man könnte auch sagen: die aktuell gesellschaftlich akzeptierte Ethik) absteckt.[14] Ideen, die am Anfang noch völlig undenkbar oder radikal wirken, werden Stück für Stück erst akzeptabel, dann populär und irgendwann politischer Konsens. Beispiel: Für uns war es bis vor wenigen Jahren noch undenkbar, dass wir Insekten essen – igitt, total eklig. Doch zuerst berichten ein paar nerdige Wissenschaftsseiten im Internet über dieses Thema, dann greifen es weitere Medien auf, bis man die Idee akzeptiert, auch Maden oder Heuschrecken zu essen. Irgendwann findet die Idee weitere Unterstützer (Insekten liefern »klimafreundlichere Proteine« als Rinder und Schweine), bis sie schlussendlich Teil unserer Konsumgewohnheiten und unserer Weltsicht wird. Auf die gleiche Weise wurden Frauen- und Homosexuellenrechte durchgesetzt, und genau deswegen wird man heute nicht schief angeschaut, wenn man Vegetarier ist oder wenn man als Vater Elternzeit nimmt.

Aufgepasst an dieser Stelle, Manipulationsgefahr: Das Overton-Fenster ist nicht nur ein gerne genutztes Prinzip von progressiven und liberalen Kräften – sondern auch von radikalen Bewegungen von rechts: Man wirft einfach mal eine krasse Idee, einen harten Begriff in die Debatte (Björn Höcke zum Holocaust-Denkmal in Berlin: »Denkmal der Schande«[15]), in der Hoffnung, dass sich die öffentliche Wahrnehmung Stück für Stück verschiebt. Man gewöhnt sich quasi an die Extremposition, das Overton-Fenster verschiebt sich immer mehr in Richtung der radikalen Idee, bis sie irgendwann akzeptabel geworden ist. Hier sieht man, wie leicht man das menschliche Denken kapern kann.

Problem 3: Wir denken, die Welt wäre statisch

Kurze Zwischenfrage: Wie stellen Sie sich ein »natürliches Gleichgewicht« vor? Sie wissen schon: der Zustand, auf den wir alle irgendwie hinarbeiten – eine Balance zwischen Mensch und Natur, im Einklang mit der Welt um uns herum. Die Idee der »Nachhaltigkeit« ist immerhin eng an die Vorstellung eines »Gleichgewichts« angelehnt, schließlich darf man die Natur nicht über ihre eigenen Regenerationsfähigkeiten hinaus belasten, sonst gerät sie aus den Fugen.

Die meisten Menschen stellen sich unter einem Gleichgewicht eine ausbalancierte Waage vor. Ein stabiler Zustand, in dem sich die Kräfte derart ausgleichen, dass keine plötzlichen Ausschläge entstehen. Das Problem ist nur: Dieses Gleichgewicht gibt es in der biologischen Natur nicht. Denn biologische Prozesse sind komplex – und Komplexität ist mit einem statischen Gleichgewicht (einer ausbalancierten Waage) nicht vereinbar.

Stellen wir uns beispielsweise eine Kaninchenpopulation vor, die sich alle vier Monate verdoppelt. Irgendwann, so könnte man denken, geraten die vielen Kaninchen ans Limit der natürlichen Ressourcen, sie werden sich also nicht weiter vermehren, die Population erreicht einen stabilen Zustand, ein natürliches Gleichgewicht. Doch das passiert nicht! Im Kaninchenbeispiel bildet sich weder ein stabiles Gleichgewicht aus noch ein periodisch schwankendes (bei dem die Population regelmäßig ansteigt und wieder fällt), sondern ein völlig unvorhersehbares, chaotisches Verhalten. Nur bei sehr geringen Wachstumsraten (die in der Natur vielleicht bei sehr vermehrungslahmen Tieren wie Blauwalen vorkommen) bildet sich eine stabile Populationsgröße aus. Doch im Regelfall gibt es so viele gegenseitige Abhängigkeiten in der Natur (Räuber-Beute-Verhalten, um Nahrung konkurrierende Lebewesen, schwankende Naturressourcen und so weiter), dass das Chaos zuschlägt, bevor eine statische Stabilität erreicht ist. Anders gesagt: Die Vorstellung, dass man in einem statischen und ausbalancierten Zustand der Harmonie mit der Natur leben könnte, ist ein Irrtum. Ein statisches Gleichgewicht gibt es im Physikunterricht. Das war's.

Das Problem ist, dass wir uns nicht vorstellen können, dass sich eine Welt dynamisch und nicht linear entwickelt. Während der Coronapandemie haben wir immerhin versucht, uns vorzustellen, was exponentielles Wachstum ist (Sie erinnern sich: Reproduktionsfaktor, den R-Wert unter 1 drücken, Verdopplungszahl im Blick behalten, *»flatten the curve«*). Das ist schon schwierig genug. Die Sache ist allerdings: Es gibt in der Natur kein dauerhaft exponentielles Wachstum. Exponentielles Wachstum ist ein mathematisches Konstrukt. Tatsächlich gehen Veränderungsprozesse (gerade bei so hohen Wachstumsraten wie bei Viren oder Bakterien) irgendwann in einen chaotischen Zustand über. Was am Anfang noch exponentiell wächst, wird irgendwann unvorhersehbar. Schauen Sie sich die Inzidenzen während der Coronapandemie der letzten drei Jahre an: Am Anfang kann man den Menschen noch genau erklären, dass sich ein neuartiges Virus exponentiell verbreitet – doch schon bei der zweiten, spätestens der dritten Welle gibt es kein exponentielles Muster mehr. Die Inzidenzen steigen und fallen scheinbar ohne erklärbares Muster auf und ab, denn plötzlich spielen viel zu viele Faktoren eine Rolle (wie viele Menschen hatten schon einmal Corona, wie viele sind geimpft, wie viele neue Virusvarianten gibt es, trägt man Mundschutz oder nicht, wie oft fassen sich Menschen mit schmutzigen Fingern ins Gesicht etc.). Genau deswegen brauchte man ab einem bestimmten Punkt (das war etwa ab dem Frühjahr 2021 der Fall) auch keine Modellierer mehr zu fragen, wie sich die Pandemie weiterentwickeln wird. Denn niemand hat ein mathematisches Modell für die Zukunft.

Es ist nun mal so: Die Welt ist nicht vorhersehbar – und das ist mathematisch beweisbar. Selbst wenn wir heute über jedes Luftmolekül auf der Erde sämtliche Informationen hätten, wäre es unmöglich, das Wetter in einer Woche vorherzusagen. Denn Sie müssten selbst kleinste Abweichungen in der unendlichsten Nachkommastelle der Geschwindigkeit eines Luftmoleküls berücksichtigen. Schließlich können sich schon winzigste Änderungen in einem komplexen System zu gravierenden Unterschieden auswachsen. Dafür bräuchten Sie aber einen Computer mit unendlicher Rechenleistung, der folglich unendlich viel Energie verbraucht. Kurzum: Es ist unmöglich, das Wetter vorherzusagen – und dennoch wird es in einer Woche irgendein Wetter geben. Wenn Sie in einer Woche zurückschauen, könnten Sie sogar ganz genau physikalisch begründen, warum es genau zu diesem Wetter kommen musste. Doch der umgekehrte Blick ist uns nicht möglich.

Ja, ich gebe zu, diese Unfähigkeit, in die Zukunft zu schauen, hat nichts mit Dummheit zu tun. Dumm ist es aber, davon auszugehen, dass die Zukunft irgendwann statisch und stabil sein könnte. Wenn die Zukunft jedoch nicht statisch und stabil ist, dann muss man sie anders gestalten, als man das in der Regel tut.

Die Zukunft ist wild

Ich fasse zusammen: Wir denken sowohl über die Vergangenheit als auch über die Gegenwart und die Zukunft falsch. Wir ziehen falsche Schlüsse aus dem Gestern, schätzen uns im Heute falsch ein und machen uns über die Zukunft falsche Vorstellungen. Das klingt wenig Mut machend, wenn es darum geht, die Zukunft zu gestalten. Doch das Gegenteil ist eigentlich der Fall, wenn man die richtige Denktechnik einsetzt.

Ein bisschen ist es so wie beim Schachspiel. Schon von klein auf bekommt man beigebracht: Es gibt zwei Möglichkeiten, Schach zu spielen. Variante 1: Man schaut sich an, wie die aktuelle Stellung auf dem Schachbrett ist und welche Optionen man hat, seine Figuren zu bewegen. Dann wägt man ab und wählt schließlich die beste aller Zugmöglichkeiten aus. Das wäre analytisches und reaktives Denken. Man reagiert auf eine konkrete Situation und versucht, die bestmögliche Entscheidung zu treffen. Man ist in seinen Möglichkeiten jedoch weitgehend limitiert, schließlich kann man nur diejenigen Züge ausführen, die aktuell möglich sind.

Beispiele für reaktives Denken gibt es immer wieder. Ende der 1990er-Jahre hatte Nokia beispielsweise ein Telefon entwickelt, das nur eine einzige Taste hatte – und einen riesigen bunten Touchscreen.[16] Ein mobiler Computer mit einzelnen Apps. Kommt Ihnen bekannt vor? Leider war Nokia gerade nicht proaktiv und brachte dieses »Smartphone« nie auf den Markt. Denn von allen Optionen, die damals zur Verfügung standen, schien die Variante, das eigene Geschäftsmodell zu kannibalisieren, riskant. Lieber schrieb man den aktuellen Trend (Handys mit Tasten) in die Zukunft fort. Als Apple sieben Jahre später mit dem iPhone um die Ecke kam, konnte man nicht mehr rechtzeitig reagieren. Vor 15 Jahren dominierte Nokia zwei Drittel des Handymarktes. Fragen Sie heute mal einen Achtjährigen, was Nokia ist. Viel Glück.

Variante 2: Man überlegt sich, welche Stellung man auf dem Schachbrett erreichen müsste, um den gegnerischen König matt zu setzen. Von diesem Ende ausgehend versucht man, zurückzudenken und zu überlegen: Welche Züge müsste ich nacheinander durchführen, um ans Ziel zu kommen? Das ist proaktives Denken, denn man versucht, die Schachstellung nach seinen Wünschen zu gestalten. Man ist in seinen Möglichkeiten zwar nicht unendlich frei, hat aber mehr Optionen, um zum Ziel zu kommen. Denn vielleicht muss man einen Umweg gehen, Hauptsache, das Ergebnis stimmt.

Als ich in Berkeley studierte, besuchte ich einen Kumpel in Stanford. Ich erinnere mich noch, dass in der Eingangshalle seines Lehrgebäudes ein riesiges Plakat hing, das fast über zwei Stockwerke reichte. Darauf war in großen Buchstaben geschrieben: *»There is no right or wrong. There is only make.«* Wenn die Zukunft wirklich so wild ist, so unberechenbar, wenn wir uns wirklich mehr ändern, als wir heute noch denken, und wenn die Vergangenheit eben keine Abfolge logischer Ereignisse war (sondern wir uns das erst im Nachhinein zusammendichten), wenn das alles stimmt, dann gibt es für unsere zukünftigen Entscheidungen kein »Richtig« oder »Falsch«. Denn für völlig neue Ideen werden wir an Orte gehen, an denen wir noch niemals waren. Es gibt dann nur ein »Ausprobieren« und ein »Machen« – und dann werden wir erfahren, ob es funktioniert oder nicht.

Wir haben das in diesem Land immer getan, deswegen stehen wir heute auf den Schultern von Riesen. Schauen Sie sich den DAX an: ein Industriemuseum. Das Durchschnittsalter eines DAX-Unternehmens liegt bei 96. So alt wird man aber nicht, wenn man nur Fehler macht. Es waren geniale Erfinder und Ingenieure, wagemutige Unternehmer und Investoren, die mit einzigartigen Ideen Dinge ausprobiert haben, die sich kein anderer auf der Welt gewagt hat. Carl Benz meldet 1886 sein Patent für ein »Fahrzeug mit Gasmotorenbetrieb« an. Das reicht aber nicht, um die Welt zu verändern. Deshalb fährt zwei Jahre später seine Frau Bertha mit ihren beiden Söhnen von Mannheim nach Pforzheim und zurück, weil sie ihrem Mann Mut machen will, dass sein Automobil mehr draufhat, als er selbst denkt.[17] Merke: Selbst die größten Erfindungen brauchen die Courage, sie auch gegen Widerstände durchzusetzen.

Wir werden die Welt nicht verändern, wenn wir zurückschauen und uns über die Vergangenheit lustig machen. Bedenken Sie: Wir sind heute die Vergangenheit von morgen. In 30 Jahren werden die Leute genauso zurückschauen und über uns lachen. Über unsere Vorstellungen, die alle nicht Wirklichkeit geworden sind. Über unsere Werte, die in einem halben Jahrhundert vielleicht völlig überholt sind. Über unsere Entscheidungen, die wir umgesetzt haben oder auch nicht. Weil man es später natürlich besser weiß. Der Punkt ist: Wir wissen es heute eben nicht besser. Das Einzige, was wir tun können, ist, uns selbst in diesem Moment nicht zu wichtig zu nehmen. Das aufzugeben, was wir haben, für etwas Besseres in der Zukunft.

Wir sollten diesen Mut haben, weil das die vielleicht einzige beständige Lektion ist, die uns die Geschichte lehrt: Spezialisten sind die Ersten, die bei Veränderungen aussterben. Der Pandabär wird der Nächste sein. Wer so unflexibel ist, dass er nur Bambus frisst, braucht sich eben nicht zu wundern. Er ist so anpassungsfähig wie ein monokultiviertes Maisfeld: supergut, wenn alles gleich bleibt. Kaputt, wenn sich eine Kleinigkeit ändert. Es haben immer die überlebt, die sich am schnellsten an neue Situationen angepasst haben: Ratten, Kakerlaken, Menschen. Bitte nicht als Beleidigung verstehen, denn aus evolutionärer Sicht betrachtet sind alle diese Lebensformen extreme Erfolgsmodelle: superflexibel, nicht totzukriegen und mit jeder Umweltsituation fertigwerdend.

Wir haben die Welt nicht verändert, weil wir das gemacht

haben, was wir immer schon gemacht haben. Sondern weil wir uns rechtzeitig neue Sachen überlegt haben, die vielleicht nur einen kleinen, aber entscheidenden Vorsprung brachten. Dazu muss man aber proaktiv denken. Ansonsten geht es uns wie Nokia: Wir wussten es eigentlich besser, haben es aber nicht gemacht.

DAS INDIVIDUALISIEREN VON MEINUNGEN

4

Wie Demokratien enden

Ich habe meine E-Mail-Adresse seit 1996. Das war eine Zeit, in der man sich entscheiden musste, ob man ins Internet geht oder über BTX (einen Online-Bildschirmtext) Informationen sammelt. Sich ins Netz einzuwählen, dauerte mit meinem Modem eine halbe Minute, und man hörte, wie die einzelnen Datenpakete Stück für Stück in seinen Rechner ruckelten. Es war eine Zeit der Hoffnung und des Aufbruchs, fast könnte man sagen: Man schaute naiv in die Zukunft. Denn das große Versprechen der damaligen Zeit war: Das Internet wird Informationen weltweit demokratisieren. Die Zeiten der hierarchischen Kontrolle von Wissen sind vorbei. Genauso wie es der Buchdruck der mittelalterlichen Kirche unmöglich machte, ihre Informationshoheit zu bewahren, wird auch das Internet dazu führen, dass Menschen erst ihre Informationswelt selbst kontrollieren und schließlich die Macht des Volkes gegen Autokratien gewinnt. Das Osmanische Reich büßte seine wissenschaftliche Führungsrolle auch deswegen ein, weil es im Gegensatz zur westlichen Welt den Buchdruck verbannte. Ohne Buchdruck keine Aufklärung. Ohne Aufklärung keine Öffnung der Wissenschaft. Ohne offene Wissenschaft keine neuen Technologien. Das sollte uns eine Lehre sein, dass der Fortschritt ganzer Kulturen vom hierarchiearmen Informationsfluss abhängt. Bill Clinton sah das im Juli 2000 übrigens ähnlich: »Wir als Regierung haben die Aufgabe, die neuen Techniken zu nutzen, um Demokratie weiter zu verbreiten und mehr Menschen die Möglichkeit zu geben, ihre Träume zu leben.«[1] Das Internet als der ultimative Katalysator für Demokratie, ursprünglich entworfen vom US-amerikanischen Militär, um eben nicht von oben kontrollierbar zu sein. Die Zeitung *Die Welt* sprach im Jahre 2000 geradezu prophetisch davon, dass das Internet den Demokratien zum Siegeszug verhelfen würde, und verstieg sich zu der Aussage, dass bis 2020 sogar China demokratisch werden könnte.[2] Das Goldene Zeitalter des Wissens und der Gerechtigkeit für alle – es schien zum Greifen nah.

So kann man sich täuschen. Erst platzte Anfang der 2000er-Jahre die Dotcom-Blase, und seit den frühen 2010er-Jahren sind die Demokratien auf dem Rückzug. Die demokratische Welt befindet sich heute auf dem Stand der späten 1980er-Jahre.[3] Natürlich ist das Internet nicht allein dafür verantwortlich, dass Autokratien heute weltweit stärker sind als noch vor 15 Jahren. Aber das große Demokratisierungsversprechen des Internets hat sich nachweislich nicht erfüllt. Im Gegenteil, heute besteht die große Sorge darin, dass Onlinemedien zu einer Anti-Demokratisierung führen und dass autokratische Regime das Internet zur großflächigen Bevölkerungskontrolle einsetzen. Das hätte man sich vor 20 Jahren niemals träumen lassen.

Viele große Ideen scheitern – oder haben (wie im Falle des Internets) unerfreuliche Nebenwirkungen, die zum Zeitpunkt der Entstehung nicht unbedingt absehbar waren. Denn ob sich eine Idee durchsetzt oder nicht, ist oftmals eine psychologische Frage. Im Falle des Internets wurde (und wird heute noch) unterschätzt, wie egozentrisch und selbstbestätigend Menschen ticken. Dass Autokratien heute technische Möglichkeiten haben, auch das dezentralste Netz zu kontrollieren – geschenkt. Die viel beunruhigendere Feststellung ist, dass die zunehmende Verfügbarkeit von Wissen nicht dazu geführt hat, dass Menschen mehr über den Tellerrand schauen. Stattdessen ist die Möglichkeit, genau die Informationen zu finden, die zum eigenen Weltbild passen, heute so groß wie nie. Dass selbst die älteste Demokratie der Welt gut 20 Jahre nach Bill Clintons Rede am Abgrund stand (nach dem Sturm auf das Kapitol), mutet wie eine Ironie der neuen Technologie an. Das hatte sich Bill Clinton sicher nicht vorstellen können, als er davon sprach, dass »Informationen zu allen Amerikanern kommen müssen (…), damit die neuesten Technologien nicht unsere ältesten Werte unterlaufen«.[4]

Dass das Internet mitnichten zum ultimativen Katalysator der Demokratie wurde, liegt auch daran, dass es niemals in der Geschichte leichter war, mit menschlichen Denkfehlern Geld zu verdienen (und auch mit menschlicher Dummheit, dazu kommen wir gleich in diesem Kapitel). Keine Anekdote illustriert das besser als die »Facebook-Klasse« im damaligen »*Persuasive Technology Lab*« der Universität Stanford. Diese Arbeitsgruppe, gegründet 1998 von Brian Jeffrey Fogg, hatte sich die wissenschaftliche Aufgabe gesetzt, die Auswirkungen von digitalen Technologien auf die menschliche Psyche zu untersuchen. Im Jahr 2007 bekam nun eine Gruppe von 75 Studenten in ebenjener Arbeitsgruppe die Aufgabe, eine Facebook-App zu entwickeln. Man erinnere sich: Facebook war damals noch der coole, aufstrebende Stern im Social-Media-Kosmos, das iPhone war gerade auf dem Markt. Es war eine Zeit, in der man einfach »Gold einsammeln konnte«, so Fogg. »Es war eine Landschaft, die bereit war, abgeerntet zu werden.«[5]

Das taten die Studenten fleißig: In Dreiergruppen tüftelten sie an ihren Apps, die zwar keine Geniestreiche, aber überaus erfolgreich waren. Eine Gruppe entwickelte eine App, mit der man seine Facebook-Freunde mit »Hotness-Punkten« bewerten konnte: je attraktiver, desto mehr Punkte. Eine Idee, die eskalierte. In weniger als zehn Wochen sammelten die Studenten mehr als 16 Millionen Nutzer und über eine Million Dollar an Werbegeld ein.[6] Plötzlich verdienten sie mehr als ihr

Professor. Ihre Ideen lockten Wagniskapitalgeber an (die App wurde später gewinnbringend an eine Dating-Website verkauft), einige Studenten schmissen das Studium und gründeten eigene Start-ups. Snapchat, Instagram und LinkedIn wurden von Stanford-Absolventen aufgebaut. Die Idee, dass man die Schwächen der menschlichen Psyche gezielt für digitale Apps ausnutzt, wurde maßgeblich in dieser »goldenen Zeit« Mitte der 2000er-Jahre begründet. Kein Wunder, dass einige die Seiten wechselten: Tristan Harris, ebenfalls ehemals Student im »Stanford-Überzeugungslabor«, gilt heute als einer der größten Kritiker psychologisch optimierter digitaler Technologien. Gleiches gilt für Justin Rosenstein, der zur selben Zeit, als die Stanford-Studenten an ihren Facebook-Apps bastelten, für Facebook den Like-Button entwickelte. Falls Sie sich also jemals gefragt haben, warum Apps so süchtig machen, finden Sie hier die Antwort: weil sie genau das sein sollen.

Wir lieben uns

Der Erfolg vieler digitaler Plattformen und Apps baut auf einem der grundlegendsten Denkfehler von allen auf: dem Bestätigungsdenken (engl.: *Confirmation Bias*). Erinnern Sie sich kurz zurück an das letzte Kapitel und die dort vorgestellten Zahlenreihen. Dass Menschen die Zahlenreihe

2–4–6–8–10–12

immer mit 14–16–18 und so weiter ergänzen wollen, liegt auch daran, dass wir uns immer in unseren Sichtweisen bestätigen und nicht hinterfragen wollen. Dieser Bestätigungsfehler ist nicht nur gut bekannt (tatsächlich gilt er als einer der am besten erforschten Denkfehler überhaupt), sondern er liegt praktisch unserem gesamten Leben zugrunde: Wir suchen

Freunde aus, die uns nicht allzu sehr widersprechen. Wir lesen Zeitungen, Onlineartikel oder schauen Nachrichten, um uns in unseren Ansichten bestätigt zu sehen. Auch zu diesem Buch haben Sie wahrscheinlich gegriffen, weil Sie die Hoffnung haben, den ein oder anderen Gedanken bestätigt zu bekommen.

Es ist menschlich, dass wir nicht aktiv Widerspruch suchen oder uns widerlegen wollen. Tatsächlich blenden wir aber auch aktiv Informationen aus, die unsere Sichtweisen angreifen – und das ist sogar im Gehirn messbar. Sobald wir einmal eine Entscheidung getroffen haben, wird das Gehirn unsere Sinneswahrnehmung so verändern, dass widersprechende Informationen aktiv unterdrückt werden.[7] Schon auf der einfachsten Ebene der Wahrnehmung unserer Umwelt sind wir also höchst selektiv und nur daran interessiert, unsere Sichtweise zu bestätigen. Das setzt sich natürlich auch bei komplizierten Denkvorgängen fort: zum Beispiel bei wissenschaftlichen oder Verschwörungstheorien.

Man könnte meinen, dass Menschen, die an wissenschaftlichen Erkenntnissen interessiert sind, auch besonders darauf achten, sich zu widerlegen oder widerlegt zu werden. Schließlich ist genau das das Grundprinzip wissenschaftlichen Denkens. Nur Dogmatiker beharren auf ihrem wissenschaftlichen Standpunkt, der genau dann aber nicht mehr wissenschaftlich ist. Wie im allerersten Kapitel dieses Buches schon beschrieben, ticken aber selbst wissenschaftsinteressierte und gebildete Menschen nicht so – doch ist das in der Onlinewelt vielleicht anders? Schließlich hat man dort viel mehr Möglichkeiten, über den eigenen Tellerrand zu schauen.

In einer groß angelegten Studie im Jahre 2017 wertete man dafür das Onlineverhalten von 54 Millionen Facebook-Nutzern aus, die sich in zwei Gruppen einteilen ließen: in Mitglieder von Wissenschaftsgruppen und in Anhänger von Verschwörungstheorien.[8] Interessanterweise verhielten sich sowohl die Wissenschaftsfans als auch die Verschwörungstheoretiker nahezu identisch, wenn sie mit Posts in ihrer Community interagierten: Man teilte immer diejenigen Nachrichten, die am ehesten zur eigenen Meinung passten. So weit, so menschlich. Spannend wurde es jedoch, als man untersuchte, ob sich die beiden Gruppen unterschiedlich verhielten, nachdem man ihnen Korrekturmeldungen ausgespielt hatte. Würden die Verschwörungsanhänger solche (der eigenen Meinung widersprechenden) Nachrichten eher ablehnen als diejenigen, die sich vornehmlich im wissenschaftlichen Umfeld tummelten? Man spielte dafür über 50 000 solcher Korrekturnachrichten aus, die den gängigen Ansichten in den Gruppen widersprachen. Das Ergebnis: In Verschwörungstheoriegruppen reagierte man praktisch gar nicht auf solche Nachrichten. Anders sah es in den Wissenschaftsgruppen aus. Doch diese Interaktionen waren vor allem negativer Natur. Tatsächlich war die emotionale Grundhaltung der Wissenschaftsanhänger gegenüber Korrekturmeldungen sogar noch negativer als die der Verschwörungstheoriegruppen.

In einer Folgestudie im Jahre 2019 untersuchte man, woran es liegt, dass sich solche polarisierten Gruppen überhaupt ausbilden.[9] Dazu analysierte man das Kontaktverhalten von über 1,2 Millionen Facebook-Nutzern, um festzustellen, dass sich der Bestätigungsfehler aus zwei Komponenten zusammensetzt: Zunächst lehnen wir fremde Meinungen ab, was dazu führt, dass man sich einer Gruppe zugehörig fühlt. Wenn man dann in einer Gruppe ist, sucht man aktiv nach Bestätigung der eigenen Meinung. Diese Bestätigung ist dabei sogar wichtiger als die ursprüngliche Zugehörigkeit zu Freunden. Anders gesagt: Im Laufe der Zeit tappen Menschen so sehr in die Bestätigungsfalle, dass sie sich auch von Freunden oder Familienmitgliedern abwenden können. Denn es gibt nur eine Person, die noch wichtiger ist als der beste Freund: man selbst.

Das Geschäft mit der Polarisierung

Wir können nicht alle Fans des FC Bayern München sein. Denn das wäre erstens ziemlich langweilig und zweitens nicht besonders einträglich. Im Gegenteil: Man verdient Geld damit, dass Menschen unterschiedliche Meinungen haben und Fans von unterschiedlichen Vereinen sind. Das war schon immer so und ist prinzipiell kein Problem. Natürlich tappten Menschen auch früher in Denkfallen und handelten wider besseres Wissen unvorteilhaft, sprich: dumm. Doch im Unterschied zu früher steht heute die menschliche Dummheit im Zentrum eines sehr erfolgreichen Geschäftsmodells. Denn sobald man mit der Granularisierung, der Zerteilung von gesellschaftlichen Gruppen, Geld verdienen kann, besteht ein geschäftliches Interesse daran, dass es solche Gruppen überhaupt gibt. Je mehr solcher Gruppen vorhanden sind und je polarisierter (sprich: unversöhnlicher) sie sich gegenüberstehen, desto leichter wird es, das Verhalten der Gruppenmitglieder zu monetarisieren. Denn je klarer Gruppen voneinander abgegrenzt sind, desto leichter kann man nicht nur Werbung an sie ausspielen, sondern desto mehr unterscheiden sich diese Gruppen auch in ihren Konsumgewohnheiten. Treiben wir diesen Gedanken ins Extrem: Jeder einzelne Mensch auf der Welt wäre maximal individuell, hätte seine ganz eigenen Essgewohnheiten, seinen ganz eigenen Kleidungsstil oder seinen einzigartigen Musikgeschmack. Es gäbe dann so viel mehr Möglichkeiten, Menschen individuell anzusprechen, ihnen Dinge zu verkaufen und sie so zu berühren, wie sie es am meisten lieben: ganz exklusiv.

Dass das noch nicht passiert, liegt zum einen daran, dass es nicht die technischen Möglichkeiten gibt, derartig viele individuelle Produkte zu erstellen. Eine großindustrielle Fertigung beruht schließlich auf dem Prinzip der Skalierbarkeit: dass sich ein Produkt (oder eine Produktidee) besonders billig vervielfältigen lässt. So spart man Fertigungskosten ein, die entstehen würden, wenn alle Dinge auf der Welt individuelle Einzelstücke wären. Allerdings (und ich greife ein paar Seiten voraus): Das muss nicht so bleiben. Es stehen heute Technologien zur Verfügung, die tatsächlich für jeden Menschen individuelle Produkte herstellen können und trotzdem skalierbar sind.

Zum Zweiten gibt es natürlich die zur Individualisierung gegenläufige Tendenz, dass Menschen erst als Teil einer Gruppe eine persönliche Identität aufbauen können. Dennoch ist das Streben nach Individualisierung und Personalisierung das eigentliche Erfolgsgeheimnis unserer kapitalistischen Idee. Wir sind in unserer westlichen Kultur damit groß geworden, dass das Individuum unendlich viel wert ist. Genauso definieren wir »Menschenwürde«. Die würdevolle Freiheit des Individuums ist unser höchstes Gut (zumindest, wenn man nach Immanuel Kants Kategorischem Imperativ geht, der immerhin Grundlage für unsere aktuelle Ethik ist). Das Positive daran ist der Minderheitenschutz: Auf Kosten der Minderheit dürfen wir nicht den Nutzwert einer Mehrheit maximieren. Wir dürfen ein von Terroristen entführtes Flugzeug mit unbeteiligten Passagieren nicht abschießen, um Tausende Menschenleben zu retten. Wir dürfen ja eine Person auch nicht töten und ihre Eingeweide entnehmen, selbst wenn wir damit sieben andere Menschenleben retten könnten. Denn der Mensch an sich steht im Mittelpunkt allen gesellschaftlichen Strebens.

Wundert es da, dass die Geschäftsmodelle der erfolgreichsten Firmen der Welt genau diese philosophische Idee ins Zentrum ihrer neuropsychologisch optimierten Produkte stellen? Die ultimative Verwirklichung des Individuums ist oberste Maxime. Als Twitter auf den Markt kam, lautete die Aufforderung, in der App etwas zu posten (also zu »tweeten«): »Was machst du gerade?« Wenn Sie heute LinkedIn öffnen, werden Sie mit den Worten begrüßt: »Worüber möchtest du sprechen?« Und Facebook animiert: »Was geht dir durch den Kopf?« TikToks Slogan lautet »*Make your day*«, und Snapchat fordert Sie auf: »*Share the moment*«. Wer ein soziales Netzwerk nach diesem Prinzip aufbaut, nimmt die Individualisierung der Meinung nicht nur in Kauf, sondern treibt sie aktiv voran. Die Individualisierung ist das eigentliche Produkt.

Überhaupt leben wir in einem Zeitalter der Personifizierung. Das sollte nicht verwundern, wenn unser Gehirn seit Jahrmillionen darauf trainiert wurde, andere Menschen zu erkennen. Der Mensch mit den mit Abstand meisten Followern auf Instagram ist Cristiano Ronaldo. Knapp 580 Millionen Menschen folgen dem portugiesischen Fußballstar. Zum Vergleich: Das sind mehr als doppelt so viele Follower, wie alle Vereine der englischen Premier League zusammen aufbringen können.

Das Zeitalter von sinnstiftenden Produktmarken ist praktisch vorbei. Genauso wie das Zeitalter der Massenmedien. Die größte Medienindustrie ist nicht die Fernsehbranche, nicht die Musik- oder Filmbranche, sondern (mit weitem Abstand übrigens) die Computerspielindustrie – und zwar seit über sieben Jahren schon. Über 380 Milliarden Dollar Gewinn werden dort im laufenden Jahr wohl erwirtschaftet.[10] Zum Vergleich: Die Filmindustrie verdiente am meisten kurz vor der Coronapandemie: gut 42 Milliarden Dollar[11], also etwa ein Neuntel der derzeitigen Gamingbranche. Wenn man ins Kino geht, Fernsehen schaut oder ein Buch liest, teilt man einen gemeinsamen Kultur- und Informationsraum. Natürlich lesen Sie dieses Buch gerade individuell, aber es wurde nicht individuell für Sie erstellt. Das ist beim Computerspielen anders. Selbst wenn man mit anderen spielt, erschafft man doch immer seine eigene, ganz individuelle Spielgeschichte. Dass wiederum Millionen von Menschen anderen Menschen beim Computerspielen zuschauen (die Streamingplattform »Twitch« lebt praktisch davon), ändert nichts an der Tatsache, dass das eigentliche Produkt die Individualisierung des Erlebnisses ist. Noch mehr Spaß, als anderen zuzuschauen, ist es schließlich, selbst zu spielen.

Gefangen im digitalen Hamsterrad

Das alles sind nicht nur nette Randnotizen unserer digitalen Gesellschaft, sondern Zeichen des vielleicht größten Trends der Gegenwart: das Streben nach Personalisierung und Individualisierung. Es ist sicherlich nicht antisozial, Computerspiele zu spielen (auch das Gegenteil kann der Fall sein). Aber es ist ein Unterschied, ob wir grundsätzlich ähnliche Filme schauen, ähnliche Musik hören oder ähnliche Nachrichten konsumieren – oder ob wir alle in individuellen Welten leben, in denen wir unser Selbst maximal ausleben können. Im Prinzip haben »Social Media« niemals existiert, es waren von Anfang an »Individual Media«: Sprachrohre, die wir jedem Menschen gegeben haben und mit denen jeder seine eigene Meinung hinausposaunen kann. Man erinnere sich: Zu Beginn konnte man bei anderen Menschen auf Facebook etwas an die Pinnwand posten. Ein Feature, das heute niemand mehr nutzt. Alle Nutzer brüllen permanent und gleichzeitig in den Kosmos der »sozialen Netzwerke«, ständig im Wettbewerb, am meisten Gehör zu finden. Die Relevanz von Personen bemisst sich folglich nicht am Inhalt ihrer Aussagen, sondern an der Zahl ihrer Anhängerschaft. Wer mehr Follower hat, ist auch bedeutungsvoller. Früher musste man Schauspieler sein, um auf dem *Traumschiff* mitzuspielen. Mittlerweile reicht es, genügend Reichweite auf Social Media zu haben. Ein Trend, den ich sehr bedaure. Seit Sascha Hehn nicht mehr *Traumschiff*-Kapitän ist, bin ich auch von Bord gegangen und schaue mir die Sendung nicht mehr an.

Tatsächlich ist die Bestätigung der eigenen Meinung zum Zwecke der persönlichen Relevanz das aktuell erfolgreichste Geschäftsmodell. Im Grunde sind wir durch dieses Denkprinzip ständig am Vergleichen: Welche Meinung passt zu mir, von welcher muss ich mich entfernen? Ständig sind wir auf der Suche nach Selbstoptimierung, und dafür stehen uns heute sehr viel mehr Vergleichsmöglichkeiten zur Verfügung. Im Jahr 2020 zeigte eine Untersuchung, dass dieses Streben nach Selbstverwirklichung tatsächlich altersabhängig ist und bei jüngeren Generationen zunimmt.[12] Während die »Baby-Boomer« (die zwischen 1950 und 1965 Geborenen) zwar dazu tendierten, unabhängig zu sein, sich aber über ihre Rolle in ihrem persönlichen Netzwerk definierten, waren die zwischen 1981 und 2000 Geborenen vor allem daran interessiert, sich selbst zu optimieren, und zogen das soziale Netzwerk vornehmlich als Vergleichsmöglichkeit heran. Anders gesagt: Je jünger, desto weniger definiert man sich über seine Rolle in der Gruppe, sondern darüber, wie sehr man »sein eigenes Ding« im Angesicht der Gruppe macht.

Durch digitale Medien bekommt man auf einmal Zugang zu Informationen und alternativen Lebensentwürfen, die einem vor 20 Jahren noch völlig verborgen waren. Wer sich beispielsweise dafür entscheidet, vegan zu leben, hätte noch Anfang des 21. Jahrhunderts vielleicht ein paar Bücher dazu gelesen. Vor zehn Jahren hätte man auf Internetseiten Infos zum Veganismus bekommen. Doch heute informiert man sich maßgeblich dadurch, dass man anderen vegan lebenden Menschen auf sozialen Plattformen folgt. So entsteht ein Wettbewerb: Wer ist der beste Veganer? Wie kann ich noch besser vegan leben? Durch Interaktionen (Likes, Shares und Kommentare) wird ein Ranking erzeugt, das diesen Wettbewerb noch verstärkt. Dieses Konkurrenzdenken endet erst, wenn ein maximales Level an Individualität erreicht ist: Erst wenn man sich als Individuum als so einzigartig identifiziert, dass man keinen Vergleich mehr suchen muss, kann man dieser digitalen Tretmühle entkommen.

Im Moment sind wir noch ein Stück weit entfernt davon, die Idee der totalen Individualisierung Wirklichkeit werden zu lassen. Zum einen gewinnen Menschen immer noch Identität dadurch, dass sie sich einer gesellschaftlichen Gruppe zugehörig fühlen: als Veganer, als Autotuner oder als Fan vom *Traumschiff*. Wer Gleichgesinnte kennt, kann durch seine Gruppenzugehörigkeit Status und Prestige erlangen – etwas, das tatsächlich für unseren persönlichen Antrieb elementar ist. Zum anderen ist es technisch noch nicht möglich, jeden Menschen mit einem vollkommen individuellen Informations- und Medienangebot zu versorgen. Doch dabei muss es nicht bleiben, denn die wirtschaftliche Versuchung, es zu probieren, ist da. Schließlich verdient man in der Digitalindustrie eine Menge Geld damit, dass Menschen immer individueller angesprochen werden können. Ein Geschäftsmodell, das man »Mikrotargeting« nennt.

Das süße Gift der eigenen Meinung

Jeder hat sein eigenes Internet. Es gibt nicht Facebook, Netflix, Google und Amazon. Es gibt *Ihr* Facebook, *Ihr* Netflix, *Ihr* Google, *Ihr* Amazon. Jeder von uns sieht etwas anderes, individuell auf sich Zugeschnittenes, wenn er ins Internet geht. Die Vorstellung, es gäbe so etwas wie einen gemeinsamen Informationsraum, wird immer mehr zum Irrglauben. Früher sahen wir alle die »Tagesschau« oder das »heute-journal«, lasen ähnliche Zeitungen oder zumindest solche, die auf die gleichen Pressemitteilungen zurückgriffen. Wir hörten ähnliche Musik oder sahen alle dieselben Klamotten, wenn wir ins selbe Kaufhaus gingen.

Diese Zeiten sind vorbei. Heute werden Nachrichten nach unserem Nutzerverhalten individuell zusammengestellt. Das hat Auswirkungen auf unser demokratisches System. Um das genauer zu untersuchen, wertete eine Übersichtsarbeit aus dem Frühjahr 2023 knapp 500 Einzelstudien über den Effekt von digitalen Medien auf Demokratien aus.[13] Das Ergebnis: Tatsächlich führen digitale Medien zu einer Zunahme an politischer Diskussion – aber genau diese größere politische Beteiligung führt eben auch zu einem Anstieg an polarisierten Meinungen und einem Verlust an Vertrauen in politische Institutionen. Ein Pyrrhus-Sieg der neuen Medienwelt: Im Bestreben, immer mehr Informationen immer zielgerichteter zu den Menschen zu bringen, werden immer mehr Menschen an politischen Diskussionen beteiligt. Doch noch nie waren sie in ihren Informationswelten so sehr zersplittert und unversöhnlich. Denn je individueller man Menschen (heute noch gruppenweise) adressiert, desto mehr separieren sie sich voneinander.

Nun könnte man argumentieren, dass das ja nicht unbedingt an den digitalen Medien liegt, sondern diese nur das abbilden, was ohnehin schon an Missmut in der Gesellschaft vorhanden ist. Doch die Studienlage zeigt eben auch: Social Media sind ursächlich dafür, dass sich Menschen in ihren Meinungen radikalisieren und antidemokratischer handeln. Interessanterweise liegt das unter anderem daran, dass man gerade durch digitale Netzwerke mit anderen Meinungen konfrontiert wird, woraufhin man diese umso stärker ablehnt. Denken Sie an die in diesem Kapitel schon vorgestellte Studie zu Wissenschafts- und Verschwörungstheoriegruppen zurück: Ein Ausspielen von meinungskonträren Nachrichten führt zu einer Verhärtung der Meinung. Das ist eine beliebte Methode, um die Kohärenz einer Gruppe zu stärken. Stellen Sie sich vor, Sie wollen eine Facebook-Gruppe aus Borussia-Dortmund-Fans noch enger zusammenschweißen. Was tun Sie? Natürlich würden Sie irgendeine Meldung über Schalke 04 ausspielen. Der digital verbindende Furor ist Ihnen gewiss.

Dass digitale Medien ursächlich für Radikalisierung sind, zeigte schon 2017 eine interessante Studie aus Deutschland.[14] So nahm die rechte Gewalt gegen Flüchtlinge immer dann ab, wenn in der betroffenen Region zuvor Facebook ausgefallen war (zum Beispiel, weil Server aufgrund technischer Probleme nicht erreichbar waren). Aus der Analyse solcher Vorfälle schlossen die Autoren: Eine Halbierung der Anti-Flüchtlings-Meinungsmache auf Facebook würde zu einer Reduktion entsprechender Gewalttaten um ein Achtel führen.

Das liegt auch daran, dass Menschen im digitalen Raum tatsächlich anders denken als im analogen. Der zu Beginn dieses Kapitels schon erwähnte Bestätigungsfehler kann sich online viel leichter entfalten als offline. So neigen Menschen während des Konsums von Onlinenachrichten eher dazu, Bestätigung für ihre Ansichten zu suchen, als wenn sie gedruckte Zeitungen lesen.[15] Tatsächlich reduzieren Letztere die politische Radikalisierung. Kein Wunder, denn wenn ich eine Zeitung kaufe, gebe ich ein paar Euro dafür aus, dass ich an Artikel komme, die mir online von den entsprechenden »Ähnlichkeits-Algorithmen« vorenthalten werden. Was passiert, wenn der Nachrichtenkonsum überwiegend in sozialen Medien stattfindet, kann man übrigens in den USA bewundern. Dort nutzt fast die Hälfte der Bevölkerung soziale Netzwerke als Nachrichtenkanal.[16] Kein Wunder, dass das Land polarisiert ist wie nie.

Wie die Gesellschaft endet

Ich schreibe dieses Buch, während gleichzeitig die Veröffentlichung von ChatGPT die digitalen Ökonomien umzukrempeln droht. Bei dieser Software handelt es sich um ein System, das mit gigantischen Mengen an Daten (zum Beispiel praktisch allen öffentlich zugänglichen Texten im Internet) trainiert wurde, um daraus ein statistisches Modell aller trainierten Informationen abzuleiten. Diese Form der künstlichen Intelligenz ist anschließend in der Lage, eigenständig neue Texte zu erzeugen, wenn man sie danach fragt. Dazu berechnet das System jeweils das statistisch wahrscheinlichste Wort (oder eine Wortgruppe), das auf ein vorgegebenes Wort (oder eine Wortgruppe) folgen könnte. Auf die Wortkombination »Gestern fiel ein kleiner Vogel aus seinem …« folgt »Nest«, nicht »Eimer«. Ganz ähnlich wie Menschen Zahlenreihen vervollständigen (Sie erinnern sich an den Anfang des letzten Kapitels) – nur sehr viel besser und sehr viel umfangreicher.

Das Besondere dabei: Solche Systeme sind in der Lage, originär Neues zu erzeugen, was vorher noch nie da gewesen ist. Das kann prinzipiell alles sein, was sich in Daten abbilden lässt: Texte, Bilder, Videos oder ganze Filme. Natürlich hat die künstliche Intelligenz beim Erzeugen dieser Ergebnisse keine Absicht. Ein von einer KI erzeugtes Bild ist das Ergebnis einer statistischen Optimierung. Es wurde von der Software nicht geschaffen, *um* eine Botschaft zu vermitteln, sondern *weil* es das mathematisch wahrscheinlichste Ergebnis auf eine gegebene Anfrage ist. Aber auch solche inhaltsleere Kunst könnte reichen, um Menschen zu beeindrucken. Denken Sie an Kapitel 1 zurück: Unter bestimmten Umständen interpretieren Menschen auch in zufällige Muster einen Inhalt hinein. Manche sprechen mit ihrem Kuscheltier oder geben ihrem Auto einen Namen (quasi eine Persönlichkeit). KI wird nicht gefährlich, weil sie schlauer wird als wir, sondern weil wir einfältiger werden als KI.

Weil KI für jeden von uns ganz individuelle Medien erstellen kann, könnte die Idee der totalen Individualisierung der Gesellschaft tatsächlich Wirklichkeit werden. Schon heute ist es möglich, mithilfe von künstlicher Intelligenz zu bestimmen, welcher Post in Social Media später erfolgreich sein wird oder wie man einen Post für maximale Reichweite optimieren sollte. Doch die langfristige Idee geht weit darüber hinaus: Stellen Sie sich eine Welt vor, in der es keine Massenmedien mehr gibt. Keine Verlage, keine Fernsehsender, kein YouTube, kein Netflix, kein Spotify, kein Amazon, keine Radiosender, kein Kino, keine Zeitungen. Vielleicht haben Menschen im Jahr 2050 nur noch eine App auf dem Smartphone (oder was auch immer man dann benutzt), die ihnen auf Wunsch alles erstellen kann: Filme, Musik, Zeitungen oder Bücher. Wie wäre es mit einem individuellen »Tatort«-Film, ganz persönlich für Sie? Vielleicht haben Sie aber nur 75 Minuten Zeit für den Film, wollen sehen, wie ein Industrieller aus Braunschweig mit einer Ananas getötet wird, und erst drei Minuten vor Schluss erfahren, wer der Täter war? Kein Problem: Sie bräuchten nur die entsprechende Anfrage an das Programm zu schicken, schon erstellt es Ihnen Ihren individuellen Film mit den Schauspielern Ihrer Wahl – oder (wenn Sie das mögen) auch mit Ihnen in der Hauptrolle.

Die Vorstellung mutet heute befremdlich an. Aber ich garantiere Ihnen, dass genau an solchen Ideen derzeit gearbeitet wird. Wer braucht noch Musiker, wenn man sich seine eigene KI-generierte Playlist ganz individuell und einzigartig maßschneidern lassen kann? Sorry, liebe GEMA, aber in dieser Welt müsste man weder Copyright- noch sonstige Musikrechte beachten, Lieder wären nicht nur billig und in beliebiger Menge herstellbar, sondern auch maximal individuell. Prinzipiell könnte sich jeder Mensch auf der Welt ein Buch darüber schreiben lassen, wie das menschliche Gehirn funktioniert. Im Moment übernehme ich das noch für Sie. Aber Sie müssen derzeit auch noch 20 Euro für das Buch bezahlen. Wenn Sie es eine intelligente Software schreiben lassen, würde es einen Bruchteil kosten. Doch ich gebe mir alle Mühe, dass ein KI-geschriebenes Buch nicht so gut wird wie meins.

Natürlich sind das Gedankenspiele, aber in China betreten bereits die ersten virtuellen Influencer die digitale Bühne.[17] Vielleicht wird es in einigen Jahrzehnten schließlich überhaupt keine Menschen mehr brauchen, um mit echten Menschen zu kommunizieren. Jeder könnte dann seinen persönlichen Assistenten dabeihaben. Die ultimative Version von Apples Siri. Oder von »Clippy« (der sprechenden Büroklammer aus den Windows-Programmen Ende der Neunziger) – nur in schlau. Diese Zukunft hat schon längst begonnen. Im Jahr 2015 wurde die US-Onlineplattform »Ashley Madison« gehackt, dabei wurden knapp zehn Gigabyte an Nutzerdaten erbeutet. Das Pikante daran: Ashley Madison war eine Seitensprung-Website, auf der man nach flüchtigen Bekanntschaften jenseits seines Eheglücks suchen konnte. Was im Zuge dieses Datenlecks allerdings auch herauskam: Auf der Website tummelten sich fast 31 Millionen Männer, aber nur 5,5 Millionen Frauen. Von diesen Frauen existierte aber praktisch keine. Die allermeisten weiblichen Profile waren Chatbots, die bloß dazu dienten, die Männer auf der Plattform zu halten.[18] Was für eine traurige Vorstellung: Männer auf der Suche nach einem Seitensprung werden von schlechten Sprachcomputern so lange wie möglich als zahlende Kundschaft ausgenommen. Ob das nun eine Erleichterung oder ein Schock für die Ehefrauen war? Freuten sie sich darüber, dass ihre untreuen Ehemänner so doof waren, mit einem Chatbot fremdzugehen? Oder waren sie entgeistert darüber, dass sie von einem Computerprogramm ersetzt werden konnten?

»Overtrust-Effekt« nennt sich dieses Phänomen, dass Menschen Robotern (oder Chatbots) mindestens so viel vertrauen wie anderen Menschen.[19] Aus demselben Grund, weshalb Menschen ihrem Navigationsgerät kritiklos hinterherfahren, verlieben sie sich auch in ein Computerprogramm. Die Stimmen dieser Programme sind übrigens fast immer weiblich – auch das ist gewollt, denn Menschen fassen zu weiblichen Stimmen schneller Vertrauen. Was es mit einer Gesellschaft macht, in der man »weiblichen« Sprachcomputern Befehle erteilen kann, die diese unter allen Umständen befolgen, das wird die Zukunft zeigen.

Zurück zum Thema: Indem man Gruppen von Menschen individuell anspricht, erwächst heute eine polarisierte Gesellschaft. Was würde wohl passieren, wenn man diese Idee von Selbstbestätigung und daraus resultierender Individualisierung konsequent fortspinnt? Wenn jeder seinen individuellen

Chatbot hätte? Es wäre wohl das Ende der Gesellschaft, wie wir sie derzeit kennen. Es wäre wohl auch das Ende der Demokratie, denn jede demokratische Gesellschaft lebt davon, dass es eine gemeinsame Schnittmenge an Informationen gibt, über die man sich austauscht. Wir können zwar alle unterschiedlicher Meinung darüber sein, ob und wo man Windräder aufbaut, ob man ein Tempolimit einführt oder ob man mehr Panzer kaufen sollte. Aber zumindest unterhalten wir uns dann über die gleichen Dinge auf der Grundlage ähnlicher Informationen. Wenn aber jeder seine individuelle Nachrichtenwelt und seinen persönlichen Kulturraum hat, zerstören wir dann nicht genau das, was unsere Gesellschaft im Kern ausmacht? Diskutieren wir dann nicht mehr miteinander, sondern nur noch nebeneinander her – und lehnen ab, was nicht zu unserer maßgeschneiderten Welt passt? Wie will man Probleme kollektiv lösen, wenn wir dazu erzogen werden, ausschließlich uns selbst zu verwirklichen? Demokratien enden, wenn der Raum für eine gemeinsame Identität wegfällt.

Über den Tellerrand schauen

Der Bestätigungsfehler ist ein »Metafehler«, eine Denkweise, die einer Vielzahl menschlicher Irrationalitäten zugrunde liegt. In der guten Absicht begangen, sich selbst zu verwirklichen und nicht wankelmütig durch die Welt zu taumeln, wird er heute zum Ausgangspunkt großer menschlicher Dummheiten. Dass selbst Menschen wider besseres Wissen (nämlich Wissenschaftsfans) genauso auf diesen Fehler hereinfallen wie Verschwörungstheoretiker, zeigt, wie weit verbreitet solch einfältiges Verhalten ist. Denn die besten Ideen entstehen eben nicht, wenn man sich auf sich selbst besinnt, sondern wenn man an anderen Perspektiven interessiert ist. In Großunternehmen sind nicht diejenigen Mitarbeiter die kreativsten, die am intelligentesten, am erfahrensten oder am gebildetsten sind, sondern diejenigen, die die meisten unterschiedlichen Kontakte haben.[20] An der Börse haben Menschen, die sich in sozialen Netzwerken die Investmententscheidungen von mindestens acht unterschiedlichen Investoren anschauen, über 30 Prozent höhere Erträge als Menschen, die stur ihre eigene Anlagestrategie verfolgen.[21] Im Grunde würde es ausreichen, seinen eigenen Kopf auszuschalten und stattdessen knapp zehn vollkommen verschiedene Anlagestrategien zusammenzukopieren. Man würde gerade dann den Markt schlagen. Trotzdem machen Menschen das nicht. Wir denken, wir wüssten es selbst am besten. Das ist dumm.

Zum Glück kann man sich gegen den Bestätigungsfehler wappnen. Eine ganz praktische Technik führen Sie gerade durch: Sie lesen ein Buch – eine Kulturtechnik, die (man glaubt es kaum) gerade unter US-Tech-Größen als intellektuelle Wunderwaffe gilt. Wann immer ich in den USA bei Veranstaltungen bin, startet man ein Gespräch gerne damit, dass man sich über das letzte Buch unterhält, das man gelesen hat. Bei einigen Events werden Umhängeschilder mit dem eigenen Namen, dem Herkunftsort und der persönlichen Buchempfehlung ausgegeben. Denn in Zeiten der digitalen Schnelllebigkeit ist es eine Gabe, einen Gedanken tiefgründig zu durchdringen. Außerdem ist schon das Wissen über den Bestätigungsfehler ein erster Schritt zu besserem Denken. So konnte eine Untersuchung aus dem Jahr 2022 zeigen, dass man Menschen gegen Falschinformationen und Bestätigungsfehlschlüsse digital »immunisieren« kann, wenn man ihnen erklärt, nach welchen Methoden soziale Medien funktionieren.[22] Übrigens gilt das unabhängig von der politischen Couleur, denn ob Wissenschaftsfan oder Verschwörungsanhänger: Sie ticken ähnlich – im Guten wie im Schlechten.

Natürlich reichen kleine Einzelmaßnahmen nicht, um ein Kollabieren der Demokratie im Angesicht der digitalen Granularisierung von Meinungen zu verhindern. Entscheidend ist dafür eine gesellschaftliche Idee, die die vielen Einzelmeinungen zusammenfügt. Meine Schwester studierte beispielsweise einige Zeit in Melbourne in Australien. Das ist eine Stadt, die so abseits auf dem Globus liegt, dass man nicht zufällig dort vorbeikommt. Die Leute in dieser Stadt kommen aus allen möglichen Ländern – aber sie fühlen sich alle irgendwie als »Melbournians«, einer gemeinsamen Idee verpflichtet. Schließlich ist jeder mit einer bestimmten Absicht dort gelandet.

Auch unser Land lebt davon, dass verschiedene Perspektiven zusammengeführt werden, damit wir alle besser leben. Wir können uns die Köpfe darüber einschlagen, wie das genau gelingen soll. Das wäre nicht schlimm. Schlimm wäre es, wenn wir uns in unterschiedliche Informationsräume zurückziehen und gar nicht mehr über dasselbe diskutieren. Anpassungsfähigkeit entsteht gerade dadurch, dass man schaut, was man anders machen könnte. Denken Sie an die Zahlenreihen zurück: Wir ergänzen immer so, dass wir uns bestätigen – und verpassen dabei, dass die Wirklichkeit vielleicht ganz anders aussehen könnte. Statt immer »8-10-12« mit 14 zu ergänzen, sollten Sie sich fragen, was Sie tun könnten, um sich produktiv zu hinterfragen. Was müsste passieren, damit Sie Ihre Meinung ändern? Nur wenn Sie diese Frage beantworten können, sind Sie kein Dogmatiker und für die Zukunft vorbereitet. Gewiss, die Antwort fällt uns extrem schwer (mich eingeschlossen). Doch fragen Sie sich immer: Was ist Ihre »14«? Was tun Sie immer wieder, ohne es zu hinterfragen? Was wäre wohl, wenn Sie das nächste Mal nicht »14«, sondern »23« sagen, und feststellen, dass das auch funktioniert? Dann sind Sie plötzlich an einem Ort, an dem keiner zuvor war. Und dann wird es spannend.

AUS PRINZIP DAGEGEN 5

Warum wir uns nichts verbieten lassen

2003 hatte Barbra Streisand ein Problem: Der Fotograf Kenneth Adelman hatte für das damalige *»California Coastal Records Project«* Fotos der kalifornischen Küste aus einem Helikopter aufgenommen. Das Ziel war, die Erosion der gesamten Küstenlinie zu dokumentieren. Also wurde etwa alle 150 Meter ein Bild geknipst. Keine große Sache, könnte man meinen, doch das sah ebenjene Barbra Streisand anders: Ihr millionenschweres Haus am Strand von Malibu war auf einmal öffentlich sichtbar. Bescheiden, wie man in den USA ist, verklagte sie den Fotografen auf zehn Millionen US-Dollar Schadensersatz, was dieser natürlich nicht auf sich sitzen ließ. Die entscheidende Gerichtsverhandlung verlor Barbra Streisand, sie musste dem Fotografen 177 000 Dollar Entschädigung zahlen[1], aber das war nicht der eigentliche Schaden. Denn ihr angestrebtes Ziel, nämlich ihre Privatsphäre zu schützen, hatte Streisand mit ihrer Aktion vollkommen verfehlt. Vor der Gerichtsverhandlung war das Foto ihres Grundstücks ganze sechs Mal aus der Onlinedatenbank geladen worden (zweimal von den Anwälten Streisands)[2], doch nach dem ganzen Presserummel schauten sich im folgenden Monat über 420 000 Menschen das Foto an.[3] Ein klassischer Fall von »Verschlimmbesserung«, wenn man die Folgen seines Handelns nicht mitberücksichtigt.

Sag den Leuten, dass sie etwas nicht tun sollen, dann werden sie es erst recht versuchen. Der »Streisand-Effekt« ist mittlerweile in der Medienwissenschaft gut bekannt, trotzdem fallen selbst Profis darauf rein. Elon Musk zum Beispiel, dem man sicherlich viel unterstellen kann, aber nicht, dass er sich mit der Dynamik von Onlinemedien nicht auskennen würde. Doch kaum hatte er 2022 den Nachrichtendienst Twitter gekauft, ging er gegen den Twitter-Account »Elonjet« vor, der Musks Privatflüge säuberlich aufzeichnete. Das Ergebnis dieser Auseinandersetzung war eine große öffentliche Diskussion über Zensur und freie Meinungsäußerung. Noch heute steht Elon Musk unter Beschuss, sich einerseits als Verfechter freier Meinungsäußerung aufzuspielen (und Donald Trump wieder auf Twitter zurückzuholen), andererseits aber gegen unliebsame Accounts vorzugehen. Vielleicht hätte er den Elonjet-Account einfach leben lassen sollen, er wäre gar nicht groß aufgefallen.

Hinter dem Streisand-Effekt steckt ein grundsätzliches psychologisches Phänomen, das viele gut gemeinte Ideen scheitern lässt: die Reaktanz. Menschen lehnen Dinge einfach deswegen ab, weil man ihnen sagt, dass sie bestimmte Dinge tun sollen. Das kann im Extremfall zu dem führen, was man »Zurückfeuern« (engl. *Backfire*) nennt: Man tut genau das Gegenteil dessen, was von einem erwartet wird. Ernährungsbewusste Menschen greifen zum Beispiel öfter zu ungesunden Dingen, wenn man ihnen in belehrendem Tonfall sagt, dass ungesunde Lebensmittel tatsächlich ungesund sind.[4] Werbung gegen zuckerhaltige Getränke kann dazu führen, dass der Konsum an Zuckerbrausen ansteigt, statt zu sinken – und dass Menschen dafür auch noch vermehrt umweltschädliche Einwegverpackungen nutzen.[5] Mich erinnert das ein bisschen an Schilder am Rand der Autobahn: »Finger weg vom Handy«, heißt es da. Genau in diesem Moment erinnere ich mich an mein Handy – und greife … natürlich nicht zu. Denn ich kenne ja den Reaktanz-Effekt.

Der Schutz der eigenen Meinung

Die Ursache für unser Trotzverhalten liegt auch an der Art, wie unser Gehirn Informationen verarbeitet. In einer spannenden Studie untersuchte man dazu, was passiert, wenn Menschen belanglose Sachinformationen zugespielt bekommen. Beispielsweise wurde ihnen gesagt, dass Vitamintabletten doch nicht so gesund sind, wie man allgemein denkt, dass Albert Einstein doch nicht der absolut größte Physiker aller Zeiten ist, dass Papiertüten besser für die Umwelt sind als Plastiktüten – allesamt Aussagen, über die man diskutieren kann, die aber keine politische Bedeutung haben. Sobald sich die Probanden eine Meinung über diese Sachverhalte gebildet hatten, wurden ihnen Gegenargumente vorgelegt (dass Einstein also doch alle anderen Physiker überragt oder dass Plastiktüten umweltschädlicher sind als Papiertüten, was im Übrigen laut einer Ökotest-Studie tatsächlich der Fall ist[6]). Ergebnis: Die Testteilnehmer ließen sich durchaus von den neuen Argumenten überzeugen und änderten ihre Meinung. Das galt jedoch nicht, wenn es sich um politische Fragen handelte: Für oder gegen gleichgeschlechtliche Ehe, für oder gegen Abtreibung, für oder gegen verstärkte Einwanderung – hier führten Gegenargumente dazu, dass man umso fester bei seiner Position blieb.[7] Als man parallel die Hirnaktivität der starrköpfigen Leute untersuchte, fand man heraus, wo genau diese Starrköpfigkeit ausgelöst wurde: in der Inselrinde und im Mandelkern. Die Inselrinde erkennt dabei offenbar einen drohenden Kontrollverlust, der Mandelkern löst daraufhin blitzschnell eine Abwehrreaktion aus. Es sagt schließlich viel über uns aus, ob wir für oder gegen das Tempolimit sind – und alles, was identitätsstiftend ist, muss beschützt werden. Man stelle sich mal die Alternative vor: Wir würden auf das geringste Argument hin sofort unsere Haltung ändern. Dann wäre es uns praktisch unmöglich, konsistente Entscheidungen zu treffen.

Der Preis, den wir dafür zahlen müssen, ist, dass Menschen gewisse Dinge prinzipiell ablehnen. Ich kenne einige, die sich auf dem Höhepunkt der Coronakrise nicht haben impfen lassen. Nicht, weil sie die Impfung ablehnten, sondern weil sie frei entscheiden und sich nicht vorschreiben lassen wollten, was sie zu tun haben. Eine Studie der Uni Erfurt kam zu einem ähnlichen Befund: Mitte 2021 lehnte gut die Hälfte der Ungeimpften eine Impfung ab, weil sie »nicht dazu gedrängelt werden will«.[8]

Bei kleinen Kindern spricht man noch liebevoll von der »Trotzphase« – dabei endet dieses Trotzverhalten nie. Reaktanz ist ein großes Problem, gerade wenn man schnell und direkt Maßnahmen durchsetzen will. Die Forschung zeigt: In solchen Fällen muss man mit Widerspruch rechnen – und zwar nicht, weil man die Maßnahmen schlecht begründet, sondern einfach aus Prinzip. 2021 untersuchte man beispielsweise, ob Menschen ihre Haltung zum Klimawandel überdenken, wenn man ihnen den wissenschaftlichen Konsens zum Klimawandel präsentiert. Ergebnis: nein.[9] Dabei handelte es sich nicht um die US-Bevölkerung, bei der in Klimafragen die Republikaner als besonders starrköpfig gelten[10], sondern um die deutsche.

Lebendige Fische schwimmen gegen den Strom

Menschen ist es wichtiger, frei zu entscheiden, statt klug zu entscheiden. Nach dem Motto: lieber dumm und unabhängig statt clever und nach Vorschrift. Fast könnte man meinen, dieses Verhalten stehe großen Veränderungen immer im Weg. Doch tatsächlich kann man es umdrehen – und das ist ein sehr verbreitetes Prinzip, zum Beispiel in der Werbung.

Einen Klassiker kennen Sie bestimmt: das Türsteher-Phänomen. Je härter es ist, in einen Club zu kommen, desto größer ist die Versuchung, es zu schaffen. Je schwieriger man ein Produkt bekommen kann, desto eher will man es haben. Als das mittlerweile legendäre Chatbot-Programm ChatGPT im Winter 2022 veröffentlicht wurde, konnte man es nicht einfach runterladen, nein, man musste sich auf eine Warteliste setzen lassen, um in den besonderen Genuss dieser künstlichen Intelligenz zu kommen. Angeblich wollte man zu Beginn der Nutzung nicht die Server überlasten, indem man zu vielen Menschen Zugang zum Programm gab. Andererseits nutzten dennoch schon fünf Tage nach der Veröffentlichung über eine Million Menschen das Programm. Mittlerweile sind es mehrere Hundert Millionen – nie wuchs ein Onlinedienst schneller. Das gezielte Ausnutzen der Reaktanz (»Ich krieg es nicht sofort, also will ich es haben«) war zumindest keine Bremse für diese Entwicklung.

Reaktanz bedeutet auch: Was jeder hat, ist langweilig. In einem exklusiven Club zu sein, ist viel spannender, man fühlt sich besonders. Abweichendes Verhalten führt zu Exklusivität, Reaktanz ist die Tür zum Besonderen. Warum dieses Prinzip nicht clever nutzen? So wie in der portugiesischen Impfkampagne, die genau dieses Streben nach Individualität nutzte, indem man den Menschen eine persönliche Nachricht per SMS mit konkretem Impftermin schickte. Nach dem Motto: »Wir haben nächste Woche extra für Sie einen Impfstoff reserviert. Lassen Sie sich diese Gelegenheit nicht entgehen! So einfach kommen Sie nie wieder dran!« Obwohl anfänglich 40 Prozent der portugiesischen Bevölkerung der Corona-Impfung skeptisch gegenüberstanden, waren am Ende 97 Prozent der über 12-Jährigen geimpft.[11] Dieses Prinzip kennt man in der Guru- und Selbsthilfeszene schon lange. Dort schwebt über jedem Seminar das Mantra: »Geh deinen eigenen Weg, wir zeigen dir, wie!« oder »Mach es anders, komm zu uns!« Wenn nur tote Fische mit dem Strom schwimmen, bedeutet das im Umkehrschluss: Lebendigkeit beginnt mit Widerspruch.

Das moralische Überschwappen

Gut gemeinte Ideen scheitern oft, weil man das Streben der Menschen nach freien Entscheidungen unterschätzt. Das klingt noch plausibel. Ein anderer Effekt ist mit diesem Widerspruchsdenken verwandt, aber weniger offensichtlich: der moralische Rebound-Effekt.

Heute sind Autos sehr viel effizienter als noch vor 50 Jahren. Ein typischer Golf Mitte der 1970er-Jahre erzeugte aus 1,5 Litern Hubraum etwa 75 PS Leistung. Damit beschleunigte er in etwa 13 Sekunden auf 100 km/h und verbrauchte im Durchschnitt knapp zehn Liter Benzin. Ein aktuelles Golfmodell holt aus einem gleich großen Motor doppelt so viel PS (nämlich 150), beschleunigt in 8,5 Sekunden auf 100 km/h und verbraucht nur halb so viel Sprit (knapp fünf Liter). Anders gesagt: Bei gleicher Motorgröße hat sich die Effizienz um den Faktor vier verbessert. Doch diese Effizienzsteigerung schlägt sich nicht in der Klimabilanz nieder, denn sie wird durch die zusätzlichen Fahrleistungen pro Auto nahezu aufgewogen.[12] Natürlich hat das auch grundlegende wirtschaftliche Gründe (Menschen pendeln zum Beispiel weiter zur Arbeit als früher), doch die psychologischen sind ebenfalls nicht zu unterschätzen.

Menschen führen eine moralische Bilanz über ihr Handeln. Wir wägen »gute« und »schlechte« Handlungen permanent gegeneinander ab – und solange am Ende das moralische Ergebnis stimmt, sind wir zufrieden. Das kennt jeder, der schon mal eine Diät gemacht hat: Man achtet die ganze Zeit auf seine Ernährung, isst nur Körner und Rohkost, um dann endlich zu sagen: »Jetzt habe ich mich so lange so gesund ernährt, jetzt habe ich mir einen fetten Burger verdient!«

Genau dieses moralische Überschwappen (man spricht in der Wissenschaft tatsächlich vom *»Spillover«*) kann man auch bei ökologischem Verhalten feststellen. Statistisch reisen diejenigen, die sich ansonsten besonders umweltbewusst verhalten, am umweltschädlichsten in den Urlaub.[13] Schließlich hat man es sich nach all den Entbehrungen im Alltag mal verdient, eine Flugreise nach Barbados zu machen. Menschen, die ihr Haus besonders gut isolieren, neigen dazu, die Wohnungen stärker zu heizen als zuvor, was den Energieeinspareffekt zusammenschrumpfen lässt.[14] Eine Studie über norwegische E-Auto-Fahrer zeigte, dass diese sich außerhalb des Straßenverkehrs weniger verpflichtet fühlten, etwas für die Umwelt zu tun, als Fahrer von Verbrennern.[15]

Es kommt sogar noch schlimmer: Eine viel beachtete Studie aus dem Jahr 2010 zeigte, dass Menschen nach einer bewussten ökologischen Entscheidung eher bereit sind, zu lügen und zu stehlen.[16] Um das zu untersuchen, ließ man eine Gruppe der Probanden zunächst in einem Onlineshop ökologische und nachhaltige Produkte kaufen, während eine andere Gruppe in einem klassischen Laden die Wahl zwischen Wegwerf- und Einwegartikeln hatte. Im Anschluss folgte ein Konzentrationsspiel am Bildschirm, bei dem man sich eine kleine Menge Geld erspielen konnte. Am Ende wurde allen Teilnehmern angezeigt, wie viel Geld sie tatsächlich nach dem Experiment bekommen würden (es handelte sich um niedrige Dollarbeträge). Der Clou: Die Teilnehmer sollten sich anschließend selbst, und ohne beobachtet zu werden, ihre Belohnung aus einem Umschlag mit Geld nehmen. Tatsächlich klauten diejenigen, die vorher ökologisch bewusst eingekauft hatten, sechsmal mehr Geld aus dem Umschlag als die umweltschädlichen Einkäufer.

Das bedeutet natürlich nicht, dass alle Umweltbewussten notorische Lügner und Diebe sind – es gibt jedoch einen ganzen Berg von Experimenten, die zeigen, dass das moralische Abwägen dazu führen kann, dass sich Menschen nach einiger Zeit entgegengesetzt zum eigentlichen Ziel verhalten. Diese Selbstermächtigung (»Jetzt gönn ich mir mal was«) darf man nicht unterschätzen. Denn dadurch suchen sich Menschen Ausweichmanöver, die im Laufe der Zeit dem eigentlichen Ziel zuwiderlaufen. Wer das nicht berücksichtigt, braucht sich nicht zu wundern, wenn er mit seinen gut gemeinten Ideen krachend gegen die Wand fährt. Ganz besonders ist das bei Verboten der Fall, die mitunter mehr Schaden anrichten, als sie nützen sollen.

Wann Verbote scheitern

Anfang der 1970er-Jahre hatte Deutschland ein Problem: Es gab zu viele Verkehrstote. 1970 starben im Straßenverkehr (nur in Westdeutschland) über 19 000 Menschen. Zum Vergleich: Heute sind es deutlich weniger als 3000, obwohl es dreimal mehr Autos gibt als in den Siebzigern. Dennoch sträubten sich die Deutschen mit Händen und Füßen gegen die Einführung einer Gurtpflicht. Selbst die cleversten Anschnallkampagnen (mit tollen Slogans wie »Oben mit ist besser«) brachten nichts. Schon 1974 ließ die Bundesregierung eine psychologische Studie in Auftrag geben, die die Beweggründe der Gurtmuffel untersuchen sollte. Was dann passierte, damit hatten selbst erfahrene Psychologen nicht gerechnet. Die »Gesprächspartner ›reagierten allergisch‹, ›griffen die Interviewer an‹. Sie verweigerten jede Antwort, weil ihnen ›die Fragen zu blöd‹ seien, offenbarten, alles in allem, ›eine Fülle von Störungen‹ in ihrem Gemütsleben«, so berichtete der *Spiegel* Ende 1975 über das Verhalten der Probanden.[17]

Deutschland war geteilt: Auf der einen Seite die Gurtverweigerer, die wider besseres Wissen glaubten, sich auch bei hohen Geschwindigkeiten im Zweifel im Auto abstützen zu können und Angst davor hatten, bei einem Unfall durch den Gurt ans Auto gefesselt zu sein (Titelstory des *Spiegels* am 7. Dezember 1975: »Furcht vor der Fessel«). Kein Wunder, dass der damalige VW-Chef Kurt Lotz wusste: »Sicherheit verkauft sich schlecht.«[18] Auf der anderen Seite die Gurt-Jünger, die (laut der schon erwähnten Untersuchung der Bundesregierung) ihren »Wirklichkeitssinn durch ›ein ausgefeiltes System von Absicherungen‹ erhalten, die an Rituale erinnern, mit denen religiöse Formen die Sünde meiden wollen«.[19] Religiöse Narrative, um das eigene Verhalten zu begründen? Das ist uns schon im allerersten Kapitel dieses Buches begegnet – und es ist offenbar nichts Ungewöhnliches in Deutschland.

Um die Sache kurz zu machen: Weder PR-Kampagnen noch ein Anschnallgesetz brachten die Leute zum generellen Anschnallen. Erst als 1984 ein Bußgeld von 40 Mark für das Fahren ohne Gurt eingeführt wurde, änderte sich das Verhalten. Die Diskussionen gingen noch eine Zeit lang weiter, doch spätestens 1986 war dann Schluss mit den Ausreden. Das Bundesverfassungsgericht entschied, dass die Gurtpflicht Bestand hat, übrigens mit einer spannenden Begründung: Wer keinen Gurt trägt, kann bei einem Unfall seltener anderen Unfallopfern Hilfe leisten.[20] Der Sinn des Gurtes ist also der Schutz des anderen Lebens, nicht des eigenen. Ein Argument, das man interessanterweise 2021 kurzzeitig im Rahmen der Einführung einer Corona-Impfpflicht diskutierte.

Zurück zum eigentlichen Phänomen: Solange »nur« Reaktanz das Problem ist, können Verbote tatsächlich das Verhalten von Menschen dauerhaft ändern, sofern sie konsequent und dauerhaft durchgesetzt werden. Heute bin ich beispielsweise froh, dass ich in Restaurants ungestört das tun kann, was ich am liebsten tue: essen. Das war nicht immer so. Ich erinnere mich, dass vor knapp 20 Jahren manches Restaurant einer Raucherlounge glich. In einem guten deutschen Gasthaus bekamen Schnitzel und Pommes erst am Platz ihr Raucharoma, erwachsene Menschen quarzten direkt neben kleinen Kindern ihre Zigarette zum Nachtisch. Das war die Zeit, als es in Flugzeugen noch Sitzreihen für Raucher gab! Das ist heute unvorstellbar, geradezu absurd.

Die Anschnallpflicht und das Rauchverbot werden häufig genannt, wenn man zeigen will, dass sich Menschen offenbar problemlos an neue Situationen anpassen können. Verbote können auch innovativ machen: Die Einführung des Katalysators und die neuen Vorschriften für Pkw-Kraftstoffe senkten die Freisetzung von Schwefeldioxid um 98 Prozent[21] – auch deswegen ist heute der saure Regen kein Problem mehr. Das Verbot von FCKW hat maßgeblich zum Rückgang des Ozonlochs beigetragen.[22] Verbote könnten also ein toller Weg sein, um die in diesem Kapitel beschriebenen Denkphänomene zu umgehen. Doch die Annahme, das sei immer so, ist nicht korrekt. Problemlos lassen sich auch Beispiele für gescheiterte Verbote finden, die wieder zurückgenommen werden mussten.

Am 21. Januar 1781 erließ Friedrich der Große eine Verordnung, die das Rösten von Kaffee unter Strafe stellte.[23] Der Grund: Die Bierbrauer hatten sich beschwert, dass die gewöhnlichen Arbeiter statt der üblichen Biersuppe nun Kaffee konsumierten. Das war natürlich schädlich, zum einen für die lokalen Bierbrauer, zum anderen volkswirtschaftlich, da man den Kaffee teuer aus dem Ausland kaufen musste. Kaffeeschnüffler zogen durch die Straßen, um illegal gerösteten Kaffee aufzuspüren, Schmuggel und illegaler Kaffeehandel blühten auf. Kaffee oder Bier – das ultimative Duell der deutschen Lieblingsgetränke ging schlussendlich an den Kaffee. Aber erst nach Friedrichs Tod.

Überhaupt ist es mit dem Verbot von Genussmitteln so eine Sache: Die Prohibition, das Verbot des Herstellens und Verkaufs von Alkohol in den USA, wurde 1917 mit den besten Absichten eingeführt, übrigens von den Konservativen, die dadurch die häusliche Gewalt gegen Frauen reduzieren und im Angesicht des Ersten Weltkriegs die Wehrfähigkeit der Soldaten erhöhen wollten. Was man jedoch nicht bedacht hatte: Menschen suchen sich Alternativen. Genauso wie man beim moralischen Überschwappen immer nach Ausgleichshandlungen sucht, um sein Gewissen zu beruhigen, suchen Menschen auch nach Alternativen, um grundlegende Bedürfnisse zu befriedigen. Nun gibt es zum Alkohol keine guten Alternativen, was zum Erblühen des Schmuggels und zum Aufstieg der italienisch-amerikanischen Mafia führte. Al Capone wäre ohne die Prohibition niemals zu derartiger Macht aufgestiegen. Erst 1933 wurde die Prohibition beendet. Auch heute noch wäre das Verbot von Alkohol gesundheitspolitisch die wohl beste Entscheidung, die man treffen könnte: Jährlich sterben etwa 74 000 Menschen an den Folgen von Alkohol[24], gibt es über 4000 Schwerverletzte durch alkoholbedingte Unfälle im Straßenverkehr[25], kommen knapp 10 000 geistig behinderte Kinder zur Welt, weil die Mutter während der Schwangerschaft Alkohol trank.[26] Wie viele Schlägereien, Misshandlungen oder sexuelle Übergriffe ließen sich verhindern, wenn es keinen Alkohol gäbe! Doch bei der Diskussion um ein Alkoholverbot werden selbst die größten Verbotsbefürworter skeptisch. Zu Recht, denn es gibt keine gleichwertige Ausweichstrategie, wenn man auf Alkohol verzichten will.

Psychologisch zeigt sich: Erst braucht es eine vernünftige Alternative, dann kann man ein Verbot durchsetzen. Denn Menschen suchen sofort Ausweichstrategien, wenn etwas verboten wird. Sollen sie den Wasserverbrauch in einer Umweltkampagne senken, fühlen sie sich berechtigt, dafür den Stromverbrauch zu erhöhen.[27] Sollen sie sich gesünder ernähren, indem sie den Kaloriengehalt von Lebensmitteln verringern, greifen sie stattdessen zu ungesünderen Getränken.[28] Wenn man ihnen den Kaffee nimmt, besorgen sie ihn sich illegal. Es ist hingegen kein Problem, mit dem Rauchen im Restaurant aufzuhören, denn der Kontrollverlust wiegt nur kurz: Man geht raus und qualmt dort weiter. Eine Gurtpflicht ist schon schwieriger durchzusetzen – aber letztendlich war es hauptsächlich ein reaktantes Verhalten, was die »Freie Fahrt für freie Bürger«-Fraktion Mitte der Siebzigerjahre rebellieren ließ. Reaktanz lässt sich durch klare Regeln und Verbote zur Not durchbrechen. Spillover-Effekte oder menschliches Ausweichverhalten nicht.

In einem solchen Fall bleibt nichts anderes übrig, als zuerst an der Alternative zu arbeiten, bevor man ein Verbot erlässt. Ein schönes Beispiel dafür ist das Verbot des Walfangs. Man erinnere sich: Mitte des 19. Jahrhunderts (*Moby-Dick* wurde 1851 geschrieben) zogen ganze Walfangflotten aus, um den so begehrten Waltran zu fördern – schließlich musste man damals ganze Straßenzüge mit brennbarem Walfett beleuchten. Es hätte schlichtweg keinen Sinn gehabt, den Walfang damals zu verbieten. Die Menschen hätten einfach weiter Wale gejagt, denn im Dunkeln wollte niemand sitzen. Zwei technische Entwicklungen machten es dann möglich, den Walfang zu beenden: Am 27. August 1859 buddelten ein paar Leute ein Loch in den Boden von Pennsylvania – und Öl sprudelte heraus. Mit dem daraus gewonnenen Petroleum wurde Waltran zur Straßenbeleuchtung überflüssig. Außerdem begann wenige Jahre später die Elektrifizierung, noch ein Grund weniger, Wale zu jagen. In der Folge kam der Walfang fast zum Erliegen, um dann Ende des 19. Jahrhunderts wieder anzusteigen. Für die neu erfundene Margarine (ihrerseits ein Ersatzstoff für Butter) brauchte man wiederum Walfett. Erst als es 1902 gelang, vollständig auf pflanzliche Fette umzusteigen, entfiel der neuerliche Druck auf die Wale. Sie wurden weiter gejagt, doch je billiger die Ölalternativen (Erd- und Pflanzenöle) wurden, desto weniger war dies nötig. Seit 1946 ist der Walfang durch das Internationale Übereinkommen zur Regelung des Walfangs reguliert. Es ist das älteste globale Umweltschutzabkommen überhaupt. All das war aber nur möglich, weil das Verbot *nach* der Entwicklung technischer Alternativen kam. Sobald es andersherum ist, kommt man in Teufels Küche.

Insofern ist die Geschichte des menschlichen Fortschritts doch eine Erfolgsgeschichte der technischen Errungenschaften. Gewiss, nicht alles setzt sich durch, aber erst durch technische Alternativen schafft man die Möglichkeit, sich psychologisch umzuorientieren. Bleiben diese aus, bleiben Menschen in ihrem Denken verhaftet, widersetzen sich sogar aktiv sinnvollen Regelungen oder verzerren sie ins Gegenteil. Will man jedoch dauerhafte Veränderungen bewirken, muss man das menschliche Denken berücksichtigen.

Die drei Grundregeln der Veränderung

Ideen setzen sich dann durch, wenn sie mit den Grundmotiven des menschlichen Denkens in Einklang stehen. Und um es einfach zu machen und Sie nicht mit allerlei neuropsychologischen Denkmodellen zu überfordern, reduziere ich an dieser Stelle die wichtigsten Triebfedern des menschlichen Denkens auf drei: das Streben nach Freiheit, das Streben nach Ergebnissen, das Streben nach sozialer Anerkennung.

Wir alle wollen frei sein. Die Studien zum Reaktanz-Verhalten belegen dies eindeutig. Sobald uns jemand sagt, dass wir uns auf eine bestimmte Art verhalten sollen, lehnen wir dies erst mal ab. Ob es die Gurtpflicht, das Rauchen oder das Impfen ist: Es ist ein Grundanliegen von Menschen, dass sie sich als handlungsbestimmend erleben. Das ist auch prinzipiell eine gute Sache, denn nur auf diese Weise können wir freie Entscheidungen treffen. Für unser Gehirn ist es übrigens ein großer Unterschied, ob wir uns etwas selbst erarbeitet oder ob wir es einfach nur bekommen haben.[29] Ein dauerhaftes Glücksgefühl entsteht nur, wenn man eine Sache wirklich selbst gepackt hat, gegen alle Widerstände. Aus demselben Grund kann man in einem Wettkampf siegen, aber im Glücksspiel nur »gewinnen« – und das Siegen, das Überwinden von Widerständen oder Gegnern, ist für unser Gehirn ungleich erfüllender als ein Gewinn. Das bedeutet auch, dass sich diejenigen Veränderungen am besten durchsetzen, die dieses Moment der Freiheit und Individualität betonen. Die Gurtpflicht musste mit aller Gewalt gegen die Mehrheitsmeinung der Deutschen durchgedrückt werden. Das iPhone nicht. Es gab niemals ein Verbot der schlechten Nokia-Handys, aber sie mussten scheitern, weil das iPhone aufgrund seines Konzeptes viel mehr auf Individualisierung ausgelegt war als das typische »Handy von der Stange«, das es Mitte der 2000er-Jahre gab. Denken wir nicht alle, dass wir etwas Besonderes sind, etwas Einzigartiges? Dann wollen wir bitte schön auch so angesprochen werden. Die legendäre *»Think different!«*-Kampagne von Apple mutet wie ein Loblied auf alle Widerspenstigen (ich sollte an dieser Stelle sagen: Individualisten) an: *»Here's to the crazy ones. The misfits. The rebels. The troublemakers. (...) They push the human race forward.«*[30] Niemals hat man sich die Psychologie des menschlichen Denkens besser zunutze gemacht als mit diesem Werbeversprechen von 1997, das zehn Jahre später im iPhone seine Vollendung fand und Apple zum wertvollsten Unternehmen der Welt machte.

Wir alle wollen erleben, was wir geleistet haben. Ich kenne Leute, die geben jeden Monat über 80 Euro aus, um in einem Fitnessstudio Gewichte hin und her zu schubsen. Was für eine bescheuerte Idee, so könnte man meinen. Man gibt Geld dafür aus, sich anzustrengen. Warum macht man so etwas? Weil es zu den stärksten Antrieben des Menschen gehört, besser zu werden. Wir alle wollen unser gestriges Ich schlagen, niemand steht morgens auf und sagt sich: »Heute möchte ich nicht so gut sein wie vor einem Jahr.« Wir lernen freiwillig Fremdsprachen oder Musikinstrumente, wir besuchen Kochkurse oder trainieren für einen Marathon. Denn es gibt Dinge, die kann man sich nicht kaufen: fließend Japanisch zu sprechen, fehlerfrei Bachs Cello-Suite Nr. 1 in G-Dur zu spielen, einen Frankfurter Kranz selbst zu backen. Sobald wir konkret sehen, was wir geschafft haben, werden wir glücklich.

Im Übrigen ist genau das auch im beruflichen Leben entscheidend. Oftmals wird davon gesprochen, dass erfüllende Arbeit sinnstiftend sein, einen *»Purpose«* (einen Zweck) haben sollte, wie es neudeutsch heißt. Das ist aus kognitiver Sicht Unsinn. Um in den Flow zu kommen und von der eigenen Arbeit glücklich zu werden, braucht es keinen »Purpose«, kein sinnstiftendes Ziel, sondern ein konkretes Ergebnis. Man kann auch in sehr sinnvollen Tätigkeiten ausbrennen, wenn die Arbeitsbedingungen nicht stimmen (fragen Sie Menschen, die in der Pflege arbeiten) oder wenn man nicht sieht, was man geschafft hat. Wer für eine Umweltorganisation nur damit beschäftigt ist, Excel-Listen zu erstellen oder sich um behördliche Formulare zu kümmern, hat irgendwann keine Lust mehr. Genauso wie man in Bürojobs irgendwann völlig entfremdet ist von seiner eigenen Leistung. Ich kenne Menschen, die für Großbanken in Frankfurt arbeiten und sich ausschließlich um Finanzregulatorik kümmern. Am Ende des Monats gibt es zwar einen Haufen Geld, aber weil sie nicht sehen, ob der Erfolg wirklich an der eigenen Leistung lag, sind solche Menschen dennoch nicht wirklich glücklich. Umgekehrt können Berufe sehr erfüllend sein, deren Sinn man hinterfragen kann: Wer in einer Waffenfabrik stolz darauf ist, die besten Waffen der Welt zu entwickeln, sieht, was er beruflich leistet. Das selbst geschaffene Ergebnis schlägt den Sinn – zumindest auf der Ebene der persönlichen Motivation. Das mag egoistisch klingen, und das wäre es auch, wenn es nicht noch einen dritten Punkt gäbe, der für nachhaltige Veränderung erfüllt sein muss.

Wir alle wollen soziale Anerkennung. In Deutschland engagieren sich über eine Million Menschen bei der freiwilligen Feuerwehr, hinzu kommen noch mal über 270 000 Jugendliche in Jugendfeuerwehren. Das sind Menschen, die sich freiwillig darum kümmern, andere Menschen zu retten. Warum sollte man das tun, wenn man kein Geld dafür bekommt? Weil es etwas gibt, das nicht mit Geld aufgewogen werden kann: der ehrliche Dank, wenn man jemanden gerettet hat, oder der soziale Status, den man durch seine Gruppenzugehörigkeit erreicht. Positives Feedback von Mitmenschen ist das Einzige, was sich nicht dauerhaft abnutzt. Das haben auch 30 Millionen andere in Deutschland erkannt – und setzen sich ehrenamtlich für etwas ein. Sie backen Kuchen für Kindersportfeste oder kaufen für ältere Nachbarn ein, weil leuchtende Kinderaugen oder aufrichtige Dankbarkeit der Oma von nebenan mit Geld nicht zu bezahlen ist. Ohne diese soziale Wertschätzung stirbt nahezu jede Veränderung ab. Selbst der größte Egoist braucht irgendwann ein paar Leute, die ihm anerkennend auf die Schulter klopfen. Sonst wüsste er ja nicht, wie toll er ist.

Interessanterweise ist diese soziale Wertschätzung gerade bei Umweltfragen ein entscheidendes Kriterium für dauerhafte Veränderungen. Viele in diesem Kapitel zitierte Studien haben gezeigt, dass Menschen dazu neigen, entgegen der ursprünglichen Zielsetzung einer Maßnahme zu handeln: Sie sparen an anderer Stelle weniger Energie ein, wenn sie sich vorher umweltfreundlich verhalten haben, oder sie klauen sogar. Andererseits zeigt die Studienlage auch, wie man Menschen zu wirklich nachhaltigem Verhalten motiviert: indem man ihnen ermöglicht, ihr Verhalten mit sozialem Status zu verknüpfen. Sobald man Menschen das Gefühl gibt, durch ein entsprechendes Verhalten höheres Ansehen in der Gesellschaft zu genießen, sind sie eher bereit, umweltfreundliche Produkte anstatt gleich teure, aber besser ausgestattete (sprich: luxuriösere) zu kaufen.[31] Kurz gesagt: Jutesack statt Gucci-Tasche – das damit verbundene soziale Prestige muss nur hoch genug sein. Eine ganze Batterie an wissenschaftlichen Studien hat mittlerweile gezeigt[32], dass die wichtigste Frage, damit eine Idee nicht scheitert, lautet: Was halten die anderen von mir?

Wir wissen nun, wann sich gute Ideen durchsetzen: wenn man die Reaktanz der Menschen clever nutzt, eine (bessere) Alternative zum Bestehenden anbietet – und nicht vergisst, dass Menschen am Ende für ihr Verhalten einen Schulterklopfer wollen. Manchmal sind wir doch recht einfach gestrickt.

DIE GEGENWART SCHÜTZEN 6

Warum uns die Zukunft egal ist

In der dritten Klasse hatten wir eine Projektwoche zum Thema »Natur & Umwelt«. Kleine Kinder lieben es schließlich, sich für das Wohlergehen von Tieren und Pflanzen einzusetzen. Unsere Klasse wurde in vier Gruppen zu unterschiedlichen Themen eingeteilt: Zwei Gruppen befassten sich mit der Umweltverschmutzung durch weggeworfenes Plastik, eine Gruppe besprach den Treibhauseffekt, und eine letzte Gruppe konzentrierte sich auf das Ozonloch. Wohlgemerkt: Das war Anfang der 1990er-Jahre, also fast 30 Jahre bevor Schüler anfingen, für den Klimaschutz zu streiken. Heute wird uns überall erklärt, wie bedrohlich der Klimawandel werden kann – dabei war das jahrzehntelang Schulstoff. Und wer hätte schon das ganze Mikroplastik in den Meeren kommen sehen? Ich will es Ihnen sagen: Das waren wir, die Klasse 3a aus Weiterstadt, die dazu eine Projektarbeit gemacht hatte. Heute muss ich durch eine ekelhafte Makkaroni-Nudel mein Mineralwasser trinken, weil Plastikstrohhalme verboten sind. Dabei hatte man über 30 Jahre lang Zeit, sich über bessere Lösungen Gedanken zu machen. Immerhin, der Ozonschicht geht es heute besser als in den Neunzigern, der saure Regen ist auch verschwunden, und wir stoßen viel weniger CO_2 aus als damals.

Dennoch: Wenn so viele Probleme schon ewig bekannt sind, warum unternimmt man nichts dagegen? Oder wird zumindest rechtzeitig aktiv, um eine absehbare Entwicklung positiv zu nutzen? Nicht nur im Umweltschutz, auch in der Wirtschaft: Dass Geschäftsmodelle immer digitaler werden, ist schließlich nicht neu. Dass Deutschland hinten dran ist, auch nicht. Das Internet findet »als zentraler Bestandteil der wirtschaftlichen Wertschöpfungskette« immer noch zu wenig Beachtung, sagte der damalige Deutschland-Chef von Intel auf einer Tech-Konferenz im Frühjahr 2000.[1] Heute sind wir in Sachen Digitalisierung der Behörden auf dem 21. Platz in Europa[2] und unsere Unternehmen auf dem 13.[3]

Nun gut, kann man sagen, ganz so sicher war das mit dem Internet vor 20 Jahren noch nicht. Doch selbst bei vollkommen vorhersehbaren Veränderungen zeigen wir uns äußerst veränderungsunwillig: Für die Erkenntnis, dass das Rentensystem in den nächsten Jahrzehnten praktisch unfinanzierbar wird und nur überleben kann, wenn man es massiv steuerlich quersubventioniert, muss man nicht studiert haben. Es reicht, wenn man sich anschaut, wie alt Deutschland im Jahre 2035 sein wird. Überhaupt die Demografie – wunderbar zu berechnen und so oft ignoriert. Ohne Zuwanderung werden in Deutschland im Jahr 2060 etwa zehn Millionen Arbeitskräfte weniger zur Verfügung stehen.[4] Wer sich heute schon darüber aufregt, dass man keinen Handwerker- oder Arzttermin bekommt: Viel Glück im Jahre 2045, dem Jahr, in dem Deutschland klimaneutral sein soll.

Warum fällt es uns so leicht, die Zukunft zu ignorieren und stattdessen die Gegenwart zu genießen? Andere Länder scheinen ganz anders Fahrt aufzunehmen und die Zeichen der Zeit zu erkennen: In Texas bauen erzkonservative Rancher Windparks auf ihre riesigen Ackerflächen, weil das Geschäftsmodell »Windkraft« ertragreicher ist als die Rinderzucht.[5] Kein Wunder, wenn die USA gigantische Milliardenbeträge in den Umbau ihrer Wirtschaft pumpen – nicht um die Welt zu retten, sondern um noch mehr Geld zu verdienen als zuvor. In China lässt man unterdessen die Subventionen für E-Autos auslaufen, denn der Markt sei stabil genug. Derweil sind die deutschen Autohersteller erstens nicht so billig wie die chinesischen und zweitens nicht so cool. Während Deutschland noch dem billigen Gas aus den 2010er-Jahren hinterhertrauert, will Saudi-Arabien der größte Wasserstoffproduzent der Welt werden. Denn dass die weltweite Energiegewinnung auf neue Technologien umgestellt wird, hat auch der saudische Energieminister erkannt.[6] Schließlich will man auch in 30 Jahren noch gutes Geld verdienen.

Fast könnte man meinen: Was weit in der Zukunft liegt, ist uns egal. Und das eigene Verhalten zu ändern, fällt so schwer, dass wir es lieber lassen und uns Geschichten von früher erzählen. Wir wissen an so vielen Stellen, dass wir etwas tun müssen. Wir haben auch so viele Pläne und gute Ideen auf dem Tisch. Doch wir kommen nicht in die Gänge. Das liegt nicht nur daran, dass wir die Zukunft falsch einschätzen (wie in Kapitel 3 gesehen), sondern auch daran, dass wir in unserem Denken zwei Grundfehler machen, mit denen wir uns eine bessere Zukunft verbauen: Wir denken lieber an die Gegenwart als an die Zukunft. Und wir halten im Zweifel an dem fest, was wir jetzt schon haben.

Sie sind sich selbst egal

Gleich zu Beginn eine erschütternde Nachricht: Sie sind sich selbst egal. Zwar nicht jetzt in diesem Augenblick – aber Ihr zukünftiges Ich hat gegenüber Ihrem gegenwärtigen einen schlechten Stand. Das liegt daran, wie das Gehirn die Selbstwahrnehmung verarbeitet. Dabei macht es gewaltige Unterschiede, je nachdem, an wen es denkt.

Stellen Sie sich vor, Sie lesen gerade dieses Buch. Sie sitzen beispielsweise auf einem bequemen Stuhl und halten diese Lektüre in der Hand. Nun stellen Sie sich vor, wie Sie von außen auf sich selbst schauen: Sie stehen drei Meter neben sich und beobachten, wie Sie durch die Seiten blättern und dieses Buch genießen (ein bisschen Suggestion sei mir an dieser Stelle gestattet). Genau in diesem Moment aktiviert das Gehirn eine Region direkt hinter Ihrer Stirn: den mittleren vorderen Cortex, quasi ein Aufmerksamkeitszentrum für Ihr eigenes Ich. Das reicht natürlich noch nicht, denn gleichzeitig stellen Sie sich ja vor, wie Sie von außen auf sich schauen: Sie erzeugen also noch eine extra Vorstellung von sich im Kopf – quasi ein Livebild Ihrer selbst. Dazu benötigt es noch eine weitere Hirnregion, ein etwas weiter verteiltes Netzwerk im hinteren Bereich Ihres Scheitels: das Grundeinstellungsnetzwerk, das deswegen so heißt, weil es unsere mentale Grundeinstellung ist, sich Sachen vorzustellen und mental umherzuwandern. Ihr Stirnbereich und Ihr Grundeinstellungsnetzwerk erzeugen also in Kombination eine Vorstellung von sich selbst.[7]

Wenn Sie sich hingegen vorstellen, wie Sie nicht jetzt, sondern irgendwann in der Zukunft in Ihrem Stuhl sitzen, reduziert das Gehirn seine Aktivitäten im Stirnhirnbereich. Anders gesagt: Sie und Ihr zukünftiges Ich sind im Gehirn unterschiedliche Menschen.[8] Und Ihr zukünftiges Ich wird umso fremder, je weiter entfernt Ihre Zukunftsvorstellung liegt. Sprich: Wenn Sie sich vorstellen, wie Sie dieses Buch in zehn Jahren lesen, dann stellt sich Ihr Gehirn vor, dass irgendeine Person dieses Buch in zehn Jahren liest.

Auf Kosten seines zukünftigen Ichs lebt es sich leicht. Es kann sich schließlich nicht wehren – und ist für uns obendrein wie ein Fremder. Kein Wunder, dass Menschen ihrem zukünftigen Ich Geld wegnehmen, um im Hier und Jetzt mehr zu haben. Üblicherweise wollen wir Verluste zwar auf jeden Fall vermeiden (dass diese Verlustangst massive Auswirkungen auf unsere Zukunftsfähigkeit hat, dazu in Kapitel 11 mehr), doch unser zukünftiges Ich ist ein leichtes Opfer. Tatsächlich ändert das Gehirn konkret seine Aktivierung, um in diesem besonderen Fall auf Kosten der eigenen Zukunft leben zu können: die eingebauten »Bremsen«, die normalerweise die Verlustvermeidung steuern, werden aktiv gelockert.[9] Tatsächlich beschreiben Menschen ihr zukünftiges Ich genauso abstrakt wie einen Fremden.[10] Aus diesem Grund schieben wir unangenehme Aufgaben so gerne vor uns her – soll sich doch unser zukünftiges Ich darum kümmern. Deswegen ernähren wir uns und leben wir heute ungesünder, kaufen impulsiver ein und sparen weniger.[11] Denn ob es uns in 30 Jahren deshalb schlechter geht? Wen kümmert's? Wer nicht an sein zukünftiges Ich denkt, ist in Laborstudien sogar eher zu kriminellem Verhalten bereit.[12] Soll doch das Ich der Zukunft im Knast sitzen – es ist schließlich für unser Gehirn jemand anderes als wir selbst.

Hier haben wir den ersten Grund, weshalb wir lieber an die Gegenwart als an die Zukunft denken: In der Zukunft leben nur fremde Personen. Und obschon wir grundsätzlich hilfsbereit sind – wirklich aufopferungsvoll sind wir gegenüber komplett fremden Menschen nicht. Wir leben also gern auf Kosten zukünftiger Generationen, denn wir kennen sie ja nicht. Nun könnte man einwenden, dass man vielleicht etwas mehr an die Zukunft denkt, wenn man eigene Kinder oder Enkel hat. Doch eine groß angelegte US-Studie zeigte ein anderes Ergebnis: Grundsätzlich macht sich mehr als die Hälfte der Menschen gar keine oder nur sehr selten (einmal im Jahr) Gedanken über das eigene Ich in 30 Jahren – und ob man Kinder hat oder nicht, ändert daran wenig.[13] Tatsächlich scheint es nur zwei markante Ereignisse zu geben, die die Bereitschaft zum Nachdenken über die Zukunft verändern: einen Schicksalsschlag wie eine schlimme medizinische Diagnose oder ein Todesereignis im persönlichen Umfeld. Eigentlich paradox: Erst wenn man die eigene Endlichkeit zu spüren beginnt, macht man sich wirklich Gedanken über das, was kommen kann. Wenn es dann mal nicht zu spät ist.

Kurz gesagt: Wir leben im Augenblick, weil wir zur Zukunft

gar keinen Draht haben. Für jeden beginnt diese »entfernte Zukunft« woanders. Junge Menschen haben üblicherweise ein starkes Zukunftsdenken, für sie beginnt das »fremde Ich« der Zukunft erst in einigen Jahren.[14] Ältere Menschen haben hingegen weit weniger Bezug zu ihrer eigenen Zukunft. Das kommt nicht überraschend, denn wer schon 75 ist, geht zumeist davon aus, dass er die Zeit in 30 Jahren nicht mehr erleben wird. Außerdem ist der Punkt, ab dem man sein zukünftiges Ich als fremde Person erlebt (zum Beispiel aus der Perspektive einer dritten Person beschreibt), bei jedem anders. Bei manchen beginnt dieser Perspektivwechsel schon nach einem Jahr (von heute aus gerechnet), bei anderen erst nach einigen Jahren.[15] Aber er kommt, und irgendwann ist einem die Zukunft komplett egal.

Kennen Sie den Namen des Opas Ihres Opas? Ich nicht. Genauso werden in 150 Jahren unser aller Namen längst vergessen sein – wir haben praktisch keinerlei emotionale Verbindung in unsere Zukunft, wenn sie nur weit genug entfernt ist. Die Hirnforschung zeigt: Was wir nicht konkret spüren und erleben können, hat für uns keine Relevanz. Nach dem Motto: Warum sollte man sich für die Urenkel seiner Enkel einsetzen? Man lernt sie schließlich niemals kennen. Wahrscheinlich werden Sie noch nicht mal die Enkel der eigenen Enkel jemals kennenlernen. Für unser Gehirn liegt dann der Schluss nahe: Warum soll ich mich für jemanden einsetzen, wenn ich ihn niemals kennenlernen werde und auch er mich niemals kennen wird? Man muss schon ein sehr großer Idealist sein, wenn man sich für die Menschheit in 150 Jahren einsetzt. Unser Denken ist jedenfalls nicht dafür gemacht, und deswegen tut es vielleicht eine kleine Minderheit, aber nicht die Mehrheit.

Unser Gehirn denkt also egoistisch. Ein bisschen so, wie ich es im Erste-Hilfe-Kurs kennengelernt habe. Dort gilt das Prinzip »Selbstschutz geht vor Fremdschutz«. Wenn ich das Leben von jemand anderem retten will, dabei aber selbst draufgehe, was habe ich davon? Oder wenn man diesen Gedanken weiter fasst: Wenn ich mein heutiges Leben für die Zukunft opfere (diese Zukunft aber niemals erlebe), was habe ich davon? Im Zweifel schützen wir deswegen lieber das, was wir haben, statt es für eine unsichere Zukunft aufzugeben. Das kann man gut finden oder auch nicht (ich tue es nicht), aber leider ticken wir nun mal so.

Schneller Zugriff, viel Gewinn?

Die Zukunft ist uns früher oder später egal – und das hat handfeste Konsequenzen für unser Entscheidungsverhalten in der Gegenwart. Stellen Sie sich vor, ich würde Sie vor die Wahl stellen: Sie könnten jetzt sofort 100 Euro haben – oder in einem Jahr 110 Euro. Für was entscheiden Sie sich? Die meisten Menschen finden die Verlockung zu groß und greifen zu den sofortigen 100 Euro, was eigentlich bekloppt ist. Denn eine sichere Verzinsung von zehn Prozent pro Jahr kriegen sie sonst nirgends. Trotzdem ist den Menschen eine unmittelbare Belohnung mehr wert als eine zukünftige. Man kann es auch anders ausdrücken: 110 Euro in einem Jahr sind uns weniger wert als 100 Euro sofort. Und wer sich über eine hohe Inflation aufregt, der sollte sich immer klarmachen, dass unsere mentale Geldentwertung meistens viel heftiger ist: 100 Euro in einem Jahr werden von uns nur noch wie 50 Euro bewertet.[16]

Interessanterweise nimmt dieses »mentale Diskontieren« der Zukunft aber nicht gleichmäßig ab, sondern hyperbolisch: Für die nahe Zukunft ist die »mentale Entwertung« der Zukunft besonders groß, doch sie wird im Laufe der Zeit schwächer. Praktisches Beispiel: Sie können 100 Euro in zwei Jahren haben – oder 110 Euro in zwei Jahren und einem Monat. Hier greifen Sie wohl zur zweiten Option. Denn wenn man schon zwei Jahre gewartet hat, kriegt man einen weiteren Monat auch noch hin.

Das mentale Abwerten der Zukunft ist eine der am besten belegten menschlichen Denkfallen. Es trifft übrigens nicht nur auf finanzielle Entscheidungen zu, sondern auch auf emotionale: Das gleiche schöne Ereignis jetzt zu erleben, macht uns mehr Spaß, als zu wissen, dass man es später erleben wird.[17] Oder umgekehrt: Vor die Wahl gestellt, eine eklige Soße jetzt zu trinken oder in einer Woche, trauen Menschen ihrem zukünftigen Ich zu, eine halbe Tasse des ekligen Gesöffs zu trinken. Sofort würde man aber nur maximal zwei Teelöffel der Soße zu sich nehmen.[18]

Einen Grund dafür haben Sie soeben schon gesehen: Wie es unserem zukünftigen Ich geht, kümmert uns wenig. Hinzu kommt, dass unser Entscheidungsverhalten von der Gegenwart beeinflusst wird. Besonders Männer kann man zu einem impulsiven Verhalten verleiten, wenn man ihnen Bilder von hübschen Frauen zeigt. So angefixt griffen sie in einer Studie lieber zu einem kleineren (aber sofortigen) Geldbetrag, statt auf eine größere Summe später zu warten.[19] Das kam für mich nicht überraschend, doch wirklich erstaunlich war das Verhalten der Frauen in besagter Untersuchung: Während sie sich von Bildern attraktiver Männer nicht beeindrucken ließen, wurden sie impulsiver, wenn sie Fotos von schnittigen Sportwagen sahen. Ich hielt es immer für einen Mythos, dass Frauen auf Männer in dicken Schlitten reinfallen – doch die Forschung sieht es offenbar anders. Wenngleich ich anfügen muss: Die zitierte Studie ist schon ein paar Jahre alt. Vielleicht haben sich die Statussymbole mittlerweile geändert. Leider konnte ich keine Studie auftreiben, die untersucht hat, ob sich Männer und Frauen von modernen Statussymbolen (tolle Instagram-Bilder von fernen Urlaubsreisen, viele Follower auf Social Media) genauso beeindrucken lassen. Bis auf Weiteres fahre ich also weiterhin mit meinem Audi S5 durch die Gegend.

Scherz beiseite, die Botschaft bleibt: Menschen sehen die Zukunft umso gleichgültiger, je konkreter und emotionaler die Gegenwart ist. Wir sind einfach ungeduldig und versuchen, die Gegenwart bestmöglich zu gestalten, nicht die Zukunft. Ist das nun schlau oder dumm? Es kommt darauf an. Wenn Sie die Möglichkeit bekommen, eine Firma zu kaufen, die nach 40 Jahren Investment Gewinn abwirft, wäre es sicherlich dumm, zu investieren. Denn niemand weiß, was nach vier Jahrzehnten alles passiert sein kann. Sehr wahrscheinlich wird es bis dahin völlig neue Technologien und Märkte geben, die man besser genutzt haben könnte. Zu langfristiges Denken beraubt uns der Anpassungsfähigkeit. Andererseits führt zu große Impulsivität dazu, dass man auf Kosten der eigenen Zukunft lebt und sich im ungünstigsten Fall selbige verbaut. Ein Dilemma.

Dabei hat Geduld eigentlich einen guten Ruf. Bestimmt kennen Sie die Marshmallow-Studie von Walter Mischel aus den frühen Neunzigern. Sie zählt zu den populärsten psychologischen Untersuchungen überhaupt, weil sie so putzig ist. Man präsentiert kleinen Kindern (im Vorschulalter) eine leckere Süßigkeit (zum Beispiel ein Marshmallow) mit folgendem Angebot: Entweder sie essen das Marshmallow sofort – oder sie warten 15 Minuten, dann bekommen sie als Belohnung für ihre Geduld ein zweites Marshmallow. Sie merken: Es ist dasselbe Prinzip wie bei den soeben erwähnten Geldbeträgen. Das Besondere bei diesem Experiment war jedoch: Die Jungs und Mädchen, die sich besonders gut gedulden konnten, waren später im Leben erfolgreicher, hatten beispielsweise höhere Bildungsabschlüsse oder verdienten mehr Geld.[20] Folgestudien zeigten sogar, dass die geduldigen Kinder noch 40 Jahre später verlockenden Reizen besser widerstehen konnten, weil die Belohnungszentren im Gehirn vor impulsiven Entscheidungen besser im Zaum gehalten wurden.[21] Wer an die Zukunft denkt und kurzfristige Impulsivität unterdrückt, ist erfolgreicher, altert langsamer und lebt gesünder.[22]

Doch mittlerweile sieht man die Untersuchungen zum Belohnungsaufschub kritischer: Folgestudien mit einer breiteren Stichprobe zeigten, dass der »Marshmallow-Effekt« ziemlich gering ist.[23] Denn in den ursprünglichen Studien wurden nur Kinder der amerikanischen Elite untersucht (nämlich Kinder von Leuten, die an der Uni Stanford arbeiteten), die eher darauf vertrauten, dass sich das Warten lohnt. Wer hingegen aus einem weniger gut situierten Milieu stammt, für den ist nicht der Belohnungsaufschub am erfolgversprechendsten, sondern die Fähigkeit, jede Gelegenheit sofort beim Schopfe zu packen. Genau dann denken wir kurzfristig – unsere Zukunft ist uns regelrecht egal. Und zwar ganz wortwörtlich.

Never Touch a Running System

Eine wichtige Zutat für unsere Gegenwartsliebe haben Sie schon gesehen: Unser zukünftiges Ich ist uns so wichtig wie eine wildfremde Person, weshalb man leicht auf deren Kosten leben kann – und zwar umso rücksichtsloser, je drängender die Gegenwart ist. Das würde schon mal erklären, weshalb wir die Zukunft gerne verdrängen. Warum handeln wir aber nicht, selbst wenn wir wissen, dass wir es müssten?

Haben Sie schon mal von Aerogel gehört? Ein spezielles schwammartiges Material, bei dem ein eigentlich festes Material derart viele Poren und Öffnungen hat, dass es fast wie »fester Rauch« wirkt. Weil Aerogele nahezu ausschließlich aus Luft bestehen, kann man sie als Isolationsmaterial oder Dämmstoff verwenden. Sie sind allerdings eine vergleichsweise neue Technologie. Denken Sie, dass sie trotzdem eine Zukunft haben?

In einer Studie im Jahre 2022 stellte man den Probanden ebenjenes Zaubermaterial namens Aerogel vor. Der einen Hälfte der Teilnehmer erklärte man, dass Aerogel 15 Jahre vor ihrer Geburt erfunden wurde.[24] Die andere Hälfte der Probanden erfuhr, dass Aerogel 15 Jahre nach ihrer Geburt auf den Markt kam. Das Ergebnis war verblüffend: Diejenigen, die Aerogel für eine ältere Technologie hielten, schätzten dessen Einsatzmöglichkeiten als besonders erfolgversprechend ein. Diejenigen jedoch, die meinten, dass Aerogel erst 15 Jahre nach ihrer Geburt erfunden wurde, waren der Technologie gegenüber eher skeptisch eingestellt. Als man in Folgeexperimenten die gleiche Versuchsanordnung für 60 weitere unbekannte Technologien wiederholte, ergab sich das gleiche Bild: Alles, was schon länger existierte als man selbst, bekam einen Bonus – ein Phänomen, das man Status-quo-Bias nennt.[25]

Aufgrund ihres Status-quo-Denkens halten Menschen an dem fest, was schon lange da ist. Alles Neue, das den Ist-Zustand infrage stellt, wird erst mal kritisch gesehen. Oder andersherum formuliert: Schütze das, was du hast, denn alles andere könnte eine Bedrohung sein. *Never touch a running system.* Deswegen bestellen wir in unserem Restaurant so häufig unser Stammessen – auch wenn etwas anderes vielleicht ebenfalls lecker sein könnte. Deswegen entscheiden sich Menschen bei politischen Abstimmungen umso eher für den Amtsinhaber, je mehr Mitbewerber es gibt. Deswegen ändern Menschen ihr voreingestelltes WLAN-Passwort so selten und schreiben lieber eine 16-stellige Ziffernkombination auf. Denn das Festhalten am Status quo hat einen gewaltigen Vorteil: Man muss nicht viel denken, sondern kann sein Standardverhalten einfach abspulen. Auch ich mache mir den Status-quo-Vorteil zunutze und trage ausschließlich blaue Hemden. So spare ich viel Zeit bei der Kleidungsauswahl – und ein blaues Hemd passt schließlich immer.

Das Status-quo-Denken spart Zeit und Energie – und führt sehr leicht zu Gewohnheiten. Das klingt harmlos, aber tatsächlich sind Gewohnheiten der maßgebliche Faktor dafür, dass wir unser Verhalten nicht ändern. Gewohnheiten sind das Hartnäckigste, was es im Gehirn gibt – deutlich hartnäckiger als

Süchte. Mit dem Rauchen aufzuhören, ist aus Perspektive des Suchtverhaltens nicht allzu schwer: Nach zehn Tagen sind praktisch alle Entzugserscheinungen Geschichte, und der Körper hat die Nikotinsucht überwunden.[26] Nicht jedoch die Gewohnheit, die dem Nikotinkonsum zugrunde lag: dass man sich immer eine Zigarette auf dem Weg von der Arbeit nach Hause angesteckt hat, immer nach dem Abendessen, beim Warten am Bahnhof, immer um 13.30 Uhr in der Mittagspause. Jeder Schlüsselreiz, der früher mit dem Rauchen einer Zigarette beantwortet wurde, ist schließlich noch da, und das Gehirn ist darauf eingestellt, den Automatismus »Rauchen« abzurufen. Diese Gewohnheit wird man nicht los. Niemals. Das Gerede, dass man sich einfach nur anstrengen muss, um schlechte Gewohnheiten hinter sich zu lassen, können Sie vergessen. Sie können eine Gewohnheit nicht löschen, Sie können sie nur mit einer neuen Gewohnheit überschreiben. Das liegt auch daran, dass Gewohnheiten in Hirnregionen verarbeitet werden, die unserem Bewusstsein nicht zugänglich sind: den Basalganglien[27], die automatisierte Handlungen steuern. Sobald Sie also auf einen Schlüsselreiz treffen, werden Sie mit einem automatisierten Verhalten (einer Routine) reagieren.

Menschen ändern deswegen ihr Verhalten nicht so einfach, selbst wenn sie es sich vornehmen. Sie bleiben lieber einer alten Denkgewohnheit verhaftet – schon aus neurobiologischen Gründen. Wir halten an dem fest, was uns Sicherheit gibt. Wir sehen schließlich nicht, was uns entgeht. Genauso wie wir nicht erleben, dass sich unser zukünftiges Ich über heutige gute Entscheidungen freuen wird, erleben wir nicht, was uns entgeht, weil wir es nicht umgesetzt haben. Lieber sterben wir einen Tod durch unterlassene Umsetzung guter Ideen, statt voreilig das aufs Spiel zu setzen, was wir schon erreicht haben.

Ein Pakt mit der Zukunft

Wenn es stimmt, dass wir mit unserem zukünftigen Ich fremdeln und lieber an dem festhalten, was wir jetzt haben, dann wäre es praktisch unmöglich, gute Entscheidungen für die Zukunft zu treffen. Glücklicherweise ist das nicht der Fall. Man darf nur nicht gegen die Prinzipien unseres Denkens ankämpfen, es wäre eine verlorene Schlacht. Stattdessen muss man sich gezielt die Art und Weise unseres Denkens zunutze machen. Man muss sich die Zukunft konkret vorstellen und von dieser Zukunft aus zurückschauen: Was wäre dann wohl die beste Entscheidung, die man heute treffen kann?

Menschen setzen sich für ihr zukünftiges Ich ein, wenn sie es noch aktiv erleben können. Bittet man Menschen zum Beispiel, sich konkret vorzustellen, wie sie in einigen Jahren leben werden, so werten sie die Zukunft weniger ab. Sie verhalten sich sozialer oder sorgen cleverer für die Zukunft vor.[28] Im Prinzip ist es die Kunst, die Perspektive zu wechseln: Sobald Menschen aufgefordert werden, ein konkretes Ziel zu entwerfen, wird die Zukunft wertvoll. Sie wird nicht mehr als mögliche Bedrohung der Gegenwart empfunden (weil sich etwas in eine Richtung verändert, die man nicht im Griff hat), stattdessen ist man selbst in einer aktiven und gestaltenden Rolle.[29]

Wir lieben es, unseren aktuellen Status zu verteidigen, weil uns genau dieser Istzustand viel Sicherheit verspricht. Doch Vorsicht: Der Athlet auf dem Höhepunkt seiner Kraft ist seinem Fall am nächsten – wenn er sich nicht rechtzeitig hinterfragt und aufpasst. Natürlich kennen wir die Zukunft nicht, aber das betrifft jeden. Menschen treffen jedoch in einem komplexen Umfeld dann die besten Entscheidungen, wenn sie sich nicht im Klein-Klein verlieren, sondern ein übergeordnetes Ziel im Sinn haben. Leider machen wir das nicht. Statt zu fragen »Wo will ich hin? Was wird dafür am besten funktionieren?«, orientieren wir uns wie Gewohnheitstiere an unseren letzten Entscheidungen. Was gestern schon gut war, wird morgen auch gut sein. Eine Studie aus dem Jahr 2020 konnte sogar zeigen: Menschen tun das wider besseres Wissen.[30] Genau das ist Dummheit. Wir halten in einer unsicheren Welt lieber an unserer Vergangenheit fest, als uns zu überlegen, wo wir eigentlich hinwollen – obwohl wir es besser wissen und besser könnten.

Das größte Hindernis, dieses Neue auch wirklich anzugehen, ist sicherlich unser Gewohnheitsdenken, das Festhalten am Bestehenden. Interessanterweise setzen sich große Umbrüche nicht deswegen durch, weil sie irgendwann (nach vielen Jahren) einen Vorteil bringen, sondern meistens schon ganz konkret ab dem ersten Moment ihrer Umsetzung. Niemand baut eine Wärmepumpenheizung ein, weil man dann in 15 Jahren mehr Geld gespart hat als mit einer Gasheizung. Denn erstens sind wir uns in 15 Jahren ziemlich egal, und selbst wenn wir unser zukünftiges Ich ernst nehmen sollten: Je später sich ein Investment rentiert, desto eher sollte man nicht investieren. Denn möglicherweise gibt es bis dahin gewinnbringendere technologische Alternativen. Sobald man jedoch einen kleinen Vorteil hat, und sei er noch so klein, springen Menschen sofort auf einen neuen Trend auf – und ändern sogar ihre Gewohnheiten. Deswegen kaufen Menschen nun viel mehr online ein, weil der Preis nur minimal günstiger ist. Deswegen streamen Menschen so gerne Filme, weil die Verfügbarkeit viel besser ist, als sich einen Abend für einen Kinobesuch freizuhalten. Mit einer ersten kleinen positiven Erfahrung beginnt die große Veränderung. Dass diese im Fall des E-Commerce und des Online-Streamings massive Auswirkungen auf unsere Innenstädte hat, ist eine andere Geschichte. Aber auch hier gilt: Wenn man das fortwährende Sterben des Einzelhandels aufhalten will, muss man den Menschen einen kleinen Vorteil im Vergleich zu anderen Konsummöglichkeiten bieten. Ansonsten sind die Beharrungskräfte der Gewohnheiten zu stark.

Die schlechte Nachricht ist also: Menschen tun sich mit Veränderungen sehr schwer. Die gute ist: Sobald Veränderungen einmal angestoßen werden, setzen sie sich oft sehr radikal und schnell durch – solange wir uns nicht vor der Unsicherheit zu sehr fürchten. Das ist allerdings ein anderes Problem. Im nächsten Kapitel steht, wie man das genau umgeht.

7 KEINE LUST AUF RISIKO

Warum wir die falschen Probleme zuerst lösen

Weil das praktische Mitdenken anhand von Experimenten bisher (hoffentlich) gut funktioniert hat, starte ich dieses Kapitel wieder mit einer Mitmachübung. Sie lesen das Buch schließlich nicht zum Spaß, hier wird gearbeitet – und an Ort und Stelle überprüft, wie gut Sie analytisch denken können. Stellen Sie sich also bitte vor, Sie sitzen in einem Versuchsraum, bekommen 20 Euro in die Hand gedrückt und folgendes Szenario präsentiert:

Es wird ein Zufallsgenerator angeworfen, der entweder ein rotes oder ein grünes Signal ausgibt. Wenn das Signal grün ist, passiert nichts und Sie können mit den 20 Euro nach Hause gehen. Mit einer Wahrscheinlichkeit von 99 Prozent wird das Signal aber rot – und dann müssen Sie als Strafe Ihre 20 Euro abgeben. Sie können die 20 Euro aber auch investieren und den Zufallsgenerator dadurch so manipulieren, dass er immer grün anzeigt. Wie viel ist Ihnen das wert? Klarer Fall, werden Sie sagen, das Ding wird ja praktisch immer rot, also investiere ich fast die gesamten 20 Euro (vielleicht 18 oder 19), komme dann aber immerhin noch mit einem kleinen Geldbetrag raus.

Wie sieht es jedoch aus, wenn die Wahrscheinlichkeit, dass der Zufallsgenerator rot wird, bei nur einem Prozent liegt? Dann werden Sie dieses Risiko vermutlich in Kauf nehmen und vielleicht gar nichts oder nur ein paar Cent investieren. Zumindest wären Sie dann in guter Gesellschaft, denn die meisten

Probanden in einem ähnlichen Experiment verhalten sich genauso.[1] Statistisch haben Sie dann alles richtig gemacht.

Ändern wir nun aber die Ausgangslage. Wieder sitzen Sie vor einem Zufallsgenerator, doch wenn er nun mit einer Wahrscheinlichkeit von 99 Prozent rot anzeigt, bekommen Sie einen sehr unangenehmen elektrischen Schlag. Was würden Sie nun investieren? Vielleicht sagen Sie, einen Stromschlag, auch wenn er heftig wehtut, kann man mal riskieren, und investieren zehn Euro, damit das nicht passiert. Und was würden Sie investieren, wenn der Zufallsgenerator mit einer Wahrscheinlichkeit von nur einem Prozent einen Elektroschock auslöst? Tatsächlich investieren die meisten Menschen dann fast genauso viel. Statt sauber abzuwägen wie zuvor, löst die Aussicht auf den Elektroschock ein derartiges Unbehagen aus, dass wir aufhören, vernünftig zu denken. Den Stromschlag vor Augen zahlen wir gerne mehr als nötig, um uns von diesem Risiko freizukaufen.

Überhaupt sind Elektroschocks in solchen Experimenten eine beliebte Methode, um Probanden von allen analytischen Denkfähigkeiten zu befreien. Schon Anfang der 1970er-Jahre führte eine Forschergruppe um Alan Monat ein ähnliches Experiment durch[2]: Die Probanden saßen in einem Raum und hatten die 50:50-Chance, einen Elektroschock zu bekommen. Vor ihnen lief eine Countdown-Uhr herunter, bis es zum möglichen Stromstoß kam. Klar, dass man da eine heftige Stressreaktion zeigt, schwitzige Hände und erhöhter Puls inklusive. Also reduzierten die Versuchsleiter die Wahrscheinlichkeit für einen Stromstoß auf nur noch 20 Prozent – aber die Stressreaktion blieb gleich. Sogar wenn die Wahrscheinlichkeit auf fünf Prozent heruntergeregelt wurde, waren die Probanden genauso gestresst wie in der 50:50-Situation. Und was das Paradoxe ist: Selbst mit der Aussicht auf einen hundertprozentigen Stromschlag waren sie nicht viel gestresster. Ob fünf oder 100 Prozent: Für unsere Erwartungshaltung macht das keinen Unterschied. Kein Wunder, dass Menschen fast gleich viel dafür zahlen, einen Stromstoß zu vermeiden – ganz egal, ob sie ihn fast sicher oder quasi gar nicht bekommen.

Der Grund dafür liegt in der Art, wie wir mit Wahrscheinlichkeiten umgehen: nämlich gar nicht. Wir können Wahrscheinlichkeiten nicht spüren oder wahrnehmen, wie wir das mit Sinneseindrücken machen. Zahlen sagen uns eigentlich überhaupt nichts – und das macht es uns schwer, clever zu handeln. Bedeutet eine Regenwahrscheinlichkeit von 50 Prozent, dass die Hälfte aller Wetterprognosen für diesen Tag mit Regen rechnet, dass es zur Hälfte der Zeit regnet oder dass nur die Hälfte des Ortes nass wird? Ist es gefährlicher, ein Medikament mit »seltenen Nebenwirkungen« (in einem von 10 000 Fällen) zu nehmen oder zehn Minuten in der Sonne zu liegen? Wenn eine Bratwurst die durchschnittliche Lebenserwartung um einen Tag verkürzt, habe ich dann in meinem Leben noch 12 775 Bratwürste frei, bevor ich tot umfalle? Oder hätte mein vorzeitiges Ableben auch etwas Positives: Kann für jedes Jahr, das ich vor meiner statistischen Lebenserwartung sterbe, ein anderer Mann in Deutschland ein Jahr länger leben?

Fragen über Fragen, die wir nicht gut beantworten können, weil unser Denken gar nicht auf Zahlen eingestellt ist. Zahlen wachsen nicht auf Bäumen, wir haben sie uns ausgedacht. Deswegen sind wir auch besonders schlecht darin, uns unter Prozentzahlen etwas vorzustellen. Das wäre nicht weiter tragisch, denn nur in den seltensten Fällen will man die Prämien von Versicherungspolicen oder die Wirksamkeit von Impfstoffen statistisch ermitteln. Meistens reicht es uns, nicht genau zu rechnen, sondern nur grob abzuschätzen. Doch genau da liegt der Hase im Pfeffer, denn unser Entscheidungsverhalten ist kognitiv derart verzerrt, dass wir uns an entscheidenden Stellen unvernünftig verhalten. Gerade weil wir so schlecht darin sind, mit Wahrscheinlichkeiten umzugehen, schätzen wir zum Beispiel Risiken falsch ein. Oder wir betreiben viel zu viel Aufwand, um auch das letzte bisschen Restrisiko zu minimieren. Wir fokussieren uns auf die falschen Probleme und blenden mindestens genauso wichtige Probleme aus. Und wir werden irgendwann so risikoscheu, dass wir uns gar nichts mehr trauen. In einem Land, das auf Fortschritt angewiesen ist, kann das ein sehr teurer Fehler sein.

Ein Bild sagt mehr als tausend Zahlen

Wir schätzen Risiken grundsätzlich schlecht ein, weil wir Opfer eines Denkfehlers werden, den man »Vernachlässigung des Nenners« nennen könnte (engl. *denominator neglect*). Vereinfacht gesagt: Risiken werden als Wahrscheinlichkeit angegeben, mit der ein Ereignis eintritt. Wenn das Risiko, vom Blitz getroffen zu werden, bei 1:200 000 liegt, dann steht das Blitzschlagereignis (die 1) im Zähler des Bruches, die möglichen 200 000 Fälle stehen im Nenner. Das Problem ist: Der Nenner ist uns egal. Wir spüren nur das Ereignis (im Zähler), ob dann unter dem Bruchstrich 20 000, 200 000 oder 2 000 000 steht, spielt für uns keine Rolle mehr.

Ein Risiko von 1:100 000 ist klein. Ein Risiko von 1:1 000 000 ist immer noch klein. Deswegen zahlen Menschen für beide Szenarien gleich hohe Versicherungsprämien, obwohl sie beim zweiten eigentlich 90 Prozent sparen könnten.[3] Im Prinzip kann die komplette Versicherungsbranche nur existieren, weil wir diesen Denkfehler haben. Einfaches Beispiel: Wenn Ihr Auto einen Wert von 30 000 Euro hat und die Wahrscheinlichkeit eines Totalschadens pro Jahr bei 1:1000 liegt, dann müssten Sie eigentlich eine Versicherungsprämie von 30 Euro zahlen, um Ihr Auto gegen den Totalschaden abzusichern (Eintrittswahrscheinlichkeit mal Schadenshöhe). Natürlich zahlen Sie Ihrer Versicherung aber mehr als 30 Euro und tun das auch noch gerne, weil Sie das Bild eines geschrotteten Autos im Kopf haben. Dass ein solches Ereignis aber nur einmal in 1000 Jahren passiert, das spüren Sie nicht. Was für eine Ironie, dass Versicherungen (obwohl sie es besser wissen müssten) ebenfalls Opfer dieses Denkfehlers werden – und sich bei Rückversicherern versichern. Die Top drei der größten Rückversicherer sind übrigens allesamt deutschsprachig. Die Angst vor dem Risiko scheint in unserem Kulturkreis also durchaus präsent zu sein.

Bilder sagen immer mehr als Zahlen. Deswegen hat man in der Wissenschaft Hilfsmittel entwickelt, damit man trotzdem irgendwie sehr kleine Risiken einschätzen kann. Ein Modell stammt vom US-Amerikaner Ronald Howard, der sich vor über 40 Jahren die Einheit des »Mikromorts« ausgedacht hat.[4] Ein Mikromort gibt die Wahrscheinlichkeit von eins zu einer Million an, bei einem bestimmten Ereignis zu sterben. Damit Sie sich 1:1 000 000 besser vorstellen können: Das ist die Wahrscheinlichkeit, bei einem Münzwurf zwanzigmal hintereinander dieselbe Seite zu werfen. Ziemlich unwahrscheinlich, werden Sie sagen. Doch der große Vorteil dieser Einheit ist, dass man auch sehr geringe Risiken miteinander vergleichen kann. Was ist gefährlicher: einen Marathon zu laufen oder regelmäßig Ecstasy zu konsumieren? Sie werden überrascht sein: Ein Marathon hat sieben Mikromort, der Ecstasy-Konsum pro Woche nur 1,7.[5] Zwei Monate mit einem Raucher zusammenzuleben: ein Mikromort. Ein Kind zu gebären: 170 Mikromort.[6] Eine Geburt ist also so gefährlich wie knapp 30 Jahre als Passivraucher mitzuqualmen. Trotzdem meine gewagte Aussage: Neues Leben in die Welt zu setzen ist besser, als seine Lunge mit Teer vollzupumpen. Merke: Statistisch signifikant heißt noch nicht für unser Leben relevant. Interessant ist übrigens, dass Studien von medizinischen Eingriffen zeigen, was Menschen für die Reduktion um einen Mikromort zu zahlen bereit sind: Es sind 50 Dollar.[7] Das bedeutet aber nicht, dass ein Menschenleben nun 1 000 000 × 50 Dollar, also 50 Millionen Dollar wert ist.

Der englische Risikoforscher und Statistiker David Spiegelhalter hat übrigens ein noch griffigeres Bild als den Mikromort entwickelt: das *microlife*, das Mikroleben. Ein Mikroleben entspricht 30 Minuten Lebenserwartung.[8] Die sind aber schnell aufgebraucht: Einmal rotes Fleisch gegessen, schon sind 30 Minuten Lebenszeit weg. Das lässt sich aber aufholen, wenn man täglich zwei bis drei Tassen Kaffee trinkt. Vorsicht aber bei Kombinationen: Eine Bratwurst mit zwei Tassen Kaffee runterzuspülen, ist trotzdem nicht gesund. Eine Frau zu sein bringt zwei Stunden mehr Lebenszeit pro Tag im Vergleich zu einem Mann. Zwei Stunden Fernsehschauen: ein Mikroleben geopfert. Anders gesagt: Wer die kompletten drei Stunden »Wetten, dass …?« schaut, verliert in Summe drei Stunden und 45 Minuten an Lebenszeit.

Spaß beiseite – wir können uns mit Tricks behelfen, um selbst sehr kleine Risiken miteinander zu vergleichen. Trotzdem fällt es Menschen schwer, daraufhin clevere Entscheidungen zu treffen. Denn das Bild im Kopf ist wichtiger als die relative Eintrittswahrscheinlichkeit. So entsteht irrationales und dummes Verhalten. Was ist beispielsweise gefährlicher: dass man mit einer Wahrscheinlichkeit von 1:100 000 von radioaktiven Abfällen Krebs bekommt – oder dass man mit einer Wahrscheinlichkeit von 1:100 000 aufgrund von natürlich vorkommendem Radongas Krebs bekommt? Selbst bei exakt identischen Risiken sagen Menschen dennoch, dass der radioaktive Abfall gefährlicher ist als das natürliche Radon[9] – und zwar nicht nur ein bisschen, sondern 4000-mal gefährlicher. Selbst durch grafische Schaubilder und Erklärungen konnte man die falsche Risikoeinschätzung des radioaktiven Abfalls nur auf das 2000-Fache der natürlichen Strahlung reduzieren. Wider besseres Wissen dennoch falsch zu antworten, das ist verrückt. Und nebenbei: Natürlich vorkommendes Radongas verursacht aufgrund seiner Radioaktivität jedes Jahr etwa 1900 Todesfälle durch Lungenkrebs in Deutschland.[10] Das sind mehr Tote als jedes Jahr Autofahrer im Straßenverkehr sterben (etwa 1200).[11]

Ähnlich seltsames Verhalten kennt man auch aus der Versicherungswirtschaft: Menschen zahlen für eine Flugausfallversicherung aufgrund von Terrorismus mehr als für eine Flugausfallversicherung gegen *alle* Risiken.[12] Genau dieses irrationale Verhalten führt uns auch schon zum ersten massiven Denkproblem, das mit unserem Unwillen, die Statistik zu berücksichtigen, verbunden ist: der Sehnsucht nach dem Nullrisiko.

Die Null muss stehen

Schauen wir noch einmal kurz zurück zu den Elektroschock-Experimenten zu Beginn dieses Kapitels. Sie erinnern sich: Ob wir mit einer Wahrscheinlichkeit von 50, 20 oder fünf Prozent geschockt werden, für uns ist das subjektive Empfinden nahezu gleich. Wir zahlen deswegen auch nicht besonders viel dafür, die Wahrscheinlichkeit von 50 auf 20 Prozent zu drücken (oder von 20 auf fünf Prozent). Denn in beiden Fällen ist die Bedrohung ja noch da. Anders sieht es jedoch aus, wenn wir dafür zahlen könnten, die Bedrohung von fünf auf null Prozent zu senken. Dann sind wir auf einmal bereit, enorm viel zu bezahlen. Ein Phänomen, das gut erforscht ist und sich *»Zero Risk Bias«* nennt, die Sehnsucht nach dem Nullrisiko.

Nehmen wir mal ein alltagsnäheres Beispiel: Ihnen wird ein Insektizid präsentiert, das allerdings in 15 von 15 000 Fällen zu einer gefährlichen Vergiftung von Kindern führt. Was würden Sie dafür zahlen, wenn das Risiko nur noch zehn von 15 000 Fällen betragen soll? Wenn Sie einen Betrag im Kopf haben, vergleichen Sie bitte: Was würden Sie zahlen, wenn das Risiko in einem anderen Fall von 5:15 000 auf null gesenkt wird? Wenn Sie so ticken wie die meisten, zahlen Sie dreimal mehr – obwohl der Effekt derselbe ist.[13]

Selbst wenn sich Menschen dieser Vollkaskomentalität bewusst sind, zahlen sie trotzdem einen Aufpreis. Denn das Gefühl der »absoluten Sicherheit« ist Lohn genug. Das Problem ist, dass die Kosten für die letzten Prozente Sicherheit immer weiter ansteigen. Einen sehr praktischen Fall konnte man während der Coronapandemie erleben. Sie erinnern sich: Zu Beginn der Pandemie ging es vor allem darum, die Inzidenz zu drücken. Nun ist es vergleichsweise leicht, die Inzidenz von, sagen wir, 200 auf 100 zu reduzieren, einfach, indem man eine Maskenpflicht einführt. Von 100 auf 50 wird es schon schwieriger, man müsste weitere Maßnahmen (Kontaktverbot, Begrenzung der Kundenzahl in Supermärkten) erlassen. Von 50 auf 25 ist es noch aufwendiger, vielleicht geht das nur mit radikalen Kontaktsperren oder dem Schließen von Geschäften. Der Aufwand ist aber noch vergleichsweise gering, denn wenn man die Inzidenz von 25 auf null drücken will, müsste man zu den radikalsten Maßnahmen überhaupt greifen und die Leute zu Hause einsperren. Doch selbst mit einer knallharten Zero-Covid-Politik funktioniert das nicht. Fragen Sie die Chinesen.

Trotzdem ist es interessant, dass kurzzeitig auch in Deutschland die Idee einer Zero-Covid-Strategie durch die Talkshows geisterte – ein Paradebeispiel für den Zero Risk Bias. Zum Glück sind wir heute schlauer. Selbst mit einer Nullrisikopolitik lässt sich ein tödliches Virus nicht eindämmen. Das heißt nicht, dass man bei bestimmten Gefahren nicht darauf achten sollte, das Risiko extrem zu reduzieren (ich habe in virologischen Labors gearbeitet, ich bin mir dieser Gefahr bewusst). Aber man muss immer aufpassen, dass man den Punkt nicht verpasst, ab dem eine weitere Risikoreduktion unendlich teuer wird.

Die Risiko-Fehlsichtigkeit

Wider besseres Wissen versuchen wir, das letzte bisschen Restrisiko zu bekämpfen, und konzentrieren uns dabei auf die falschen Probleme. Dieses Denken führt zu einer seltsamen Risiko-Fehleinschätzung: Die Furcht vor bestimmten Dingen verdrängt andere Probleme aus unserem Blickfeld.

Mit der Datenschutzgrundverordnung hat Deutschland (und Europa) die strengsten Datenschutzrichtlinien der Welt. Was soll man von einem Land, das in den letzten hundert Jahren von unterschiedlichen Geheimdiensten systematisch ausspioniert wurde, auch anderes erwarten? Immer wenn ich in den USA bin, schütteln die Leute über unsere panische Angst vor einem Datenkontrollverlust den Kopf. Dort ist jedem irgendwie klar, dass die Geheimdienste den Datenverkehr überwachen, doch es ist ihnen egal. Das kann man gut finden oder auch nicht, aber es ist immerhin konsequent. In Deutschland werden Gerichtsverfahren wegen Fotografierens von Falschparkern geführt (seit dem Frühjahr 2023 übrigens nicht mehr, wie zuvor, aus Datenschutzgründen verboten)[14], und bei Veranstaltungen muss jeder seine Einwilligung geben, fotografiert werden zu dürfen. Gleichzeitig laden Menschen ihre Urlaubsfotos als Statusupdate in Instagram oder WhatsApp hoch, sammeln fleißig ihre Gesundheitsdaten über Fitness-Apps, die anschließend auf irgendwelchen Servern im Ausland gespeichert werden, oder geben in Online-Übersetzungsprogramme die sensibelsten Geschäftsdaten ein. 79 Prozent der Deutschen sind dafür, ihre Gesundheitsdaten für die Forschung zu spenden[15], aber in der praktischen Umsetzung der elektronischen Patientenakte stellen wir den Datenschutz oftmals über Menschenleben. Das kann man machen. Man muss aber aufpassen, dass man dadurch nicht irgendwann in den nächsten Denkfehler rutscht: den *»Omission Bias«*, den Unterlassungsfehler.

Überhaupt, die Gesundheit: Nicht mal ein Viertel der Deutschen ist für gentechnisch veränderte Lebensmittel[16], aber knapp 80 Prozent haben sich mit einem gentechnisch hergestellten mRNA-Impfstoff gegen Corona impfen lassen. Eine repräsentative YouGov-Umfrage aus dem Jahre 2020 zeigte, dass über zwei Drittel der Europäer es ablehnen, neue gentechnisch veränderte Lebewesen in die Natur freizulassen, bis »wissenschaftlich erwiesen ist, dass ihre Freisetzung weder die Biodiversität, die menschliche Gesundheit, die Landwirtschaft oder den Frieden schädigt«.[17] Wir alle haben schließlich noch den Chaos-Forscher aus *Jurassic Park* im Ohr: »Die Natur findet einen Weg. [...] Sie lässt sich nicht einsperren.« Mit dieser ultimativen Forderung nach einem Nullrisiko hat sich das Thema Gentechnik ein für alle Mal erledigt. Denn spätestens seit dem österreichisch-britischen Philosophen Karl Popper wissen wir: Der Beweis einer Nichtexistenz (auch von Gefahren) ist unmöglich.

Noch mal: Es geht an dieser Stelle gar nicht darum, ob Datenschutz oder Gentechnik gut oder schlecht sind. Es geht darum, dass ein Nullrisiko immer bedeutet, dass eine Entwicklung nicht stattfindet. Denn im praktischen Leben ist ein Nullrisiko schlicht nicht umsetzbar, weil es entweder unplausibel ist (welches Risiko lässt sich wirklich schon auf null reduzieren?) oder weil es zu teuer wird. Deswegen müssen wir abwägen und nehmen zwangsläufig Risiken in Kauf. Zum Beispiel sterben jedes Jahr auf deutschen Autobahnen etwa 320 Menschen.[18] Sie können die Zahl der Verkehrstoten verringern, indem Sie die Geschwindigkeit reduzieren. Bei Tempo 100 sterben vielleicht (ich schätze) nur 200 Menschen, bei Tempo 80 auf der Autobahn vielleicht noch 150. Irgendwann wird aber selbst der härteste Tempolimit-Fan eine gewisse Zahl an Toten akzeptieren, denn keine Toten gibt es nur bei null Geschwindigkeit.

Anders gesagt: Entweder schließen wir eine Technologie

aus, oder wir müssen immer ein Restrisiko akzeptieren. Dieses mag bei manchen höher, bei manchen niedriger liegen, aber das Nullrisiko ist ein Phantom, dem die Deutschen mit allerlei Versicherungen und gesetzlichen Regelungen beikommen wollen. Bedenken Sie jedoch: Verpasst man den Punkt, ab dem das Streben nach Sicherheit so groß wird, dass es wiederum Schaden anrichtet, dann handelt man dumm. Wenn wir immer unter absoluter Risikovermeidung handeln würden, wären weder das Feuer, das Rad oder die Schrift, noch das Fahrradfahren, das Fernsehschauen oder das Grillen zugelassen worden. Keine Sorge: Ein gegrilltes Steak hat übrigens einen Mikromort von 0,01 – damit sind 17 000 Steaks so gefährlich wie eine Geburt, also ziemlich sicher.

Die falschen Probleme lösen

Menschen neigen dazu, zu viel gegen das letzte bisschen Restrisiko zu investieren. Viel schlimmer ist jedoch, dass eine falsche Risikoeinschätzung auch dazu führen kann, dass man die falschen Probleme zuerst löst. Ein Phänomen, das in der Wissenschaft als »Worst-first-Heuristik« bekannt ist. Anders gesagt: Wir stürzen uns auf den Worst Case und verlieren dadurch andere Probleme aus dem Blick. Konkret untersuchte man dieses Verhalten in einer Studie aus dem Frühjahr 2023 mit mehr als 3500 Probanden, die sich entscheiden mussten, welches Problem sie zuerst lösen: ein recht unwahrscheinliches Problem, das im Falle des Nichtlösens einen großen Schaden anrichten würde – oder ein sehr viel wahrscheinlicheres Problem, das aber nur einen geringen Schaden zur Folge hätte. Da Sie dieses Kapitel aufmerksam gelesen haben, werden Sie vermuten, wie die Entscheidung ausfällt: Menschen versuchen eher, den seltenen GAU zu vermeiden, anstatt die Kräfte auf ein sehr viel häufiger auftretendes Problem (mit geringem

Schaden) zu fokussieren[19], dessen Bekämpfung insgesamt einen größeren Effekt haben würde.

Natürlich liegt das daran, dass wir das spektakuläre Einzelereignis höher gewichten als ein wegen seiner Häufigkeit unspektakuläres Ereignis. Hinzu kommt aber auch, dass wir Risikoinformationen unterschiedlich wahrnehmen, wenn wir unter Druck gesetzt werden. Sobald verschiedene Entscheidungen miteinander konkurrieren (soll man lieber aus der Atomkraft oder aus der Kohle zuerst aussteigen?), gewichten wir Hochrisikoinformationen stärker als Informationen über ein niedriges Risiko.[20] Weil einem ein explodierendes Atomkraftwerk in der Nachbarschaft ganz schön den Tag versauen kann, fürchtet man sich folglich mehr vor den Folgen einer Nuklearkatastrophe als vor dem unscheinbaren, schleichenden Gifttod infolge andauernder Luftverschmutzung durch Kohlekraftwerke. Oder wir haben Angst vor der Unvermeidbarkeit der Klimakatastrophe – dabei ist das eigentliche Problem viel unscheinbarer: der Fachkräftemangel. Leider ist dieses Wort so spröde, dass man sich seiner Gefahr nicht bewusst wird. Wie sollen wir das Land umkrempeln, wenn wir keine Leute haben, die unsere Häuser sanieren, neue Wärmepumpen einbauen oder überhaupt an noch effizienteren Speichertechnologien und besseren Stromnetzen arbeiten? Aber »Fachkräftemangel« klingt viel zu langweilig. Wie wäre es mit »Talentdürre«, »Arbeitskräfteapokalypse« oder »Kompetenzuntergang«? Ein bisschen reißerisches Marketing muss sein, um die Leute aufzurütteln.

Solche Risikoabwägungen mögen zynisch klingen, aber sie sind nötig, und wir blenden sie zu oft in unseren Überlegungen aus. Stattdessen fokussieren wir uns auf das Schlimmste. Das kann entweder zu irrationalen Übersprungsideen führen: Bevor man die Atomkraftwerke im Frühjahr 2023 abschaltete, überlegte man ernsthaft, als Reserve schwimmende Ölkraftwerke in der Nordsee vorzuhalten, um einem Blackout vorzubeugen. Ein permanentes Reserve-Ölkraftwerk vor den Robbenbänken in der Nordsee, um die Gefahr der Atomkraft zu bannen – dieses Bild war dann doch zu krass, und man stampfte die Idee ein.

Oder es führt zu Überreaktionen: Während der Coronapandemie kaufte Deutschland über 550 Millionen Impfstoffdosen für über zehn Milliarden Euro.[21] Damit hätte man jeden Menschen in Deutschland siebenmal impfen können. Mit demselben Impfstoff. Jeder, der sich ein bisschen mit Immunologie auskennt, wird bestätigen, dass ein mehrfacher Impfoverkill bei dieser Pandemie schon frühzeitig absehbar nicht nötig war. In der Gaskrise derselbe Fehler: Deutschland baute für Flüssiggas mehr Kapazitäten auf, als es jemals Gas aus Russland bekam (aus Russland erhielten wir vor dem Ukrainekrieg etwa 55 Milliarden Kubikmeter Gas; die im Frühjahr 2023 geplanten Flüssiggasterminals sollen bis 2026 eine Kapazität von 77 Milliarden Kubikmetern bieten).[22] Und das, obwohl der Gasbedarf in den nächsten Jahren weiter sinken soll.[23] Hoffen wir, dass wir die LNG-Terminals irgendwann auch für grünen Wasserstoff nutzen können.

In Laborstudien lässt sich ein solches Verhalten unter relativ kontrollierten Bedingungen untersuchen. Dabei stellt man fest, dass Menschen aufgrund ihrer bewusst falschen Risikowahrnehmung die falschen Probleme zuerst lösen. In der Wirklichkeit ist es oftmals aber noch schlimmer, denn da kann man, indem man ein Problem löst, ein neues schaffen. Während der Coronapandemie brach beispielsweise der weltweite Flugverkehr und damit auch der Tourismus ein. Was unter Klimagesichtspunkten ein durchaus positiver Effekt war, hatte in Afrika hingegen unerwartete Auswirkungen: Da Millionen Touristen eben nicht nach Afrika reisten, blieb der Artenschutz auf der Strecke. Denn ohne die Einnahmen aus den Fotosafaris und Savannen-Hotels gab es auch kein Geld für die Leute, die vor Ort für Naturschutz sorgen und gegen Wilderei kämpfen.

Ergebnis: Allein im Hwange-Nationalpark in Simbabwe stieg die Wilderei im Frühsommer 2020 um 8000 Prozent an[24], weite Teile des Naturschutzes brachen zusammen. Sollen wir in Zukunft auf (klimaschädliche) Flüge nach Kenia verzichten, obwohl dadurch die dortigen Nashörner besser geschützt werden können (und nicht nur Geld nach Afrika fließt, sondern auch der kulturelle Austausch gefördert wird)? In einer komplexen Welt sind Entscheidungen nicht immer einfach.

Nur wer hinfällt, kann stärker wieder aufstehen

Wir sind ein reiches, altes und sattes Land. Wir haben in den letzten Jahrzehnten einen derartigen Wohlstand und Komfort angehäuft, dass wir diesen Status auch verteidigen müssen. Kein Wunder, dass sich das auch in unserer Mentalität niederschlägt. Als ich in Kalifornien lebte, wunderte ich mich darüber, dass die Häuser in Berkeley ganz anders gebaut sind als in Deutschland. Bei uns sind die Häuserwände fast meterdick, bei uns baut man Häuser für die Ewigkeit. »Weißt du, Henning«, sagte mein Kumpel zu mir, »das können wir hier nicht machen. Wir wissen ja, dass irgendwann das nächste Erdbeben kommt. Da bauen wir lieber etwas, das wir schnell wiederaufbauen können.« Schnell wieder aufzustehen, ist in Kalifornien eine Lebenseinstellung. In Deutschland will man lieber gar nicht umfallen – und schützt sich deswegen gegen alles, was einen ins Schwanken bringen könnte.

Ich selbst komme aus einer Ingenieursfamilie. Ich musste mich dafür entschuldigen, »nur Neurowissenschaften« studiert zu haben: der Hirnforscher, das schwarze Schaf in einer Familie von Machern und Entwicklern. Ich scherze, habe aber dennoch einen besonderen Bezug zu Ländern, die mit aller Gründlichkeit die Gefahren der Natur bändigen. In Japan baut man Häuser nicht so, dass sie gleich beim ersten Erdbeben einstürzen, sondern so, dass sie mit den Erdstößen mitschwingen. Das finde ich grandios. Die Niederlande haben große Teile ihres Landes der Nordsee abgetrotzt, die in den letzten Jahren um 20 Zentimeter angestiegen ist.[25] Diese Mentalität haben die Amerikaner nicht. »Wir legen nicht so viel Wert auf Ingenieure«, flachste mein Kumpel in den USA, »weil man die nicht auf Zeitungscover drucken kann.« Ein Feuerwehrmann, der aus den Fluten von New Orleans eine Familie rettet, ist eine viel bessere Meldung als ein Ingenieursbüro, das fünf Jahre vorher eine Drainage für einen Deich in Louisiana konzipiert hat. Risikovermeidung ist unsexy, aber das mögen wir Deutschen. Deswegen haben wir pro Kopf durchschnittlich sechs Versicherungspolicen abgeschlossen. Damit sind wir in der weltweiten Spitzengruppe.

Natürlich wäre es dumm, sich nicht auf Risiken vorzubereiten. Genauso dumm ist es jedoch, das Risiko so sehr zu scheuen, dass uns die Chancen entgehen. Ein bisschen liegt das tatsächlich an der besonderen Mentalität unserer Kultur, die gegenüber der angelsächsischen risikoaverser ist.[26] Das fällt im Alltag kaum auf, aber wenn es um gewagte Entscheidungen geht, ist man andernorts eher gewillt, die Chance beim Schopfe zu packen. Oder anders gesagt: Kalifornier sind wie Deutsche – nur mit weniger Angst und mehr Geld. Ich kenne in den USA Investoren, die grundsätzlich nur in Gründer investieren, die schon mal mit ihrem Start-up gescheitert sind. Nach dem Motto: »Irgendwann fällt jeder mal auf die Nase. Dann will ich aber nicht dabei sein. Ich möchte lieber mit Leuten arbeiten, die gezeigt haben, dass sie wieder aufstehen können. Denn mit denen gehe ich auch durch schwere Zeiten.« In Deutschland ist das anders. Wenn du hier als Privatunternehmer scheiterst, hast du einen negativen Schufa-Eintrag. Viel Glück bei deinem nächsten Investment. Man findet ja noch nicht mal eine Mietwohnung, wenn der Schufa-Score nicht stimmt.

Kein Risiko ist auch keine Lösung

Je älter und reicher eine Gesellschaft wird, desto risikoaverser wird sie. Das liegt zum einen daran, dass Menschen im Alter generell eher das Risiko scheuen als junge Leute.[27] Denn wer viel hat, der kann auch viel verlieren. Wer hingegen mit Ende 20 auf dem Höhepunkt seiner geistigen Kraft ist, noch keine Familie ernähren und kein Haus abbezahlen muss, der geht gerne mal »*all-in*«. Darüber hinaus spielt aber offenbar auch die anatomische Alterung des Gehirns eine Rolle. So zeigt sich, dass die Abnahme der Nervenzellen im rechten Scheitellappen dafür verantwortlich ist, dass ältere Menschen weniger gern riskante Entscheidungen treffen.[28] Das wäre zwar ein hartes Schicksal, aber ich kann Sie beruhigen (wenn Sie vielleicht etwas älter sind): Bildung und Aufklärung sorgen dafür, dass man auch in höherem Alter mal etwas wagt.[29] Schließlich ist nicht das Ablehnen von Risiken am erfolgversprechendsten, sondern das kalkulierte Wagnis.

Gerade darin sind wir aber nicht besonders gut. Eine Analyse des Anlageverhaltens der Deutschen ergab schon vor einigen Jahren, dass sie Weltmeister im Risikovermeiden sind. Noch vor den Schweizern und den Skandinaviern ist es ihnen am wichtigsten, nichts zu verlieren.[30] Die Aussicht auf Gewinn kommt erst im Anschluss. Das ist gefährlich, denn je risikoaverser eine alternde Gesellschaft wird, desto mehr würgt sie das Wirtschaftswachstum ab, wie eine Studie 2022 zeigen konnte.[31] Nicht falsch verstehen, es geht nicht darum, dass man blind ins Risiko läuft. Im Hurra-Stil sind an der Börse schon Milliarden verbrannt worden. Fragen Sie mich, ich hatte aktiv investiert, als Anfang der 2000er der Neue Markt kollabierte und die damaligen Helden der Börse in den Knast wanderten.

Auf der anderen Seite müssen wir uns auch immer klarmachen: Wir werden die Welt nicht verändern, wenn wir uns bloß darauf konzentrieren, uns zu beschützen und zu verteidigen. Das trifft auf alle Bereiche unseres Lebens zu, die Digitalisierung zum Beispiel. Im Frühjahr 2023 kam der *»AI Index Report«* der Uni Stanford heraus.[32] Darin wurde analysiert, wie aufgeschlossen man weltweit den zukünftigen Entwicklungen im Bereich der künstlichen Intelligenz gegenübersteht. Wen überrascht's: Auf den vorderen Plätzen der aufgeschlossensten Länder liegen China, Indien und Mexiko. Länder, die wenig zu verlieren und viel zu gewinnen haben. Auf den hinteren Plätzen: Frankreich, Kanada, Deutschland und … die USA. Das kam für mich dann doch etwas überraschend, schließlich ist mir dieses Land nicht als technologieskeptisch begegnet. Oder dreht sich dort mittlerweile auch das Momentum hin zum Risikovermeiden und Beschützen?

Bei riskanten Entscheidungen für die Zukunft sehen wir immer zuerst die Gefahren, die mit einer solchen Entscheidung einhergehen. Was wir uns aber viel zu selten vorstellen: Was riskieren wir, wenn wir eine zukünftige Technologie oder Entwicklung verschlafen? Welche Geschäftsmodelle werden wir nicht entwickeln, weil wir uns der künstlichen Intelligenz verschließen? Welche Menschenleben werden wir nicht retten, weil wir unser Gesundheitswesen nicht digitalisieren? Welche Zukunftschancen verbauen wir unseren Kindern, weil es uns wichtiger ist, das zu retten, was wir haben, statt es clever zu investieren? Nicht nur, dass wir Risiken falsch einschätzen, wir wägen auch viel zu selten überhaupt Risiken gegen Chancen ab. In diesem Land machen wir lieber etwas anderes: Wir vergleichen Risiken mit Risiken und wählen dann das kleinere Übel. Als ich studierte, ging ich beispielsweise regelmäßig in ein Gebäude, das innen eine wuchtige Holzvertäfelung hatte – denkmalgeschützt natürlich. Nun sind großflächige Holzwände neben chemischen Labors aus Brandschutzgründen keine gute Idee. Es kam also zum ultimativen Showdown der deutschen Risikogesellschaft: Denkmalschutz versus Brandschutz. Wer wird obsiegen? Es war der Brandschutz. Aber nur, nachdem dieser auch denkmalgerecht umgesetzt werden konnte.

Zu leben heißt, ins Risiko zu gehen. Die wichtigsten Entscheidungen unseres Lebens treffen wir nämlich immer in einem Moment der Unsicherheit. Echte Sicherheit gibt es nur in der Mathematik. 5 + 5 = 10 ist nicht das Ergebnis einer Entscheidung, sondern das Lösen einer Rechenaufgabe. Das Leben ist aber keine Mathematik. Gewiss, natürlich lohnt es sich, an entscheidender Stelle nachzurechnen, damit wir nicht aus irrationalen Gründen Risiken falsch einschätzen. Dieses Kapitel hat Ihnen dafür Beispiele genug gezeigt. Doch der größte Risikofehler wäre es, aus lauter irrationaler Angst überhaupt nicht zu entscheiden. Bedenken Sie: Die spannendsten Fragen sind immer risikobehaftet. Zum Beispiel das Heiraten. Wenn Sie heiraten, ist Ihre Datenbasis (objektiv und statistisch betrachtet) immer schlecht. Sie hatten vielleicht eine Handvoll, ein Dutzend oder nur einen Partner/eine Partnerin, bevor Sie die Entscheidung Ihres Lebens trafen. Jeder Statistiker würde die Hände über dem Kopf zusammenschlagen. Es kommt übrigens noch schlimmer: Wenn Sie verheiratet sind, befinden Sie sich in einem nicht messbaren Umfeld für Ihren Ehe-Erfolg. Es gibt zumindest keine Kennzahl für eine erfolgreiche Beziehung. Nach sieben Jahren noch zusammen? Nach sieben Jahren wieder zusammen? Wenn drei Kinder gezeugt oder alle Freibeträge ausgeschöpft sind? Schlechte Datenbasis, nichts zu messen – und trotzdem heiraten Menschen. Weil die schönsten Dinge des Lebens immer ein bisschen Mut brauchen.

Noch nie ist die Welt von denen gestaltet worden, die auf Risiken überängstlich reagiert haben. Wenn das so wäre, würden wir immer noch in irgendwelchen Steinzeithöhlen oder einer Savanne sitzen. Wir wären nicht losmarschiert, hätten nicht alle möglichen Gegenden besiedelt, neue Ideen entwickelt oder das Universum erkundet. Deswegen am Ende des Kapitels noch mal zurück zu den Elektroschock-Experimenten:

Man stellt Menschen in einer Laborsituation vor die Wahl, entweder keinen Elektroschock zu bekommen oder einen Elektroschocker zu benutzen, der mit einer Wahrscheinlichkeit von 50:50 funktioniert. Was werden sie dann wohl tun? Wenn Sie denken, dass wohl niemand so verrückt ist, zu einem möglicherweise funktionierenden Elektroschocker zu greifen, wenn man auch mit absoluter Sicherheit keinen Schock bekommen kann, dann liegen Sie falsch. In der durchgeführten Studie griffen mehr als fünfmal so viele Menschen zum vielleicht funktionierenden Elektroschocker.[33] Der Grund: Wir sind neugierig und gehen ins Risiko, um unsere Neugier zu befriedigen.

Die Neugier ist der stärkste Trieb des Menschen, nicht das Streben nach Sicherheit. Stellen Sie sich das Paradies deswegen bitte nicht als besonders angenehm vor. Das Paradies ist der langweiligste Ort auf der Welt. Alles in Sicherheit, Friede, Freude, Eierkuchen, das widerspricht der menschlichen Natur. Wir haben uns die größten Ideen und die schlimmsten Dummheiten ausgedacht – aber wir sind grundsätzlich darauf eingestellt, etwas Neues auszuprobieren. Mit dieser Einstellung müssen wir weitermachen, denn die Probleme werden nicht kleiner. Natürlich muss man vernünftigerweise auf das Risiko achten und ab und zu mit dem Taschenrechner statt mit einem verwirrten Gehirn entscheiden. Aber immer mit dem Mut, einen möglichen Fehler zu riskieren. Es nicht zu tun, wäre der Fehler schlechthin.

8

DER NABEL DER WELT

Und wie wir unseren Blick weiten

Am 29. Mai 2020 schrieb Jens Spahn in der französischen Tageszeitung *Le Monde* einen bemerkenswerten Artikel über den deutschen Erfolg in der Coronapandemie. Der Titel: »Warum Deutschland diese Krise relativ gut übersteht«.[1] Darin führte er aus, dass es das beherzte und konsequente Durchgreifen Deutschlands und das starke Gesundheitssystem waren, die Deutschland im europäischen Vergleich die Coronakrise so gut meistern ließen. Man erinnere sich: Es war die Zeit, als auf Europakarten die Inzidenzen unserer europäischen Nachbarn gezeigt wurden – und während in Spanien, Frankreich und Italien die Coronazahlen durch die Decke gingen, blieb Deutschland eine Insel der grünen Niedriginzidenzen. Gewiss, nicht alles lief rund, aber wir waren doch die Besten. Alle Welt schaute auf Deutschland. Über einen Vergleich des weltweiten Coronamanagements durch die Londoner Deep Knowledge Group berichtete der *Spiegel* am 14. April 2020 mit der Schlagzeile: »Im Ländervergleich liegt Deutschland sehr weit vorn«. Genauer gesagt: auf Platz zwei weltweit, nur geschlagen von der Schweiz.[2] Das gefiel uns. Jens Spahn gab US-Fernsehsendern Interviews, was wir Deutschen so gut machen, und erklärte den Franzosen den deutschen Weg durch die Krise.

Für einen Moment waren wir internationale Spitze. Was wir nicht ahnen konnten: Einen Großteil des deutschen Erfolgs in der Coronapandemie verdankten wir damals dem Timing. Andere Länder hatten weitaus schärfere Coronamaßnahmen erlassen, wurden aber dennoch härter getroffen, weil das Virus früher durch die Gesellschaft wanderte. Hätten wir das Pech der Italiener gehabt (ein Superspreading-Event bei einem Fußballspiel zum Beispiel), und das Virus wäre schon vier Wochen lang unerkannt unterwegs gewesen, wer weiß, vielleicht wären wir nicht die Musterschüler, sondern die Versager gewesen. Zumindest gab ein Jahr später, 2021, kein deutscher Gesundheitsminister mehr schlaue Ratschläge in einer französischen Zeitung. Und seit 2022 ist auch klar: Die Übersterblichkeit lag in Deutschland während der Pandemie im oberen Drittel der Industriestaaten[3] – vor Spanien (das in der Pandemie wirklich Pech mit dem Seuchenverlauf hatte), vor Frankreich (dem Jens Spahn vorher noch erklärt hatte, wie es läuft) und vor Schweden (dessen »Sonderweg« wir immer kritisiert hatten).

Bitte nicht falsch verstehen: Deutschland ist immer noch gut durch die Krise gekommen. Wir haben in Rekordgeschwindigkeit einen Impfstoff entwickelt, der uns vor gigantischem Schaden bewahrt hat, niemand (auch Jens Spahn nicht) konnte wissen, wie sich die Pandemie weiterentwickelt, und viele politische Fehler sind entschuldbar (auch Jens Spahn ist nur ein Mensch). Der interessante Punkt ist nicht unser Pandemiemanagement, sondern die Selbstgefälligkeit, mit der wir zu Beginn der Pandemie dachten, die Welt schaue bewundernd auf uns.

»Und es mag am deutschen Wesen einmal noch die Welt genesen«, schrieb der deutsche Dichter Emanuel Geibel im Jahre 1861, der ein geeintes und befriedetes deutsches Staatswesen als Vorbild für ein friedliches Europa sah. Ein Egozentrismus, der sehr vielen Nationen gemein ist. Die Briten haben immer noch ihr *»British Empire«* im Sinn. Die Amerikaner wollen sich nicht nur *»great again«* machen, sondern sind schon längst *»the greatest country on earth«* (laut Michelle Obama[4]). Und auch die Franzosen träumen immer noch von ihrer »*Grandeur*«, der »*Grande Nation*«, wie wir in Deutschland sagen. Dabei ist die französische Wirtschaft seit 15 Jahren geschrumpft, wurde Deutschland im Jahr 2022 von Kalifornien in der Wirtschaftskraft überholt[5] – und die BRICS-Staaten (Brasilien, Russland, Indien, China, Südafrika) haben erstmals ein höheres Bruttoinlandsprodukt als die G7.[6] Wir denken, wir wären immer noch die Größten der Welt, dabei spielt die Musik ganz woanders.

Dieses Phänomen nennt man in der Psychologie den »Spotlight-Effekt« – das Gefühl, man stehe immer im Mittelpunkt und alle anderen schauten auf einen. So wird man auf eine eigenartige Weise intolerant: nicht dadurch, dass man die anderen Haltungen direkt und konfrontativ ablehnt, sondern dadurch, dass man sich so sehr um sich selbst dreht, dass man sich gar nicht mehr vorstellen kann, jemand anderes würde auf andere Weise denken. Der Spotlight-Effekt ist eines der am besten untersuchten psychologischen Phänomene, und er kommt häufig in Begleitung anderer Denkprobleme, die verhindern, dass wir uns aus unserer ultra-subjektiven Position befreien – mit schwerwiegenden Auswirkungen auf unser Entscheidungsverhalten.

Die Sehnsucht nach dem Rampenlicht

Vor einigen Monaten besuchte ich meine Schwester zum Geburtstag und zog dafür ein Hemd an, das sie mir einst (halb im Scherz, halb ernst) geschenkt hatte: ein weißes Hemd, das über und über mit kleinen Abbildungen von Walen und Haien übersät ist. Ein lustiger Gag, aber nur Freaks würden ein solches Hemd freiwillig anziehen. Da ich aber Wale mag und ein Freak bin (manchmal zumindest), traute ich mich, das Hemd zu tragen, und begrüßte so die 30 Partygäste, von denen ich viele zum allerersten Mal sah. Obwohl ich die psychologische Studienlage kannte, fühlte ich mich unwohl. Ich dachte permanent, die anderen Leute würden auf mich starren, denn wer sollte so ein bekloppptes Wal-Hemd anziehen? Tatsächlich fiel es den wenigsten auf, dass es Wale waren. Die meisten sahen einfach nur ein kräftig gemustertes Hemd oder beachteten es überhaupt nicht.

Das ist der Spotlight-Effekt auf der ganz persönlichen Ebene: Menschen denken, andere Menschen würden besonders auf sie achten, dabei ist man den anderen meistens egal. Vor über 20 Jahren wurde exakt dieses Hemd-Experiment mit Studenten an der Cornell University im US-Bundesstaat New York durchgeführt. Die Probanden (allesamt junge Studenten) mussten zwar kein auffälliges Hemd mit Walen, dafür aber ein peinliches T-Shirt mit dem Sänger Barry Manilow anziehen (der unter jungen Leuten als besonders uncool und peinlich galt). So ausstaffiert, sollten sie sich anschließend unter eine Gruppe anderer Studenten mischen. Natürlich fühlten die Teilnehmer, wie alle Blicke auf sie gerichtet waren, überschätzten dabei aber die Realität: Nur gut 20 Prozent der anderen Studenten nahmen überhaupt von dem T-Shirt Notiz – weniger als halb so viele, wie die Studenten dachten.[7] Noch schlechter schätzten die Studienteilnehmer die Reaktion der anderen Studenten ein, wenn sie eine positive Erwartungshaltung hatten: Wenn die Probanden nicht ein T-Shirt mit dem peinlichen Barry Manilow, sondern mit dem coolen Martin Luther King Jr., Bob Marley oder Jerry Seinfeld tragen konnten, überschätzten sie ihre Auffälligkeit um den Faktor sechs. Anders gesagt: Wenn wir uns für den tollsten Hecht halten, sind wir den anderen besonders egal.

Warum ist das so? Eine aktuelle Hypothese geht davon aus, dass wir in unserem Denken zu Beginn immer einen festen Halt suchen, eine Orientierungsgröße, mit der wir die Wirklichkeit vergleichen können. Was wir dabei praktisch immer zur Hand haben, sind wir selbst. Wir vergleichen uns also immer mit unserem »Durchschnitts-Ich« und überbetonen anschließend jede Abweichung. Deswegen denken Menschen, die ganze Welt würde auf sie schauen, wenn sie mal mit einem Pickel auf der Stirn zur Arbeit gehen oder sich die Haare nicht machen konnten. Man überschätzt seinen eigenen Einfluss auf sein Umfeld gewaltig. Ich bin zum Beispiel häufig auf Reisen unterwegs und gehe dann alleine abends essen. Was für eine gewaltige Überwindung mich das am Anfang kostete! Wer geht schon alleine essen? Man sitzt da wie ein trostloser Depp, mitleidige Blicke der Restaurantbesucher inklusive. Das ist natürlich Unsinn. Wie oft haben Sie schon jemanden alleine im Restaurant essen sehen? Gewiss sehr oft, aber Sie erinnern sich nicht daran. Denn für Sie ist es egal.

Der Spotlight-Effekt mag auf den ersten Blick wie ein possierliches Denkfehlerchen wirken, eine nette selbstzentrierte Marotte. Am liebsten kreisen die Gedanken schließlich um einen selbst, das Gehirn ist immerhin unser wichtigstes Organ – sagt mir zumindest mein Gehirn. Doch tatsächlich kann der Spotlight-Effekt auch zu einer verzerrten Wahrnehmung bei Gruppen führen, die sich an den Rand gedrängt, wenig beachtet oder diskriminiert fühlen. Dieser »Minderheiten-Spotlight-Effekt« konnte 2014 in einer spannenden Studie besonders deutlich demonstriert werden. Dabei wurden Frauen aufgefordert, Kopfhörer aufzusetzen und in einem Raum mit anderen (männlichen) Studienteilnehmern einem kurzen Beitrag zuzuhören, der entweder von CO_2-Emissionen handelte oder davon, warum es so wenige Frauen in Wissenschaft und Technik gibt. Was die Testteilnehmerinnen nicht wussten: Die männlichen Testteilnehmer wussten Bescheid und sollten nur zu ganz bestimmten Zeiten die Frauen während des Experiments anschauen. Das Ergebnis war dennoch eindeutig: Wenn die Frauen einen Bericht über Frauen in der Wissenschaft hörten, dachten sie, sie würden um 50 Prozent häufiger angeschaut werden.[8] Das Problem ist, dass genau dieses Sich-selbst-in-den-Mittelpunkt-Stellen zu einer selbsterfüllenden Prophezeiung werden kann. Konkret wird das bei der sogenannten stereotypen Bedrohung deutlich: Man kann Frauen leichter als Männern einreden, dass sie schlecht in Mathe sind. Weil Frauen diese Aussage überproportional häufig auf ihre eigene Schwäche beziehen, denken sie tatsächlich, sie seien schlechter in Mathe (was nicht stimmt), und brechen häufiger naturwissenschaftliche Studiengänge ab.[9] So wird aus einem harmlosen Egozentrismus ein handfestes gesellschaftliches Problem, das sich eine moderne Wissensgesellschaft nicht leisten kann. Wie viele große Ideen wurden nicht ausgedacht, weil wir so einen kognitiven Unsinn treiben!

Das Gegenmittel ist schnell ausgemacht: Man muss den Menschen ihre falsche Vorstellung nehmen. Denn Menschen sind grundsätzlich schlecht darin, die Mehrheitsmeinung einzuschätzen: Sie können sie über- und unterschätzen. Bei Geschlechterrollen tritt häufig Letzteres auf. Nicht nur Frauen glauben allzu leicht, die anderen würden denken, dass Frauen schlecht in Mathe wären. Auch Männer tun das – und dagegen kann man etwas tun. Konkretes Beispiel: Saudi-Arabien im Jahre 2018, ein Land, das in Sachen Frauenrechte Entwicklungsbedarf hat. (2018 war übrigens ein wichtiges Jahr für die dortigen Frauen, denn seitdem dürfen sie dort offiziell Auto fahren.) Der Anteil der arbeitenden Frauen lag zu dieser Zeit bei etwa 20 Prozent. Interessant war allerdings: Die meisten Männer befürworteten, dass ihre Frauen berufstätig sein sollen, dachten aber, die anderen Männer würden das anders sehen. Als man in einer Studie mit dieser falschen Annahme aufräumte, waren die beteiligten Saudis verdutzt – und das Eis war gebrochen: Die Zahl der Jobbewerbungen von Frauen verdreifachte sich[10], und heute sind immerhin 33 Prozent der saudischen Frauen erwerbstätig (zum Vergleich: in Deutschland arbeiten etwa drei Viertel der Frauen[11]). Und die Zahl wächst, denn Saudi-Arabien hat zu wenige Arbeitskräfte und ist auf die Leistung der Frauen angewiesen – doch auch diese Veränderung begann im Kopf.

Die Illusion der falschen Einigkeit

Zurück zum Spotlight-Effekt: Wir stellen uns in den Mittelpunkt (auch wenn wir das gar nicht sind) und denken, die Welt schaue nur auf uns. Das wäre schon einfältig genug, aber der Spotlight-Effekt wird oft begleitet von zwei weiteren Denkfehlern, die dafür sorgen, dass wir Probleme schlecht lösen: Wir denken nicht nur, dass alle Welt auf uns achtet, sondern auch, dass unsere Ansichten völlig nachvollziehbar sind und deswegen von allen anderen geteilt werden.

Das Phänomen, dass man allzu leicht glaubt, die eigenen Ansichten müssten bei den anderen verfangen, nennt man in der Wissenschaft »Transparenz-Illusion«. Sie können es ganz einfach praktisch bei sich zu Hause ausprobieren: Setzen Sie sich an einen Tisch und bitten Sie eine Testperson, zu erraten, welches Lied Sie mit dem Finger auf den Tisch klopfen. Sie dürfen das Lied nicht summen, nicht mitsingen, nicht murmeln, bloß klopfen. Sie hören das Lied in Ihrem Kopf, die Finger bewegen sich genau im Rhythmus, doch Ihr Gegenüber wird keine Chance haben, es zu erraten. Selbst wenn man die Auswahl der Lieder auf 25 begrenzt, kommen die Testpersonen nur auf drei Prozent richtig erkannter Lieder (das ist schlechter, als wenn sie bloß geraten hätten). Tatsächlich denkt man jedoch in 50 Prozent der Fälle, die anderen müssten das Lied erkennen, schließlich hat man es doch so klar in seinem Kopf.[12]

Je mehr man von seinen Ansichten überzeugt ist, desto eher denkt man, dass andere Menschen die eigene Ansicht wohl teilen müssten. Bei Liedern, die von unseren Mitmenschen nicht erraten werden, mag das noch lustig anmuten – aber dieser Effekt lässt sich problemlos auf emotionale, gesellschaftliche oder politische Ansichten übertragen. Gerade im letzteren Fall sind wir besonders anfällig für diesen Denkfehler: Schon 1977 konnte eine Studie des kanadischen Psychologen Lee Ross zeigen, dass Menschen denken, überproportional viele Mitmenschen würden die eigenen politischen Ansichten teilen: Wer sich für konservativ hielt, hielt auch überdurchschnittlich viele Menschen für konservativ.[13] Dieser »*False Consensus Effect*« (sinngemäß: »Illusion der falschen Einigkeit«) ist mittlerweile nicht nur hundertfach bestätigt, sondern auch kulturübergreifend festgestellt worden: Nicht nur westliche Stanford-Elitestudenten (mit denen die ursprüngliche Studie durchgeführt wurde), sondern auch Menschen aus nicht individualistischen Kulturen Asiens fallen darauf herein.[14]

Das grundlegende Problem dabei: Wenn man seine eigenen Ansichten auf die Welt überträgt, ist man nicht in der Lage, kollektiv kluge Entscheidungen zu treffen. Für uns persönlich ist es kein Problem, wenn wir denken, alle Welt teile unsere Ansichten. Im Gegenteil: Unser Weltbild wird dadurch nur noch konsistenter, weil wir Widerspruch nicht nur ausblenden, sondern die Welt nach unseren Wünschen ausgestaltet sehen. Mag sein, dass man sich in der ein oder anderen Situation verschätzt (Menschen glauben zum Beispiel doppelt so oft, dass sie beim Lügen ertappt werden, als es tatsächlich der Fall ist[15]), aber letztendlich tut man das ja nur, um sein Weltbild zu schützen. Was soll's?

Problematisch wird es allerdings, wenn kollektive Lösungen gefragt sind und die Weltsicht des Einzelnen weniger zählen muss als die Weltsicht der Gruppe. Dann zeigen der Spotlight-Effekt und seine Begleiter ihr hässliches Gesicht: Überheblichkeit, Ignoranz und kollektive Unfähigkeit, Probleme zu lösen. Im Grunde ist dieses Phänomen eine der größten Bremsen, wenn es darum geht, gemeinschaftlich an der Zukunft zu arbeiten.

Kollektiver Egoismus versus gemeinschaftliches Denken

Im August 2022, auf dem Höhepunkt der durch den Ukrainekrieg ausgelösten Gaskrise, war ich für eine Veranstaltung in Kanada. Kanada – ein weltoffenes, pluralistisches Land, das dieselben Werte wie Deutschland teilt: Gleichberechtigung, Freiheit, das Streben nach Nachhaltigkeit und Klimaschutz. Fast zeitgleich war auch Olaf Scholz mit einer Wirtschaftsdelegation in Montreal, um über eine intensivere Zusammenarbeit, insbesondere einen verstärkten Rohstoffhandel zu sprechen. »Kanada verfügt über fast alle Rohstoffe, die Russland hat – aber es ist demokratisch, bietet verlässliche rechtliche Rahmenbedingungen«, so Franziska Brantner, Staatssekretärin im Wirtschaftsministerium, am Rande der Gespräche. Kanada – das bessere Russland: rohstoffreich, aber uns in den Ansichten verbunden.[16] Für uns Deutsche war damals irgendwie klar: Die Kanadier hauen uns aus der Gaskrise raus. Statt LNG von einer autokratischen Monarchie am Persischen Golf zu kaufen, könnte man Flüssiggastanker auch über den Atlantik schicken. Die Strecke wäre nur halb so lang. Und in der Krise steht man schließlich freundschaftlich zusammen. Warum sollte das ein Kanadier anders sehen?

Ich erinnere mich noch gut an ein Gespräch mit einem Taxifahrer, der mich damals zur Uni fuhr, an der ich einen Vortrag hielt. »Weißt du«, meinte er zu mir, »wir sind auf jeden Fall befreundete Länder. Aber wirklich gut finden wir es nicht, dass ihr unser Flüssiggas kaufen wollt. Erst pressen wir es aus der Erde unserer Ureinwohner raus. Dann pumpen wir es auf Schiffe, fahren es dreckig über den Ozean, damit ihr eure Wohnungen heizen könnt. Dabei habt ihr selbst Gas bei euch. Warum sollen wir uns die Finger schmutzig machen, damit ihr es warm habt?«

Ich war verdutzt. In meiner deutschen Überheblichkeit hatte

ich damit gerechnet, dass Kanada selbstverständlich für Russland einspringt, ein paar Flüssiggasterminals baut und uns dann in ein paar Jahren verlässlich Gas liefern wird. Klassischer Spotlight-Effekt, klassisches Denken in »falscher Einigkeit«. Kein halbes Jahr später erteilte der kanadische Premierminister Justin Trudeau der deutschen Bitte um neue Gasterminals eine Absage. Offizieller Grund: Der kanadische Umweltschutz hat Vorrang.[17] So kann es gehen, wenn man die Position der anderen Seite nicht mitdenkt. Allzu schnell wird man dann ein Opfer von Überheblichkeit – oder Ignoranz.

Gerade in der Klimafrage kann es nur gemeinschaftliche Lösungen geben. Das bedeutet aber auch, dass man gemeinschaftlich denkt. Man kann die deutsche Energiewende gerne als Vorbild für die Welt darstellen. Schließlich ist es ein oft vorgebrachtes Argument, dass sich andere Länder an Deutschland orientieren und auf ihrem Weg in die Klimaneutralität bestärkt werden, wenn sie sehen, dass es Deutschland gelingt, seine eigene fossile Energiewirtschaft zu transformieren. Wirklich? Was sollte sich ein Land wie Kenia, das zu den wirtschaftlich am schnellsten wachsenden Ländern der Welt gehört, von Deutschland abschauen? Die deutsche Wirtschaftsgeschichte war seit jeher eine Geschichte der billigen Energie: Die Industrialisierung wurde durch billige Kohle aus dem Ruhrgebiet ermöglicht, der Aufstieg der deutschen Automobil- und Chemieindustrie war überhaupt nur durch billiges Öl möglich, und mit billigem Gas konnten wir in den vergangenen Jahrzehnten auch noch den am schlechtesten isolierten Altbau heizen. Diese industriellen Strukturen finden sich in keinem anderen Land der Welt – und genau das wird in der letzten weltweiten Umfrage des Weltenergierats Deutschland aus dem Jahr 2021 bemängelt: Gerade afrikanische Länder haben ganz andere Anforderungen als Deutschland. Nur 21 Prozent aller befragten Länder denken, dass man den Anspruch Deutschlands, die Treibhausgasemissionen komplett zu reduzieren, im eigenen

Land umsetzen kann. Und noch nicht mal zehn Prozent aller Länder halten es für möglich, aus der Atomkraft auszusteigen[18] (wohlgemerkt: Das war vor dem Beginn der Energiekrise 2022).

Das soll keineswegs heißen, dass man nicht diesen Anspruch haben soll. Wenn man aber ein Problem kollektiv lösen will, muss man die psychologische Seite kollektiven Denkens berücksichtigen. Es geht hier also gar nicht darum, ob die Energiewende gut oder schlecht umgesetzt wird oder ob Atomkraft sinnvoll ist oder nicht, sondern darum, dass wir uns in unseren Ansichten niemals zu wichtig nehmen dürfen. Niemand kann auf Anhieb unsere Probleme und Lösungen nachvollziehen. Und als Vorbild für andere Länder taugen wir nur, wenn deren Probleme irgendwie mit unseren vergleichbar sind. Viel wichtiger, als sich als Vorbild aufzuspielen (nebenbei bemerkt: was für eine westliche Überheblichkeit), ist es, anderen Ländern konkrete Angebote zu machen, die ihnen helfen können.

Was sollen Länder wie Senegal, Indien oder Kenia von unserer Energiewende schon lernen? Dort freut sich niemand, wenn die BASF klimaneutral geworden ist. Niemand wird unseren Weg der Klimaneutralität einschlagen, weil wir ihn so gut meistern. Sondern nur dann, wenn diese Länder selbst ganz praktisch vor Ort mit neuen Technologien Probleme lösen. Der Anteil der erneuerbaren Energien in Kenia liegt übrigens, wer hätte das gedacht, bei über 90 Prozent.[19] Okay, fairerweise muss man sagen, dass nur 20 Prozent des Landes überhaupt elektrifiziert sind – aber Kenia wird viele Jahre vor Deutschland CO_2-neutral sein. Mir war das nicht bewusst, bevor ich dieses Buch schrieb.

Überhaupt unterliegen alle gesellschaftlichen Gruppen diesem Denkfehler. Ein deutscher Energiewende-Apologet begründet den deutschen Umstieg auf erneuerbare Energien damit, dass die Welt sich an uns ein Beispiel nehmen könnte. Dabei war unser Ausstieg aus der Atomkraft gewiss kein inspirierendes Beispiel für die Welt. Umgekehrt unterschätzen Menschen, die den Klimawandel nicht so wichtig nehmen, wie bedeutsam er für andere Menschen tatsächlich ist – und zwar um den Faktor zwei.[20]

Ein anderes typisches Beispiel für den Spotlight-Effekt fällt mir immer wieder auf, wenn ich die Social-Media-Plattform LinkedIn benutze, ein Netzwerk, das vor allem dem Ausbau beruflicher Kontakte dient. Dort wird seit einigen Jahren die Denkweise junger Berufseinsteiger analysiert und kommentiert: der sogenannten Generation Z. Diese jungen Leute (zwischen 1995 und 2010 geboren), so hört man immer wieder, ticken komplett anders als wir Älteren, haben zum Beispiel ein ganz anderes Statusgefühl. Früher war es der Traum, ein dickes Auto zu fahren. Damit holt man heute keine Likes im Freundeskreis mehr ab. Das Smartphone ist viel wichtiger geworden. So wichtig, dass man online sogar Sticker kaufen kann, die man auf die Rückseite seines iPhones klebt, um damit eine zusätzliche dritte Kamera zu simulieren.[21] *Fake it till you make it*: Wer nicht das neueste iPhone hat, kann zumindest so tun, als ob.

Eine junge, nachhaltige Generation, der die Work-Life-Balance wichtiger ist als das neueste deutsche Kfz? Wirklich? Nur weil es gerade ein passendes Narrativ ist, dass die jungen Leute mit ihrem Drahtesel im Frankfurter Nordend eine Sojamilch trinken und lieber das Klima retten, als Auto zu fahren, muss diese Fremdwahrnehmung nicht stimmen. Eine repräsentative Umfrage aus dem Jahr 2022 zeigte: Über 95 Prozent der unter 25-Jährigen haben einen Führerschein (oder wollen ihn machen)[22], und auch bei den häufigsten Fortbewegungsmitteln liegt das Auto mit knapp zwei Dritteln auf Platz eins. Dass die junge Generation auf das eigene Auto verzichtet, ist eine groteske Fehlwahrnehmung. Was soll man auch erwarten, wenn die *Fast & Furious*-Kinofilme bei jungen Menschen zu den erfolgreichsten Franchises der Filmgeschichte zählen?

Kurzum: Wir übertragen unsere eigenen Ansichten viel zu leicht auf andere Menschen. Der Vorteil: Wir schaffen uns ein konsistentes Weltbild. Der Nachteil: Wir verlieren Mitstreiter auf dem Weg zu kollektiven Problemlösungen. Wir wundern uns darüber, dass wir nicht alle an einem Strang ziehen, um die Energiewende zu meistern oder die Digitalisierung in Deutschland umzusetzen. Kunststück, wenn wir erst mal denken, dass alle Welt so denkt wie wir selbst. Einem egozentrischen Besserwisser folgt man schließlich ungern in die Zukunft. Was sollte man also tun, wenn man große gesellschaftliche Gruppen für den Aufbruch motivieren will?

Den persönlichen Nutzen betonen

Gerade beim Umweltschutz spielt der Spotlight-Effekt eine unrühmliche Rolle. Er ist der Hauptgrund dafür, dass Umweltkampagnen scheitern oder man sich selbst umweltschädlich verhält. Wenn man Menschen von einer neuen Verhaltensweise überzeugen will, muss man damit beginnen, sich von seiner eigenen Denkweise zu verabschieden. Andersdenkende Menschen brauchen ein für sie attraktives Angebot, warum sie ihre Meinung ändern sollten, keine Belehrungen. Üblicherweise geht man jedoch anders vor: Man bewaffnet sich mit guten Argumenten, wissenschaftlichen Fakten, griffigen Erklärungen und hofft dann, damit andere Menschen umzustimmen. Das passiert aber nicht. 2021 untersuchte man in Deutschland, ob man Menschen von einer anderen Klimapolitik überzeugen kann, wenn man ihnen wissenschaftliche Statements von Anhängern ihrer eigenen politischen Gruppe präsentiert. Das Ergebnis: nein.[23] Menschen ändern ihre Haltung nicht ohne Weiteres. Wenn man selbst SPD wählt, ist es völlig egal, ob man von einem anderen SPD-Anhänger oder von einem CDU-Anhänger umgestimmt werden soll. Schlimmer noch: Allzu aufdringliche Belehrungen können zurückschlagen und das Gegenteil auslösen. Eine norwegische Studie fand 2018 heraus: Wenn man Meeresfrüchte im Supermarkt mit einem Nachhaltigkeitssiegel versieht, kaufen deutsche Konsumenten nicht mehr, sondern weniger davon (im Gegensatz zu den Norwegern).[24] Die Leute fühlten sich zu sehr bevormundet, zu sehr genötigt, die Öko-Shrimps zu kaufen. Ein klassischer Reaktanz-Effekt, den Sie schon in Kapitel 5 kennengelernt haben.

Will man die Welt verändern, muss man davon ausgehen, dass die eigene Sichtweise ungeeignet ist, um andere zu überzeugen. Als ich kurz vor der Coronapandemie bei einer Veranstaltung in den USA war, sagte mir ein Investmentbanker aus New York: »Vielleicht sollten wir akzeptieren, dass der Klimawandel kommt. Und uns dann fragen, wie wir mit dieser Tatsache Geld verdienen können.« Anstatt die Leute mit Kampagnen zu einem besseren Verhalten zu bewegen, müssen sie von selbst erkennen, dass es sich lohnt. Es gibt drei Arten von Menschen, die man dabei überzeugen muss[25]: erstens diejenigen, die sozial eingestellt sind. Bei ihnen ziehen oftmals Erzählungen, dass man im Sinne der nachfolgenden Generationen umweltbewusst handeln oder seinen Kindern eine lebenswerte Welt hinterlassen sollte. Daneben gibt es die biosphärisch denkenden Menschen. Das sind diejenigen, die sich für das »Wohl des Planeten« einsetzen. Für sie zählt Umweltschutz schon allein deswegen, weil man sich nicht an »Mutter Natur« vergehen sollte.

Die wichtigste Gruppe sind jedoch die Egoisten, die sich vor allem darum sorgen, ob es ihnen persönlich gut geht. Diese Leute werden sich niemals eine Wärmepumpe einbauen, um den Planeten zu retten, sondern nur, um Geld zu sparen. Sie würden auch nur dann ein Elektroauto kaufen, wenn es krasser fährt als ein Benziner, mehr Komfort bietet oder weniger kostet. Man stelle sich eine Welt vor, in der der Strompreis bei unter zehn Cent pro Kilowattstunde liegt (wie in Schweden übrigens). Man bräuchte dann weder politische Kampagnen für Wärmepumpen noch Subventionen für Elektroautos. Vorausgesetzt, der Strom wird klimaneutral erzeugt, würde man viele Fliegen mit einer Klappe schlagen: Die Egoisten würden zum Klimaschutz beitragen, weil sie einen persönlichen Vorteil daraus ziehen. Die Vorstellung jedoch, man könnte Menschen mit vernünftigen Sachargumenten oder apokalyptischen Zukunftsvisionen überzeugen, ist Unsinn. Es widerspricht der Art des menschlichen Denkens (zumindest bei den meisten), und diese Tatsache nicht zu akzeptieren, wird jede Zukunftsidee (ob Klimaschutz oder etwas anderes) scheitern lassen.

Die Straßen sauber halten

Es gibt Sachen, über die ich mich richtig aufrege. Eine davon: die Berge von Müll, die man manchmal an Autobahnauffahrten sieht. Offenbar denken sich viele: Ach, komm, bevor es auf der Autobahn keine Möglichkeit mehr gibt, meine Coladose wegzuwerfen, tue ich das noch schnell, solange ich langsam genug bin. Das Problem: Je mehr Müll an solchen Stellen rumliegt, desto akzeptabler ist es, selbst seinen Müll dorthin zu werfen. Deswegen quellen Mülleimer in der Innenstadt so oft über. Es ist natürlich bekloppt, seinen eigenen Müll auf einen Haufen zu werfen, der längst über den Eimer hinausgewachsen ist. Aber wer geht schon gerne einen Umweg, um einen leeren Mülleimer zu suchen? Doch vor allem denken wir, dass es kein Problem ist – man folgt ja nur der Mehrheit.

Genau auf diese Weise wird der »*False Consensus Effect*« zum Katalysator von dummem Verhalten: Er vervielfältigt dumme Entscheidungen, weil wir denken, alle würden so handeln. Solange die soziale Akzeptanz vorhanden ist, verhalten wir uns deswegen unvernünftig. So lassen Menschen nicht nur mehr Müll dort liegen, wo schon viel Müll liegt[26], sie fahren auch schneller Auto, wenn andere schnell Auto fahren.

Man kann diesen Effekt natürlich auch umdrehen. Denn es zeigt sich: Je aufgeräumter und sauberer eine Umgebung, desto eher nehmen Menschen ihren eigenen Müll mit.[27] Das ist vielleicht das wichtigste Gegenmittel gegen eine »falsche Einigkeit«: dass man zeigt, dass das eigene umweltschädliche Verhalten keinesfalls der Mehrheit entspricht. Wie kann das konkret aussehen?

Graubünden in der Schweiz, 2011. Das Ziel: Man möchte, dass die Leute den eigenen Energieverbrauch senken. Das Problem: Wenn man ihnen sagt, dass sie einfach so Energie sparen sollen, funktioniert es nicht. Im Gegenteil: Klare Ansagen führen oft zu Widerspruch. Man sagt sich: Jetzt erst recht nicht, ich lasse mir doch nicht vorschreiben, wann ich meine Heizung aufdrehen soll und wann nicht.[28] Klassische Energiesparkampagnen scheitern deswegen genau aus diesem Grund: Sie unterschätzen die Psyche der Menschen. Menschen sparen nämlich nur dann ein, wenn es wirklich zu teuer wird (wie vor der drohenden Gaskrise im Ukrainekrieg 2022). Oder wenn sie ihren eigenen Fortschritt sehen können und er zu einem sozialen Vergleich führt. In Graubünden ging man deswegen anders vor als üblich. Anstatt den Leuten für jede eingesparte Kilowattstunde ein paar Punkte anzurechnen, die sie irgendwann in eine Prämie umtauschen konnten (klassische Belohnungen arbeiten nach genau diesem Prinzip), stellte man den persönlichen Erfolg beim Energiesparen auf eine Plattform, die in der Nachbarschaft einsehbar war. Ganz am Ende belohnte man nicht die einzelnen Nachbarn für ihre Energieeinsparung, sondern die komplette Nachbarschaft. Gruppenbelohnung statt Individualismus: So überwindet man den Spotlight-Effekt auf elegante Art. Außerdem schafft man sozialen Zusammenhalt: Wer viel gespart hatte, konnte vor seinen Nachbarn nicht nur angeben und seinen sozialen Status erhöhen (man hatte ja viel für die Gruppe getan), sondern man konnte sich vor allem austauschen, wie es mit der Energieeinsparung noch besser gelingen könnte. Trittbrettfahrer? Keine. Endergebnis: 17 Prozent mehr Einsparung als bei klassischen Energiekampagnen.[29]

Der Spotlight-Effekt zeigt also nicht nur unsere größten Schwächen, sondern auch unsere größten Stärken auf: Drehen wir uns zu sehr um uns selbst, werden wir auch die tollsten Ideen niemals umsetzen können. Andererseits gelingt genau das, wenn man das Gruppendenken von Menschen ausnutzt, um eine gemeinsame Idee von Fortschritt und Veränderung zu schaffen. Wie man anschließend vermeidet, dass es zu Frontenbildung und Lagerkämpfen kommt, das ist wiederum eine andere Geschichte. Im nächsten Kapitel mehr dazu.

9 FRONTENBILDUNG

Wie man nicht demonstrieren sollte

Es war irgendwann im Sommer 2021 (nageln Sie mich bitte nicht auf den genauen Tag fest). Ich saß in meiner Wohnung in Frankfurt, las in einer Zeitung, die Sonne schien friedlich auf meinen Schreibtisch, als ich das lauter werdende Grollen aus der Ferne immer deutlicher hören konnte. Eigentlich hätten mich die Dutzende von Polizisten schon stutzig machen sollen, schließlich wohnte ich in einer äußerst ruhigen Frankfurter Wohngegend. Kein Ort für große Polizeieinsätze – eigentlich. Das Dröhnen wurde immer bedrohlicher, fast gewittergleich kam es immer näher. Die Polizisten hatten sich schon verteilt, hatten die Straßen abgesperrt und waren bereit für das anrückende Ereignis. Allmählich konnte ich rhythmisches Trommeln und Sprechchöre heraushören. Eine lautstarke Querdenker-Demonstration rollte bedrohlich durch meine friedliche Nebenstraße und bot ein Sammelsurium an lautstarken Parolen: Menschen, die gegen den »Staatsfunk« oder die »Weltverschwörung« von Bill Gates anbrüllten. Eine Gruppe Kräuter schwenkende Frauen, ein Bollerwagen mit einer überdimensionalen Impfspritze, Plakate gegen die »Meinungsdiktatur« und Trillerpfeifen für die Beibehaltung des Bargelds. Am Ende folgte eine Handvoll Männer mit überdimensionalen Schweizer Kuhglocken, deren Sinn sich mir bis heute nicht erschlossen hat.

Heute scheint es weit weg zu sein, aber mitten in der Coronapandemie war die mediale Präsenz der Querdenker übergroß. Die Frage, ob man in einer Demokratie das Versammlungsrecht einschränken darf, weil der Gesundheitsschutz Vorrang hat, kann man auch heute noch kontrovers diskutieren. Interessanterweise wurde aus der Querdenker-Bewegung, so medial präsent sie war, jedoch kein Massenphänomen. Auf dem Höhepunkt ihrer Popularität Ende 2021 sympathisierten etwa 12 Prozent der Deutschen mit den Ideen der Querdenker.[1] Andererseits: Schon deutlich kleinere Bewegungen haben Mehrheitsmeinungen zum Einsturz gebracht. Man denke nur an Rosa Parks, die sich als Schwarze Frau weigerte, ihren Sitzplatz in einem Bus für einen Weißen zu räumen, und daraufhin am 1. Dezember 1955 verhaftet wurde – der Beginn der Bürgerrechtsbewegung in den USA. Natürlich war Rosa Parks nicht allein mit ihrem Zorn auf die schreckliche Rassentrennung in den USA, doch die Idee der Gleichberechtigung von Schwarzen und Weißen war damals in der Minderheit und entzündete sich erst an den Aktionen Einzelner.

Die Geschichte zeigt, dass Minderheiten das Verhalten einer Mehrheit immer wieder beeinflussen. Heutzutage haben Schwule in Deutschland deutlich bessere Rechte als noch vor 35 Jahren (bis 1994 war Homosexualität kriminalisiert), und eine Mehrheit von 75 Prozent der Deutschen würde Schwule bei ihrem Coming-out unterstützen.[2] Dabei identifizieren sich weniger als zehn Prozent der Menschen als homosexuell[3] – offenbar hat es diese relative Minderheit geschafft, das gesellschaftliche Bild der Mehrheit zu verändern. Warum gelingt das manchen Bewegungen und anderen nicht?

Eine Grundidee, die viele Minderheitsbewegungen (und auch Demonstrationsbewegungen) verfolgen, ist die Annahme eines »Kipppunktes« in der Gesellschaft: Eine Minderheit muss nur eine »kritische Masse« erreichen, schon kippt die Meinung der Mehrheit in Richtung der Minderheit. Und tatsächlich: Diese Kipppunkte gibt es, sie unterscheiden sich aber gewaltig. In manchen Fällen reicht schon eine Minderheit von wenigen Prozent aus, um das Verhalten der Mehrheit ins Kippen zu bringen. Das ist besonders bei neuen Wörtern oder Begriffen der Fall, die zunächst von einer winzigen Minderheit genutzt werden, sich aber schnell in den allgemeinen Sprachgebrauch ausdehnen: Begriffe wie »Selfie«, »Brexit«, »App« oder »Podcast«. Geht es um politische oder gesellschaftliche Ansichten, liegen die Kipppunkte höher, bei 20 bis 30 Prozent.[4] Besonders groß muss die kritische Masse bei Fragen der Gleichberechtigung von Mann und Frau sein: Hier müssen fast 40 Prozent der Bevölkerung der Meinung sein, dass Frauen in Führungspositionen ähnlich gut sind wie Männer, damit diese Meinung mehrheitsfähig wird.[5] Anders gesagt: Bei Fragen der Gleichberechtigung muss die Minderheit schon fast zur Mehrheit angewachsen sein. Verrückt, wie starrsinnig wir in manchen Ansichten sind (man erinnere sich an das Status-quo-Denken aus Kapitel 6).

Aus diesem Grund versuchen viele Bewegungen, möglichst sichtbar zu werden, um diesen Kipppunkt schnell und dauerhaft zu erreichen. Völlig egal, um welche Bewegung es sich dabei handelt, diese Sichtbarkeit ist zur alles entscheidenden Währung im Kampf um gesellschaftliche Veränderung geworden. Deswegen trommeln Querdenker lautstark auf der Straße, deswegen setzt sich die LGBTQ-Community für ein konsequentes Gendern in der Sprache ein, deswegen kleben sich Menschen für den Schutz des Klimas auf der Straße fest, seilen sich von Autobahnbrücken ab oder beschmieren in einem symbolischen Akt Kunstwerke oder Denkmäler.

Die dahinterstehende politische Annahme ist simpel: Je konsequenter und sichtbarer man als Minderheit auftritt, desto größer ist die Wahrscheinlichkeit, dass sich Menschen dieser Bewegung anschließen, bis man irgendwann den gesellschaftlichen Kipppunkt erreicht. Wenn nur genügend Leute mitmachen, kann selbst aus einer kleinen Minderheit eine

Mehrheit werden – und die braucht man schließlich in einer Demokratie.

Um es klar zu sagen: Diese Annahme ist psychologisch falsch. Sie führt zu einer dummen Form von Protest, zur Bildung von gesellschaftlichen Fronten und politischen Widerständen. Am Ende wundert man sich darüber, dass die Ablehnung des Genderns in den letzten Jahren sogar zugenommen hat und inzwischen zwei Drittel der Bevölkerung gegen das Gendern sind[6], obwohl eine Mehrheit gleichzeitig für den Schutz von gesellschaftlich unterrepräsentierten Gruppen ist. Viele Protestbewegungen (insbesondere radikale Klimaprotestler) machen einen Kardinalfehler, den man unbedingt vermeiden muss, will man als Protestbewegung nicht in der demokratischen Bedeutungslosigkeit enden.

Das Problem des Gruppendrucks

Jede Minderheit muss zunächst eine psychologische Hürde überwinden, die dafür sorgt, dass wir uns als Gruppe nicht nur homogen verhalten, sondern auch dumm. Zumindest, wenn es um vernünftige Entscheidungen geht. Das zugrunde liegende Phänomen nennt sich »Konformitätsbias« – einfach gesagt: Gruppendruck. Damit ist nicht das übliche »die Mehrheit zwingt einer Minderheit ihren Willen auf« gemeint, das wäre schließlich noch ein klar erkennbares Problem. Denn sobald eine Mehrheit direkt auf Kosten einer Minderheit ihren Willen durchsetzt, erzeugt das bei der Minderheit eine Gegenbewegung: Man lehnt sich auf und widersetzt sich den Anordnungen. So erzeugt man keine gesellschaftliche Einigkeit.

Das Problem des Konformitätsbias ist viel subtiler, es unterwandert unsere Wahrnehmung und sorgt dafür, dass sich Mehrheiten (auch ganz ohne Gewalt) durchsetzen können. Vielleicht sollte man besser nicht von Gruppendruck, sondern von »Gruppenmanipulation« sprechen. Denn wir lassen uns in unserem Entscheidungsverhalten leicht von einer Mehrheit manipulieren.

Diese Erkenntnis ist schon etwa 70 Jahre alt. In den 1950er-Jahren führte der polnisch-amerikanische Psychologe Solomon Asch eine Reihe von Experimenten durch, die zeigten, wie sehr sich Menschen in ihrer Entscheidungsfindung an der Gruppe orientieren. In einem dieser Experimente präsentierte Asch seinen Teilnehmern die Abbildung von drei unterschiedlich langen Strichen und zeigte zusätzlich einen vierten Strich, der genauso lang war wie der mittlere der Dreiergruppe. Die Aufgabe: zu beurteilen, wie lang dieser vierte Strich war. Eine supereinfache Aufgabe, sollte man meinen, schon Kleinkinder können schließlich sagen, wie lang ein Strich ist. In diesem Experiment bestand der Clou jedoch darin, dass sieben der acht Testteilnehmer von Asch eingeweiht waren: Sie sollten ganz bewusst alle die gleiche, aber falsche Antwort geben. Es befand sich also nur ein einziger echter Testteilnehmer im Raum, was dieser jedoch nicht wusste. Natürlich hatte Asch diesen Teilnehmer an den Rand der Gruppe gesetzt, sodass er schon die (falschen) Antworten aus der Gruppe gehört hatte, bevor er selbst seine Antwort gab. Das Ergebnis: Die falschen Antworten der Mehrheit manipulierten auch seine Antwort. Etwa drei Viertel aller Testteilnehmer schlossen sich zumindest in einem der Versuchsdurchgänge der offensichtlich falschen Aussage der Mehrheit an.[7]

Natürlich muss man einschränken, dass das ursprüngliche Experiment in den USA der 1950er-Jahre durchgeführt wurde, in einer Zeit, in der gesellschaftliche Folgsamkeit noch einen viel höheren Stellenwert hatte als in unserer heutigen modernen Gesellschaft, die Wert auf die Position des Individuums legt. Folgestudien konnten aber zeigen, dass der »Asch-Effekt« tatsächlich kulturübergreifend existiert. Allerdings ist er umso schwächer, je individualistischer eine Gesellschaft strukturiert ist.[8] In asiatischen Ländern mit einem kollektivistischeren Gesellschaftsbild verhalten sich die Menschen demnach konformer als in westlichen Ländern. Dennoch, das Problem bleibt: Minderheiten haben es schon allein deswegen schwer, sich gegen Mehrheiten durchzusetzen, weil sich eine vorherrschende Meinung viel leichter in der Wahrnehmung der Menschen festsetzt als eine Minderheitsposition.

Die Macht der Minderheit

Minderheiten müssen Menschen auf andere Weise überzeugen, als es Mehrheiten tun. Die Mehrheit mag der Minderheit eine Meinung aufdrücken – allein schon, weil sie in der Mehrheit ist. Niemand will einfach so aus der Gruppe herausfallen. Es sei denn, man ist ein Individualist oder hat sehr gute Argumente. Denn schließlich kann es teuer werden, sich als Außenseiter zu irren. Wenn man Menschen bei Großprojekten konkret befragt, ob es teurer ist, den Plan durchzusetzen, den die Mehrheit verfolgt, oder ob man sich dem Plan einer kleinen Minderheit anschließen soll, dann schätzen sie es als riskanter ein, der Minderheit zu folgen.[9] Wenn man sich der Mehrheit anschließt, kann man immer noch behaupten, dass man nicht alleine mit seiner Entscheidung war. Man kommt gesichtswahrend aus der Nummer raus – wohingegen der Einzelgänger schon sehr von sich überzeugt sein muss.

Eigentlich scheint alles gegen die Minderheit zu sprechen, doch sie hat ein Ass im Ärmel: Wenn sie ihre Positionen robust und seriös vorträgt, schließen sich unentschlossene Leute aus der Mehrheit der Minderheitsposition an. In einem anderen psychologischen Klassiker konnte genau dieser »Minderheiten-Effekt« vom französischen Psychologen Serge Moscovici gezeigt werden. Ganz ähnlich wie Asch 20 Jahre zuvor platzierte er Testteilnehmer in einer Gruppe, schmuggelte aber noch eingeweihte Komplizen ein, die die Gruppenentscheidung verzerren sollten. Der Unterschied zu Asch: Hier waren die Komplizen in der Minderheit. In einer Gruppe von sechs Leuten befanden sich nur zwei von Moscovici eingeweihte Personen. Die Aufgabe für alle Gruppenmitglieder bestand diesmal darin, die Farbe von Dias zu bestimmen (Dias waren fotografische Aufnahmen, die man mit einem Projektor an die Wand werfen konnte). Um es einfach zu halten, waren alle Dias blau (mal dunkelblau, mal himmelblau oder azurblau). Auch hier sollte es keine Schwierigkeit sein, ein blaues Dia als blau zu erkennen. Doch sobald die beiden Komplizen in der Gruppe konsequent die eindeutig blauen Dias als grün bezeichneten, schloss sich ein Drittel der anderen Testpersonen dieser Einschätzung an.[10]

Zwei Einschränkungen gab es allerdings: Sobald sich eine stabile Mehrheitsmeinung gebildet hatte, konnte die Minderheit nichts ausrichten (Asch lässt grüßen), und wenn die Minderheit irgendwie unseriös agierte (sich die Komplizen beispielsweise wie Clowns benahmen), folgten die anderen Gruppenmitglieder ihrem Urteil nicht. Die Validität der Minderheitsmeinung wird somit zum entscheidenden Kriterium, um eine noch unschlüssige Mehrheit zu überzeugen. Hier haben wir schon den ersten wissenschaftlichen Grund, weshalb die Querdenker keine Massenbewegung auslösten, Fridays for Future aber schon. Während Erstere mit YouTube-Virologen argumentierten, hatten Letztere Nobelpreisträger auf ihrer Seite. Das ist schon mal nicht schlecht, wenn man glaubwürdig rüberkommen will.

Zum Überzeugungstäter werden

Etwas anderes ist bei Moscovicis Experimenten ebenfalls interessant: Während man zwar durchaus die Haltung einer Mehrheit annehmen kann, muss man noch lange nicht von ihr überzeugt sein. Man kann auch einfach nur folgen, weil man nicht auffallen oder einem Konflikt aus dem Weg gehen will. Insgeheim bleibt man jedoch bei seiner eigenen Meinung, die man nur kurzfristig versteckt, um sich einer Gruppe anzupassen.

Konkretes Beispiel: Wenn Sie auf der Autobahn mitten in der Nacht, ohne Verkehr weit und breit, in einer Tempo-120-Zone fahren und wissen, dass Sie hundertprozentig nicht geblitzt werden, fahren Sie dann schneller als 120 km/h oder halten Sie das Limit ein? Wenn Sie wirklich davon überzeugt sind, dass die Geschwindigkeitsbegrenzung sinnvoll ist, fahren Sie langsamer. Vielleicht sagen Sie sich aber auch: Was soll das langsame Fahren mitten in der Nacht? Und treten dann aufs Gas. Sobald Sie dann jedoch auf eine Polizeistreife treffen, treten Sie wieder auf die Bremse. Sie handeln dann gegen Ihre innere Überzeugung, fahren also langsamer, um nicht mit dem Gesetz in Konflikt zu kommen. In letzterem Fall verhalten Sie sich also genauso wie im ersten Fall (Sie halten das Tempolimit ein), sind aber nicht von Ihrem Handeln überzeugt. Sobald der äußere Einfluss wegfällt (die Streife also die Autobahn verlässt), machen Sie weiter wie zuvor – was im Umkehrschluss bedeutet: Eine dauerhafte Verhaltensänderung kann man nicht befehlen. Je mehr Kontrolle (sprich: überall Polizeistreifen, Blitzer, GPS-überwachte Geschwindigkeitskontrollen), desto mehr Menschen halten die Regeln ein. Aber nicht, weil sie es wollen, sondern weil sie es müssen. Ihre innere Einstellung haben sie nicht geändert.

Der Unterschied von echter Überzeugung und äußerem Druck wurde sehr schön im Verlauf der Coronapandemie deutlich. Ganz zu Beginn, als noch unklar war, was für ein Virus über die Welt hereinbricht, hatten wir alle Angst. Es könnte ja die Pest sein, die uns dahinraffen wird. Die Unsicherheit war maximal, die Straßen waren leer gefegt. Es brauchte weder AHA-Regeln noch Ausgangsverbote, jeder blieb freiwillig zu Hause, selbst diejenigen, die später zu Querdenkern wurden.

Erst als die Unsicherheit nachließ und man mit konkreten Regeln die Pandemie zu bändigen versuchte, entstand der Widerspruch. Denn nun gab es Regeln und Verordnungen, die man befolgen musste – und die Angriffsflächen für Widerstand boten. Man lehnt sich auf, weil man einen Verlust an Freiheit befürchtet. Denken Sie an Kapitel 5 zurück: Reaktanzverhalten und Backfire-Effekt allein schon aus Prinzip.

Die leichteste Art für eine Mehrheit, Einfluss auf eine Minderheit auszuüben, ist die Einführung direkter Regeln und Gesetze. Die Menschen können sich dann scheinbar einer Mehrheitsmeinung anschließen und konform verhalten, weil sie keinen Konflikt wollen. Viele Menschen zahlen Steuern, obwohl sie das gar nicht wollen oder vom Steuersystem nicht überzeugt sind. Ich gehe zumindest davon aus, dass sie viel weniger Steuern zahlen würden, wenn sie keine Strafe befürchten müssten. Minderheiten können versuchen, Mehrheiten auf eine ähnliche Weise zu beeinflussen. Allein, es wird nicht gelingen. Die einzige Chance, die einer Minderheit bleibt, ist, die Meinung der Mehrheit subtil, aber nachhaltig zu verändern. Das eigentlich Interessante an den Experimenten von Moscovici ist nämlich, dass einige Testteilnehmer unter dem Einfluss der falsch antwortenden Komplizen wirklich davon überzeugt waren, grüne Dias gesehen zu haben. Wenn wir uns einer Mehrheit anschließen, dann oftmals aus Konformität, aus Angst vor Konflikt, sprich: aus Schwäche. Wenn wir uns Minderheiten anschließen, dann deswegen, weil wir uns wirklich haben überzeugen lassen, weil wir über unseren Schatten gesprungen sind, weil wir nun bessere Argumente haben als vorher, sprich: aus Stärke.

Der Vorteil: Das Umkippen einer Mehrheitsmeinung ist dauerhaft. Der Nachteil: Es dauert. Je mehr man versucht, einen Meinungsumschwung zu forcieren, desto aufgezwungener wird die Veränderung. Genau das aber will eine gesellschaftliche Minderheitsbewegung ja nicht erreichen. Es würde bedeuten, dass die Meinung der Mehrheit wieder zurückschwingt, sobald der Druck der Minderheit nachlässt. Gerade diesen Effekt beobachtet man beim Gendern. Die Annahme, dass man einfach nur häufig genug eine geschlechtersensible Sprache verwenden muss, damit sich diese ändert, unterschätzt massiv, wie lange es dauert, bis sich solche Sprachgewohnheiten geändert haben. Gesellschaftliche Veränderungen zu verordnen, quasi top-down anzuordnen (indem man beispielsweise eine geschlechtersensible Sprache im öffentlichen Raum vorschreibt), kann in einem Pyrrhussieg münden: Man verhält sich dann zwar regelkonform, ist aber nicht überzeugt davon. Gendersprachregeln laufen deswegen Gefahr, die Akzeptanz zu verschlimmbessern.

Gesellschaftliche Umschwünge geschehen hingegen fast immer »von unten nach oben«. Wenn eine junge Generation anfängt, wie selbstverständlich zu gendern, dann wird sich eine Gendersprache im Laufe der Zeit in der Gesellschaft wie selbstverständlich verankern. Diese Zeit muss man sich jedoch nehmen, ansonsten läuft man Gefahr, den größten aller Fehler zu begehen: zu radikal zu werden.

Das Missverständnis der Proteste

Wenn man antikapitalistischen Ideen etwas nicht vorwerfen kann, dann dass ihre Anhänger nichts unversucht lassen, um populär zu werden. Ich erinnere mich noch an die Attac-Bewegung der frühen 2000er-Jahre, die Occupy-Bewegung an der Wall Street Ende 2011, die Blockupy-Demonstrationen in Frankfurt 2015, die kapitalismuskritischen Ideen der Zero-Covid-Kampagne und nun ähnliche Parolen der Klimaschutzbewegung: *»System Change, not Climate Change«*. Wann immer eine Krise heraufzieht, steht eine kapitalismuskritische Antwort schnell parat. Allerdings: Bei allen Bemühungen um gesellschaftliche Popularität setzen sich diese Ideen niemals durch. Das mag handfeste wirtschaftliche Gründe haben, aber da dies ein Buch über das menschliche Denken ist, sei hier der wichtigste psychologische Grund angeführt, weshalb politischen Minderheiten nicht der Sprung in die Mehrheit gelingt: Sie schaffen Feindbilder.

Aus sozialpsychologischer Sicht ist dieser Umstand auf den ersten Blick genial, weil er genau jene psychologischen Effekte bedient, die für den Erfolg einer Minderheit eigentlich entscheidend sind. Denn je klarer sich eine Minderheit organisiert, je robuster und überzeugender sie auftritt, desto kleiner kann sie sein, um sich gegen eine Mehrheit durchzusetzen.[11] Nichts schweißt eine Gruppe mehr zusammen als ein gemeinsames Feindbild. Hinzu kommt, dass diese Radikalität heute eine ganz andere mediale Sichtbarkeit bekommt. Zum ersten Mal in der Mediengeschichte wird die Dynamik von Minderheitsbewegungen in Echtzeit erlebbar – und das wird zu einem eigenen Nachrichtenwert. Wer interessiert sich schon für die Mehrheitsmeinung, wenn man über eine radikale Minderheit berichten kann? Sie ist lautstark, bunt – einfach anders. So wird über das berichtet, was »trendet«. Die Minderheitsgruppe wird zum Ereignis und bekommt dadurch eine neuartige gesellschaftliche Relevanz. Man erinnere sich, mit welcher Mischung aus Verwunderung, Abscheu und Faszination über die Querdenker-Demonstrationen während der Coronapandemie berichtet wurde.

Doch mit dieser Mischung aus gesellschaftlicher Sichtbarkeit und Radikalität arbeiten Minderheiten an ihrem eigenen Untergang. Denn so wichtig ein konsistentes und radikales Auftreten ist, so sehr opfert man seine Anschlussfähigkeit. Das ist die Ironie: Die Methoden, die Minderheiten heute Aufmerksamkeit bescheren, sorgen gleichzeitig dafür, dass sie eben nicht die Mehrheitsmeinung ins Wanken bringen. Mit Aktionismus gegen andere Gruppen (die »alten weißen Männer«, die »Boomer«, die Genderunwilligen) geraten Minderheiten in ihre eigene Sackgasse: Sie sind als Gruppe zwar sehr homogen – aber zu abgegrenzt, als dass sie mehrheitsfähig wären. Gerade aufgrund ihrer radikalen Präsenz, mit der sie zur kritischen Masse zu werden hoffen, verlieren sie ihre gesellschaftliche Anschlussfähigkeit. Kein Wunder, dass Menschen das »übertriebene« Gendern ablehnen, auch wenn die Mehrheit zustimmt, dass mehr für Gleichberechtigung getan werden sollte.

Konkret erlebbar ist das auch bei den Klebeprotesten für besseren Klimaschutz. 86 Prozent der Deutschen lehnen es ab, dass man sich für besseren Klimaschutz auf die Straße klebt. Wenn dann die Klimaaktivisten der »Letzten Generation« sagen: »Es ist nicht nötig, dass wir die Mehrheit hinter uns haben in den Aktionsformen. Es ist unser Vorhaben, etwas zu bewegen«[12], muss man sich schon fragen: Wie will man in einer Demokratie etwas bewegen, wenn man explizit nicht die Mehrheit hinter sich hat? Wer sich politisch unter diesen Bedingungen auf eine Minderheitsmeinung einlässt, verlässt den Boden eines demokratischen Willensbildungsprozesses. Es wäre die Tyrannei der Minderheit. Wir bräuchten dann auch keine Wahlen mehr, sondern könnten Expertengremien (oder ausgeloste Bürgerräte) entscheiden lassen. Willkommen in der Räterepublik, bye-bye, Demokratie.

Das ist das große Missverständnis vieler Protestformen der heutigen Zeit: Natürlich ist Sichtbarkeit wichtig, natürlich ist Homogenität in der Gruppe wichtig, aber wer über das Ziel hinausschießt und für die Mehrheit bedrohlich wirkt, wird von ihr zurückgestoßen. Denn im Falle einer Bedrohung suchen Menschen die Herde, schließen sich eher der Mehrheitsmeinung an, um sich nicht zu exponieren. Was auf den ersten Blick logisch klingt, wird auf den zweiten Blick zur großen Tragödie unserer Zeit: Im Zweifel entscheiden sich Menschen nicht für das sachliche Argument, sondern für die Zugehörigkeit zur

Gruppe. Konkret kam das in einer aktuellen Studie aus dem Jahr 2022 heraus, mit der man untersuchte, ob sich Menschen in ihrer Einschätzung zu Impfungen oder gentechnisch veränderten Nahrungsmitteln umstimmen lassen, wenn man ihnen sachliche Fakten präsentiert. Das Ergebnis: Sobald man sich in einem inneren Zwiespalt befand (zum Beispiel hin- und hergerissen war zwischen seinen gentechnikskeptischen Freunden und den wissenschaftlichen Fakten), entschied man sich für die Meinung der Mehrheit – selbst wenn diese den wissenschaftlichen Fakten widersprach.[13] Im Zweifel siegt die Mehrheit, wie soll sich da eine Minderheit bloß durchsetzen?

Wie ein trojanisches Pferd

Wer die großen politischen Entscheidungen der letzten Jahrzehnte betrachtet, stellt fest: Die radikalsten Maßnahmen wurden von Parteien umgesetzt, die eigentlich für das Gegenteil dieser Maßnahmen stehen. Die SPD setzte Hartz IV um. Die CDU stieg aus der Kernkraft aus, beendete die Wehrpflicht – und es war eine CDU-geführte Regierung, die den Fraktionszwang aufhob und dadurch die gleichgeschlechtliche Ehe ermöglichte. Hier sehen wir, wie Minderheitsmeinungen tatsächlich dominant werden: Sie infiltrieren langsam, aber stetig eine Mehrheit, kleiden sich in deren Gewand, um sich dann durchzusetzen. Das entscheidende Kriterium ist die gemeinsame Identität, die Mehrheit und Minderheit vereinen muss. Das größte Missverständnis von Protestbewegungen ist hingegen, dass sie ihren Protest als Kampf sehen. Als Kampf gegen das System, gegen eine vorherrschende Klasse, gegen das Kapital oder gegen eine Mehrheitsmeinung. Gute Protestformen kämpfen aber nicht gegen die Mehrheitsmeinung an, sondern schleichen sich in die Mehrheit ein. Minderheiten bringen Mehrheiten von innen zum Kippen, nicht von außen.

Der wichtigste Tipp, den Protestbewegungen beherzigen sollten, um Erfolg zu haben, lautet deswegen: eine gemeinsame Identität anzubieten. Man darf sich dabei gerne bei den Größten der Geschichte bedienen: Martin Luther King beschwor in seiner berühmten *»I have a dream«*-Rede die Idee einer gemeinsamen Identität: Schwarz und Weiß, vereint in einer großartigen Nation, miteinander versöhnt, mit aller Kraft für die Freiheit aller Amerikaner kämpfend. Kein einziges Wort der Bedrohung, keine Anklage, stattdessen die Aufforderung, »endlich die Versprechungen der Demokratie Wirklichkeit werden zu lassen«.[14] Natürlich wusste Martin Luther King genau, dass es nicht ohne Widerstand gegen rassistische Weiße gehen wird. Er war aber so klug zu wissen, dass es ohne gemeinsame Identität, ohne ein Angebot an die Mehrheit nicht möglich sein würde, dauerhaft Erfolg zu haben. Es kann nicht verwundern, dass Nelson Mandela identische Methoden einsetzte, um gegen den Rassismus in Südafrika anzukämpfen. Auch er versammelte Schwarze und Weiße hinter der Idee eines gemeinsamen Volkes, das die Rassentrennung überwindet, um gemeinsam stärker zu sein als zuvor.

Wie kleinlich und unreif wirken da manche Protestformen der heutigen Zeit. Wir wollen den Planeten retten, die Klimakrise bekämpfen, das Überleben der Menschheit sicherstellen, und es fällt uns nichts Besseres ein, als erst mal eine gesellschaftliche Front zu eröffnen (»Meine Oma ist 'ne alte Umweltsau«), die »Boomer« zu beschimpfen und den Systemwechsel zu fordern. Minderheiten setzen sich nicht durch, wenn sie besonders sichtbar sind. Auch nicht, wenn sie die besten Argumente haben, als Gruppe besonders robust rüberkommen, keine Kompromisse machen und konsequent ihre Thesen vertreten. Minderheiten bringen Mehrheiten ins Kippen, wenn sie wie ein trojanisches Pferd von der Mehrheit integriert werden. Nie könnte sich die »Letzte Generation« mehr irren als mit ihrer Einschätzung, »Fridays for Future« hätte versagt, weil nicht schnell genug umgesetzt wurde, was klimapolitisch nötig wäre. Tatsächlich wurde erst durch »Fridays for Future« ein gesellschaftliches Umdenken möglich. Es mag sein, dass dieser Prozess zu langsam ist, aber er ist unumkehrbar. Klimaschutz ist zu einem dauerhaften Thema von Politik und Wirtschaft geworden. Selbst wenn keine schulstreikenden Kinder mehr Freitagsdemos ausrichten, wird sich die Politik an Klimaschutzzielen orientieren. Das hätte keine radikale Protestform hinbekommen.

Im Grunde sind viele der heutigen Protestformen unmoderner, als Martin Luther King oder Nelson Mandela es waren. Anstatt gegen die Mehrheit der Gesellschaft anzukämpfen, vermochten diese ein konkretes Angebot an die gesamte Gesellschaft zu machen, eine gemeinsame Identität zu beschwören und dadurch ein veränderndes Momentum aufzubauen, das von der Mehrheit der Gesellschaft getragen wurde. Jede Minderheit muss sich diese Frage stellen, will sie nicht dauerhaft marginalisiert werden: Welche gemeinsame Identität können wir der Mehrheit anbieten? Was ist unsere gemeinsame Erzählung für Veränderung? Für mehr Gleichberechtigung? Für mehr Klimaschutz? Für weniger Rassismus? Wir rühmen uns, in fortschrittlichen Zeiten zu leben – dabei stehen sich einmal mehr gesellschaftliche Fronten gegenüber und wundern sich über das gegenseitige Unverständnis. »Ich mag diesen Mann nicht, ich muss ihn noch besser kennenlernen«, soll Abraham Lincoln gesagt haben. Immerhin derjenige, der die Sklaverei beendete, ein Republikaner, nebenbei bemerkt. Ein Beispiel dafür, dass große Veränderungen oft von denjenigen durchgesetzt werden, denen man es am wenigsten zutraut.

Das bedeutet nicht, dass man sich anbiedert, sondern dass man alle Gruppen ins Boot holt. Im Falle des Klimawandels brauchen wir schließlich jeden: Handwerker, Ingenieure, Philosophen, Lehrer, Investmentbanker, Taxifahrer und Bäcker. Wir brauchen die Boomer, die Jungen, die Alten. Statt Protest misszuverstehen und darauf zu setzen, dass man sich radikal gegen eine andere Gruppe abgrenzt, sollte man verstehen, wann Protest wirklich erfolgreich wird: wenn man möglichst vielen Menschen immer wieder eine gemeinsame Identität anbietet. Und dann abwartet. Ansonsten bimmeln irgendwann die letzten Demonstranten einsam mit ihren Kuhglocken nach Hause. Man schaut zu, dreht sich um und verteidigt sich gegen den nächsten Protest.

DIE BÜROKRATISIERUNG DES ALLTÄGLICHEN 10

Warum alles immer komplizierter wird

Ich kann mich noch gut daran erinnern, wie ich vor vielen Jahren das erste Mal mit dem Zug nach Berlin fuhr. Ich stand als Schüler am Bahnhof im südhessischen Bensheim in einer langen Schlange vor dem Bahnschalter. Bedenken Sie, dass minutenlanges Warten in diesen handylosen Zeiten zu einer endlosen Tortur ausarten konnte. Als ich endlich dran war, sagte ich dem Schalterbeamten, wo ich hinwollte. Er tippte ein paar Daten in seinen Rechner und druckte mir meine Fahrkarte aus. Was für eine einfache Zeit das war (wenn man vom Warten mal absieht). Heute ist der Fahrtkartenkauf eine Wissenschaft für sich geworden. Bei meiner letzten Buchung einer Fahrkarte nach Berlin habe ich nachgezählt: Ich musste 30 Einzelentscheidungen aus einer Vielzahl von Optionen treffen und hätte praktisch (jawohl, ich habe es nachgerechnet) auf 41 472 unterschiedliche Arten meine Fahrkarte kaufen können. Für eine Fahrt von Frankfurt nach Berlin.

Nun gut, werden Sie sagen, die Bahn ist schließlich ein komplexes Unternehmen (und damit haben Sie sogar im Wortsinn recht). Doch es scheint ein grundsätzliches Problem unserer Welt zu sein, dass sie immer komplizierter wird. Selbst scheinbar einfache Dinge können auf diese Weise bürokratisch eskalieren. Die EU-Verordnung 509/2006 regelt beispielsweise, wie eine traditionelle Pizza Napoletana auszusehen hat – und braucht dafür knapp 24 000 Zeichen (zum

Vergleich, das ist in etwa so lang wie dieses Buchkapitel). Die Vermarktungsnorm für Äpfel braucht 30 000 Zeichen, um zu klären, wie rot ein roter Apfel mindestens sein muss, um zur Färbungsgruppe A zu gehören. Natürlich sind das läppische bürokratische Zwerge gegenüber den wahren Verordnungsmonstern. Die Datenschutzgrundverordnung braucht über 400 000 Zeichen (also mehr als dieses Buch), um zu klären, nach welchen Kriterien Cookies auf Webseiten gesetzt werden.

Nun könnte man sich einfach darüber lustig machen, dass auch noch die allerletzten Bereiche unseres Lebens verbürokratisiert werden. Doch tatsächlich steckt hinter diesem Trend ein Grundprinzip unseres Denkens, das quasi alle Lebensbereiche durchzieht und dafür sorgt, dass die Dinge immer komplizierter und ausufernder werden. Beim Fahrkartenkauf mag man darüber schmunzeln – zumal es schließlich auch Vorteile hat, wenn man zwischen vielen Optionen wählen kann. Niemand möchte heute ein Auto mit derart wenigen Funktionen wie vor 50 Jahren fahren, und niemand will noch ein Telefon, das so wenig kann wie im Jahre 1995. Mit mehr Funktionalität gewinnen Dinge an Qualität, bis sie irgendwann an die Grenze der Unübersichtlichkeit stoßen. Wer diese Grenze überschreitet, verschlimmbessert die Dinge. Im schlimmsten Fall können Prozesse derart übersteuert werden, dass sie unveränderbar oder unbeherrschbar werden. Deswegen laufen Infrastrukturprojekte zeitlich aus dem Ruder (der bundeseinheitliche Deutschlandtakt der Bahn soll nun erst im Jahr 2070 kommen) oder werden so träge, dass sie sich Veränderungen hartnäckig widersetzen. Sie werden in diesem Kapitel einige dieser Beispiele kennenlernen und auch die wichtigsten Gegenmittel, um dem ewigen Trend zur Verkomplizierung entgegenzuwirken.

Problem 1: Wir fügen immer mehr hinzu

Im Jahre 2021 beschrieb man erstmals wissenschaftlich einen neuen psychologischen Denkfehler, der sich fundamental von praktisch allen anderen Denkfehlern unterscheidet. Man könnte ihn den »Additions-Fehlschluss« nennen oder auch die »Ignoranz des Einfachen«. Wer dieses Buch bisher genau gelesen hat, wird festgestellt haben, dass typische Denkfehler immer Energie einsparen: Durch den Spotlight-Effekt schauen wir nur auf uns und nicht auf den Rest der Welt, durch Ursachenvereinfachung blenden wir komplizierte Erklärungen aus, der »Metafehler« der permanenten Selbstbestätigung lässt uns das Leben radikal vereinfachen. Doch im Falle des »Additions-Fehlschlusses« machen wir uns selbst das Leben schwerer[1] – bis wir am Ende mehr geistige Arbeit und Energie darauf verschwenden, die unnötig kompliziert gewordenen Dinge zu beherrschen.

Das fängt schon bei ganz einfachen Problemen an: Stellen Sie sich vor, Sie sehen eine Brücke aus LEGO-Bauklötzen vor sich, die aber etwas wackelig ist, weil an einem Brückenpfeiler ein paar Bauklötze fehlen. Ihre Aufgabe: Die Brücke soll stabil stehen. Wenn Sie so ticken wie die meisten, werden Sie an dem einen Brückenpfeiler ein paar Bausteine hinzufügen, denn schließlich »fehlen« dort noch einige, damit die Brücke stabil steht. Nur gut jeder zehnte Teilnehmer dieses Versuchs kam auf eine andere Lösung: nämlich am längeren Brückenpfeiler ein paar Bausteine wegzunehmen. Dann steht die Brücke genauso stabil – und man hat als Bonus noch ein paar Extrabausteine, die man woanders einsetzen kann. Diese Grundtendenz, Probleme durch Hinzufügen zu lösen, ist äußerst hartnäckig: Selbst wenn man die Testteilnehmer bestrafte, wenn sie neue und kostenintensive Lösungen hinzufügten, blieben die meisten dabei. Verschlimmert wird dieser Effekt noch durch Stress. Setzt man Leute bei der Lösungssuche unter Zeitdruck, kommen ihnen kaum noch Subtraktionslösungen in den Sinn – ein Hinweis darauf, dass es sich um ein tief sitzendes Denkprinzip handelt, das übrigens kulturübergreifend auftritt: Nicht nur in den USA, auch in Japan, Deutschland und Frankreich misst man ähnliche Denkfehler.[2]

Diese Grundtendenz, Dinge hinzuzufügen, statt zu entfernen, trifft nicht nur auf einfache LEGO-Bauklötzchen-Aufgaben zu, sondern auch auf kniffligere und abstraktere Aufgaben: Wenn man einen schon übervollen Reiseplan verbessern soll, fügen über 50 Prozent der Menschen lieber noch weitere Sehenswürdigkeiten hinzu, bis der Reiseplan vollends platzt und man am Ende gar nicht mehr alles besichtigen kann. Wenn man eine selbst geschriebene Textzusammenfassung in einer zweiten Runde »optimieren« soll, schreiben 80 Prozent der Leute neue Dinge hinzu, statt die alten zu straffen. In der Kürze liegt die Würze? Vergessen Sie's. Selbst wenn man fremde Textzusammenfassungen verbessern soll, schreiben knapp zwei Drittel der Leute lieber etwas hinzu, anstatt etwas zu kürzen.

Besonders krass ist der Effekt, wenn man seine Verbesserungsvorschläge gegenüber anderen Personen vertreten soll. Konkret: Wie könnte man die Vielfalt der Studenten auf dem Unicampus erhöhen? Bitte erklären Sie Ihren Vorschlag anschließend am Telefon dem Unipräsidium. Weniger als jeder Zehnte kommt auf die Idee, dass man nicht das hundertste neue »Recruiting-Programm« aufsetzen sollte, sondern stattdessen das Problem der »Legacy Admissions« angehen könnte. Kinder von Uniabsolventen bekommen nämlich durch Sponsorings viel leichter einen Uniplatz – könnte man dieses Phänomen vielleicht reduzieren?

Dieses Verhalten liegt unter anderem daran, dass wir dazu trainiert werden, Einsatz und Engagement zu zeigen. Was liegt dann näher, als mit einer neuen, zusätzlichen Idee um die Ecke zu kommen? Mit einer neuen Lösung markiert man quasi seine Leistung: Seht her, ich denke mit und schaffe etwas Neues. Weil in unserer Kultur die numerischen Werte »mehr«, »größer« und »höher« oft mit »besser« und »erfolgreicher« gleichgesetzt werden (im nächsten Kapitel zum Thema »Verzicht« wird das noch wichtig werden), ist das eine prima Strategie, um Einsatzbereitschaft zu beweisen. Problemlösung wird auf diese Weise allerdings zum Egotrip. Wenn jeder so denkt, kann selbst eine Pizzaverordnung biblische Ausmaße annehmen.

Außerdem ist das Hinzufügen stets leichter als das Entfernen. Schließlich sind die Möglichkeiten, etwas wegzunehmen, immer begrenzt, aber hinzufügen können Sie praktisch so viel Sie wollen (zumindest gedanklich). Bei einer LEGO-Brücke können Sie nur so viele Bauklötze entfernen, wie schon verbaut sind – aber Ihre Möglichkeiten, neue Klötze anzubauen, sind schier endlos. Außerdem muss man, wenn man etwas entfernen will, dessen Funktion gut verstanden haben. Nicht, dass Sie auf einmal ein unverzichtbares Teil entfernen und die Brücke zusammenstürzt. Hinzufügen ist insofern also doch kognitiv einfacher als Entfernen: Man kann auch ohne Verständnis der Funktionsweise oder des Problems einfach etwas Neues zusätzlich ausprobieren – vielleicht klappt es ja. Ob dümmere Leute deswegen eher zum Hinzufügen tendieren, wurde in der genannten Studie allerdings nicht untersucht. Dennoch könnte man umgekehrt formulieren: Kluge Leute erkennen ein Problem ursächlich und haben deswegen eher den Mut, Überschüssiges zu entfernen. Je weniger man hingegen ein Problem versteht, desto ausufernder wird es bearbeitet, bis die Lösungen vollends eskalieren. Insofern steckt eine Denkfaulheit dahinter – diesmal führt diese Faulheit jedoch dazu, dass die Dinge immer komplizierter und umfangreicher werden. Paradox, wie wir uns selbst ein Bein stellen. Und dumm, denn wir machen uns selbst das Leben schwer.

Wer nicht hinzufügt, fällt zurück

Nun wäre es nicht weiter schlimm, wenn wir bei unseren Problemlösungen ab und zu mehr Dinge hinzufügen, als wir mussten. Das eigentliche gesellschaftliche Problem besteht jedoch darin, dass sich unsere Problemlösungen auf unser Umfeld auswirken und dieses beeinflussen. Weil man sich am Markt gegenseitig beobachtet, kopiert und übertrumpfen will, werden genau deswegen Produkte immer komplizierter. Sobald ein neues Angebot auf den Markt kommt, muss man als Konkurrent zumindest gleichziehen, um nicht zurückzufallen. Ein schönes Beispiel dafür ist die Entwicklung von Vielfliegerprogrammen. Erstmals wurde ein solches von der regionalen US-Fluggesellschaft Texas International Airline 1979 eingeführt und dann Anfang der 1980er-Jahre von American Airlines groß ausgerollt. Keine zwei Jahre später hatten nicht nur American Airlines, sondern auch die größten Konkurrenten Delta, United, TWA und British Airways eigene Vielfliegerprogramme. Die Deutschen brauchten allerdings etwas länger: Erst zehn Jahre später startete die Lufthansa mit »Miles & More«. Der Grund ist klar: Wer die Kundschaft an sich bindet, macht auf Dauer mehr Gewinn (überhaupt macht eine Minderheit von wenigen Prozent an Vielfliegern den Großteil des Umsatzes der Fluggesellschaften aus). Wer da nicht mitmacht und einen Trend verpasst, ist weg vom Fenster. Fast könnte man meinen, man müsste rennen, bloß, um seine Position zu halten.

Genau dieses Bild liegt auch dem Erklärmodell für dieses Phänomen zugrunde. Man nennt es den *»Red Queen Effect«*, den »Rote-Königin-Effekt«, benannt nach der Geschichte von *Alice hinter den Spiegeln* (der Fortsetzung von *Alice im Wunderland*), in der Alice auf die Rote Königin trifft, die ihr erklärt: »Hierzulande musst du so schnell rennen, wie du kannst, wenn du am gleichen Fleck bleiben willst.« Ursprünglich wurde dieser *»Red Queen Effect«* genutzt, um zu erklären, warum in der

Evolution unser Immunsystem immer komplexer wurde – durch ein permanentes Wettrüsten mit Parasiten, Bakterien, Viren und Pilzen. Sobald ein angreifender Erreger eine neue Funktion entwickelt hatte, musste das Immunsystem nachziehen. Genauso lässt sich dieser Effekt auf Wirtschaft und Politik übertragen: Sobald verschiedene Akteure miteinander im Wettbewerb stehen, werden Dinge immer komplizierter, bis sie die Grenze zum Chaos erreichen.

Nebenbei: Dass der Fahrkartenkauf der Bahn mittlerweile so kompliziert geworden ist, liegt genau an ebenjenem Phänomen des gegenseitigen Wettrüstens (und des Abschauens von Lösungen bei Konkurrenten wie den Airlines). Genauso wie bei der Flugbuchung die Preise je nach Vorausbuchungen und Nachfrage schwanken, ändern sich auch die Preise bei den Bahntickets. Die Sparpreis-, BahnBonus- und Meilensammelaktionen nehmen an Unübersichtlichkeit weiter zu. Nicht verwunderlich, wenn man die Grundzüge des menschlichen Denkens bedenkt.

Problem 2: Wir suchen die umständliche Lösung

Überall sehen Sie Ratgeber, die Vereinfachung und Reduzierung predigen: Wie Sie Ihre Wohnung von lästigem Unrat befreien und dabei nicht nur Ihr Leben, sondern auch Ihren Geist aufräumen. Als wäre das Grundbedürfnis des Menschen die Einfachheit und Schlichtheit. Was für eine grandiose Fehleinschätzung der kognitiven Realität! Im Grunde ist die Sehnsucht nach Reduktion die Gegenbewegung zum eigentlichen Megatrend unseres Lebens: dem Hinzufügen. Einer der am schnellsten wachsenden Märkte sind derzeit Self-Storage-Services – auf Deutsch: das Mieten von Lagerräumen. Ein Markt von gigantischer Größe: Bis 2027 soll er auf insgesamt 85 Milliarden US-Dollar angewachsen sein[3], das wären sieben

Prozent Wachstum jährlich. Unser Leben quillt über vor angehäuften Produkten. Unsere Lösung: nicht das konsequente Ausmisten (das würde schließlich erfordern, dass man auch wirklich versteht, was wegkann und was nicht), sondern das Ausdehnen des Lagerraums. Und während wir die Schlichtheit von Apple Stores und iPhones bejubeln, sieht es unter der Glasoberfläche eines Smartphones ganz anders aus: Durchschnittlich 40 Apps sind auf einem Smartphone installiert, genutzt wird davon noch nicht mal die Hälfte.[4]

So stark ist die Grundeinstellung unseres Denkens, Prozesse zu verkomplizieren, dass selbst das eigentlich Simple zur Wissenschaft wird. Wenn Sie sich einen Tee kochen wollen, müssten Sie eigentlich nur heißes Wasser über Teeblätter laufen lassen, ein bisschen warten und dann den Tee trinken. Das ist für Menschen aber zu unkompliziert. Im Gegenteil: Kulturen definieren sich gerade darüber, dass sie auch für die einfachen Dinge ein aufwendiges Regelwerk entwerfen, das dann zu befolgen ist. Es muss nicht gleich in einer japanischen Teezeremonie enden. Auch bei uns wird Ihnen jeder bekennende Teetrinker berichten, dass Tee nach einem regelhaften Ritual aufbereitet wird. Für das reine Teetrinken ist ein Großteil davon sicherlich entbehrlich. Ähnliches finden Sie beim Kaffee- oder Weintrinken, aus dem man eine eigene Wissenschaft macht, obwohl wissenschaftliche Studien zeigen, dass selbst Weinexperten beim Blindverkosten Weißwein nicht von Rotwein unterscheiden können.[5]

Neben unserem offensichtlichen Grundbedürfnis, Dinge hinzuzufügen, um Probleme zu lösen, gibt es noch ein weiteres kognitives Phänomen, das diesen Effekt noch verstärkt: der Komplexitäts-Fehlschluss. Oder weniger komplex ausgedrückt: Warum einfach, wenn's auch kompliziert geht? Das fängt schon bei elementaren kognitiven Aufgaben an: Sie haben eine Zahlenreihe aus drei Zahlen: 2, 4, 8. Nach welcher Regel würden Sie diese Zahlenreihe weiter fortführen? Nun kann man sich alle möglichen Regeln überlegen, welche Zahl als Nächstes kommen könnte. Menschen sind ausgesprochen gut darin, ausgetüftelte Lösungen zu entwickeln. Die nächste Zahl könnte das Produkt der beiden Vorgängerzahlen sein, also 32. Oder es müssen immer zwei mehr hinzuaddiert werden als beim Schritt davor (dann wäre die nächste Zahl 14). Oder es muss immer verdoppelt werden. Auf die einfachste Lösung, dass die nächste Zahl einfach nur größer sein muss als die Zahl zuvor, kommt man allerdings selten (erinnern Sie sich an Kapitel 3).[6]

Auf diese Weise verkomplizieren sich unsere Lösungen, selbst wenn es gar nicht nötig ist. Das scheint ein Widerspruch zum schon beschriebenen Effekt der »Ursachenvereinfachung« zu sein (Kapitel 2). Sie erinnern sich: unsere Sehnsucht nach der einfachsten Erklärung in einer komplexen Welt. Der Unterschied ist: Wenn es nicht um Erklärungen, sondern um praktische Lösungen geht, denken Menschen gerne kompliziert. Denn wenn wir aktiv handeln sollen, stehen wir oft unter Beobachtung, müssen uns rechtfertigen, stehen vielleicht unter Stress – genau dann tendieren wir dazu, bei einer neuen Lösung etwas hinzuzufügen oder unsere geistige Kraft dadurch zu beweisen, dass wir es besonders kompliziert machen. Eine einfache Lösung kann schließlich jeder anbieten, nur die Cleveren können es auch kompliziert. Dass es in Wirklichkeit andersherum ist, darauf kommen wir nicht. Soll ein Problem hingegen nicht gelöst, sondern erklärt werden, suchen wir nach der einfachsten Erklärung. Das spart geistige Energie.

Problem 3: Wir lieben das Komplizierte

Vielleicht liegt unser Streben nach komplizierten Lösungen auch darin begründet, dass es Kontrollgewinn verspricht. Wer beim Autokauf unter 80 verschiedenen Ausstattungsvarianten wählen kann, bekommt das Gefühl, sich auf alles vorbereitet zu haben. Je mehr Features, desto mehr Kontrolle. Genau deswegen nutzt die Werbung dieses Denkprinzip gnadenlos aus. Sie können Shampoo mit »DNA Repair«-Eigenschaften und »Stammzellen und Biotin« kaufen oder peptidreiche Feuchtigkeitscremes für die Handpflege. Nur die wenigsten haben wohl Biochemie studiert und kennen die genaue Wirkung von probiotischen Inhaltsstoffen (irgendetwas Gutes für den Darm soll es wohl sein) oder den Sinn von Hyaluron im Haarshampoo. Aber es klingt gut – und kurbelt die Verkäufe an. *»Seductive Allure«*-Effekt, Verführungsreizeffekt, nennt sich dieses Prinzip, nach dem man Dinge einfach nur ein bisschen komplizierter machen muss, als sie eigentlich sind, um eine Begehrlichkeit zu wecken. Zahnpasta müsste zum Beispiel weder weiß sein noch beim Zähneputzen schäumen. Aber man mischt einfach ein bisschen (unnötige) weiße Farbe und Schaumbildner hinein, weil wir so ein Gefühl von Kontrolle über das Zähneputzen gewinnen. Wer will sich schon mit einer dunkelbraunen, wässrigen Soße seine Zähne säubern?

Mit dem Verführungsreiz des Komplizierten blähen wir einfache Erklärungen auf, um sie wissenschaftlicher klingen zu lassen. Ursprünglich wurde dieser Effekt für die Neurowissenschaften beschrieben: Jede psychologische Aussage hört sich glaubwürdiger an, wenn man noch ein paar neurowissenschaftliche Fachbegriffe untermogelt, selbst wenn sie total unnötig sind. Die wissenschaftliche Sprache schafft auf diese Weise eine Pseudosubstanz und vermeidet ein Abwehrverhalten, welches übrigens durch unsere Amygdala ausgelöst wird, die in Synchronisierung mit dem limbischen System, der Insula und dem anterioren cingulären Cortex ein solches aversives Verhalten im präfrontalen Cortex triggert, wenn wir uns unsicher fühlen. Sie könnten im vorherigen Satz auch alle Fachbegriffe weglassen, dann würde er bedeuten: Angst wird im Gehirn ausgelöst, und wir spüren sie ganz bewusst. Was für eine Überraschung!

Mittlerweile ist dieser Effekt nicht nur für psychologische

Phänomene, sondern auch für andere Natur- und Geisteswissenschaften beschrieben worden.[7] Sobald man kompliziert klingende (am besten wissenschaftliche) Begriffe hinzufügt, steigt die Glaubwürdigkeit. Sogar die Akzeptanz für Corona-Impfungen lässt sich erhöhen, wenn man schlechten Erklärungen zur Impfung ein paar immunologische Fachbegriffe untergejubelt.[8]

Problem 4: Wir erfinden neue Probleme

Es ist eigentlich paradox: Wir haben so viele technische Geräte, die uns eine Menge Zeit ersparen könnten. Ich muss mich zum Beispiel nicht mehr an einen Bahnschalter in eine Schlange stellen, um mir ein Ticket ausdrucken zu lassen. Ich kann (bei aller Kompliziertheit des Buchungssystems) vergleichsweise schnell ein Ticket online buchen, wo immer ich will. Ich kann mir online Essen bestellen und muss mittags nicht mehr loslaufen, bis ich ein Restaurant gefunden habe, oder mir etwas selbst kochen. Ich kann heute innerhalb von 11 Stunden nach San Francisco fliegen oder in drei Stunden mit dem Zug von Frankfurt nach München fahren – oder ich verabrede mich zu einem Videogespräch und spare mir dann die Reise ganz. Noch nie waren die technischen Möglichkeiten zur Zeitersparnis so groß wie heute. Und noch nie haben sich Menschen derart gehetzt gefühlt.[9]

Das liegt vornehmlich daran, dass Menschen noch nie in ihrer Geschichte technischen Fortschritt eingesetzt haben, um Zeit zu sparen. Im Gegenteil: Wenn man die gleichen Sachen in kürzerer Zeit erledigen konnte, machte man in derselben Zeit einfach mehr. Das Arbeitspensum stieg im gleichen Maße wie die Zeitersparnis – oder sogar mehr, denn mit den zusätzlichen technischen Möglichkeiten vermehrten sich auch die Optionen, seine Zeit zu füllen.[10]

Der Arbeitsumfang von Projekten liegt deswegen immer am Limit (aber nicht darüber), genauso wie eine Gefriertruhe immer voll ist. Wenn Sie das Fassungsvermögen Ihrer Gefriertruhe verdoppeln, werden Sie nach einiger Zeit nicht etwa feststellen, dass sie nur halb voll ist. Denn mit den Möglichkeiten wächst der Anspruch, und Sie werden so viel Tiefkühlkost kaufen, bis die Truhe wieder voll ist (aber nicht mehr). Interessanterweise ist es selten ein Problem, den Umfang zu reduzieren: Wenn Sie Ihre Gefriertruhe in der Größe halbieren würden, wäre sie zwar immer noch voll, aber Sie würden sich nach einiger Zeit an die geringere Menge gewöhnen. Vorausgesetzt, Sie halten ein Mindestmaß an Gefriergut aufrecht, das Sie unbedingt benötigen.

Dieses interessante Phänomen wurde erstmals von Cyril Northcote Parkinson im Jahr 1955 im Wirtschaftsmagazin *The Economist* beschrieben: »Arbeit dehnt sich in dem Maße aus, wie Zeit für ihre Erledigung zur Verfügung steht.«[11] Anders gesagt: Mehr Technik hilft nicht, um Bürokratie, eskalierende Vorschriften oder unnötig komplizierte Abläufe zu bändigen. Im Gegenteil: Je mehr Ressourcen ich für die Bekämpfung des Problems einsetze, desto größer wird das Problem werden. Ein Teufelskreis.

Spannend ist übrigens eine andere Variante des »Parkinson-Effekts«: dass nämlich die Zeit, die man für die Lösung eines Problems aufwendet, umgekehrt proportional zu dessen Kosten ist. Worüber wird eine Stadtverwaltung wohl länger diskutieren – über die Neuansiedlung eines Solarparks oder über ein neues Denkmal auf dem Marktplatz? Laut Parkinsons Gesetz redet man sich eher über die Marktplatzverschönerung die Köpfe heiß, statt sich um die wirklich wichtigen Probleme zu kümmern. Schließlich haben gerade bei einfachen Fragestellungen viele Menschen eine Meinung, weshalb die Diskussionen umso ausufernder werden, je simpler die Thematik ist. Leider verderben viele Köche den Brei und erschweren eigentlich triviale Problemlösungen, bis Schildbürgerstreiche von hässlichen Denkmälern zu horrenden Preisen entstehen.[12] Oder von EU-Pizzaverordnungen in Buchkapitellänge.

Für diese Art der ausufernden Diskussionen existiert übrigens ein einfaches Gegenmittel: Man reduziert die Anzahl der Leute, die sich mit einem Problem beschäftigen. Natürlich muss man darauf achten, dass ein kleines Expertenteam vielfältig zusammengesetzt ist, ansonsten ist man nicht anpassungsfähig genug im Denken. Oder man reduziert die Zeit. Wussten Sie beispielsweise, dass der Videodienst Zoom ursprünglich darauf angelegt war, dass man nur 40 Minuten sprechen kann? Denn Zoom wurde eigentlich dafür entwickelt, ausufernde Besprechungen einzudämmen. Natürlich funktionierte das nicht so gut (Sie haben gesehen, warum), weshalb man in der Pandemie gutes Geld damit verdiente, dass man sich mit einem kostenpflichtigen Zugang mehr Besprechungszeit erkaufen konnte. Doch man bedenke: Zusätzliches Geld ersetzt kein effektives Denken.

Das Bürokratie-Monster bändigen

Das Problem hoch entwickelter Gesellschaften besteht darin, dass sie im Prozess der Verkomplizierung schon sehr weit fortgeschritten sind. Sie können diesem Problem nicht mehr kulturell begegnen. Die japanische Kultur ist beispielsweise für Minimalismus und Reduktion bekannt. Das japanische »*Seiso*« beschreibt etwa, dass man seinen Arbeitsplatz immer sauber und ordentlich hinterlassen sollte – ein Grundprinzip, das selbst japanische Fußballfans ihre Tribünen nach einem Spiel aufräumen lässt. Das hält Japan jedoch nicht davon ab, das hinsichtlich der Organisations- und Bürokratiestruktur komplexeste Wirtschaftssystem der Welt zu haben (knapp vor Deutschland übrigens).[13]

Irgendwann werden solche Gesellschaften derart übersteuert, dass sie kaum noch anpassungsfähig für neue Probleme sind. Das kann sich ganz praktisch darin äußern, dass die Genehmigungsdauer für ein Windrad zwischen vier und fünf Jahren liegt.[14] Zum Vergleich: Anfang des 20. Jahrhunderts dauerte es keine sechs Jahre, bis die Stammstrecke der Berliner U-Bahn fertig gebaut war. Während ich dieses Buch schreibe, wird in Stuttgart gerade ein neuer Hauptbahnhof gebaut. Das dauert insgesamt 16 Jahre. Auch hier lohnt sich ein Vergleich: Die Bauzeit der Pyramiden von Gizeh schätzt man auf maximal 20 Jahre. Und so sauber und ordentlich man in Schwaben baut (ich habe dort knapp zehn Jahre gelebt und schätze die Gegend sehr) – ein neues Weltwunder wird der Bahnhof nicht. Natürlich ist Geschwindigkeit nicht alles, und man will auch nicht wissen, wie viele Menschen beim Bau der Pyramiden draufgegangen sind, aber Schwerfälligkeit bei Problemlösungen ist in hoch entwickelten Gesellschaften besonders ausgeprägt. Nicht umsonst liegen die jährlichen Kosten, um die bürokratischen Vorschriften in Deutschland einzuhalten, bei 17 Milliarden Euro.[15]

Was kann man tun? Auf bürokratischem Weg wird man mit konkreten Maßnahmen lediglich etwas »Ergebniskosmetik« betreiben können. Erprobt sind beispielsweise »Sunset-Klauseln«, die Gesetze oder Vorhaben mit einem Ablaufdatum versehen. Wie bei der vorübergehenden Senkung der Mehrwertsteuer könnte man häufiger von dieser Methode Gebrauch machen, um die Beweislast umzukehren: Eine Verordnung müsste sich erst im Laufe der Zeit als nützlich erweisen und dann bestätigt werden, bevor sie dauerhaft wird. Ein Verfahren, das zumindest einen ersten Schutz gegen automatische Bürokratieeskalation bietet und in angelsächsischen Ländern häufiger Anwendung findet.

Weit wichtiger als das Eindämmen von Bürokratie ist jedoch ein Wechsel in unserer Lösungswahrnehmung. Sobald wir uns bewusst machen, dass Lösungen auch im Weglassen bestehen können, findet man sie auch. Hier lohnt sich ein Blick auf das Vielfliegerprogramm großer Airlines: Das »Miles & More«-Programm gehört mittlerweile zu den kompliziertesten Angeboten der Welt. Längst können Sie auf Expertenseiten die besten Tricks erfahren, wann Sie Ihre Meilen wie einsetzen, um den maximalen Bonus zu erreichen – eine Wissenschaft für sich. Man kann es auch anders machen: Die niederländische KLM nutzt ein Vielfliegerprogramm, das den Großteil der komplizierten Meilenberechnungen entsorgt und gegen ein einfaches Punktesystem eingetauscht hat. Denn die elegantesten Lösungen sind einfach und richtig zugleich. Die Lufthansa wird dieses Konzept übernehmen, worauf (da können Sie sicher sein) das gegenseitige Hochschaukeln unter den Fluggesellschaften wieder von Neuem beginnt.

Wenn Sie die Ressourcen in einem Projekt limitieren, werden sich Menschen daran anpassen und ihr kompliziertes Vorgehen vereinfachen. Die eigentliche Lösung ist aber keine technische, sondern eine mentale. Erinnern Sie sich an Kapitel 2 (zum Thema »einfache Erklärmodelle«): Das dort vorgestellte Prinzip der Parsimonie ist tödlich und gefährlich, wenn es um Erklärungen geht, aber es erweist sich als äußerst wirkungsvoll, wenn Sie ein Problem konkret lösen wollen: Unter mehreren Optionen wählt man immer diejenige, die eine Aufgabe mit minimalstem Aufwand erfüllt. Je klarer das zu erreichende Ziel ist, desto direkter wird der Lösungsweg. Aus diesem Grund hat es die Menschheit geschafft, in Rekordzeit einen Impfstoff gegen ein tödliches Coronavirus zu entwickeln. Und aus demselben Grund baut Deutschland im »Deutschlandtempo« fünf neue LNG-Terminals. Ob das sinnvoll ist, sei an dieser Stelle egal – es geht um das Prinzip: Je klarer das zu erreichende Ziel und je definierter die dafür einsetzbaren Ressourcen, desto schlanker wird die Umsetzung.

Das heißt nicht, dass sich jedwedes Problem flott und zügig

umsetzen lässt, doch der eigentliche Wechsel muss in unserem Denken erfolgen. Wir denken zu wenig daran, für den Fortschritt unnötigen Ballast oder verschlimmbessernde Prozesse über Bord zu werfen. Wir nehmen viele Dinge als gegeben hin und hinterfragen sie nicht mehr. Ich habe zum Beispiel Fahrradfahren mit Stützrädern gelernt. Was für ein Unsinn! Man lernt umso langsamer, je länger man mit Stützrädern fährt (denn diese schulen das Gleichgewicht gerade nicht). Wenn Sie sich heute auf einem Spielplatz umschauen, finden Sie dort keine Fahrräder mit Stützrädern mehr. Die Kleinen lernen mit winzigen Laufrädern, das Gleichgewicht zu halten, und kommen dann viel schneller aufs richtige Fahrrad.

Was sind unsere Stützräder? Dinge, die wir viel zu lange unhinterfragt nutzen, obwohl sie dem eigentlichen Fortschritt schaden.

DAS STREBEN NACH WACHSTUM 11

Warum wir nicht verzichten können

Ich bekenne mich schuldig: Ich habe in meinem Leben zu viele Dinge angehäuft. Zum Beispiel nutze ich insgesamt drei Mobiltelefone: Ein Smartphone setze ich für mein tägliches Leben ein, ein kleines Uralt-Handy nehme ich zum Rennradfahren mit und ein drittes Mobiltelefon benutze ich nur, wenn ich bei irgendwelchen Webseiten eine Telefonnummer angeben muss, aber keine nervigen Werbenachrichten erhalten will. Wie sich die Zeiten ändern. Früher musste ich noch aus dem Internet gehen, wenn meine Mutter telefonieren wollte. Versuchen Sie das mal einem heute 15-Jährigen zu erklären.

Mit meinem Telefonkonsum bin ich nicht alleine. Insgesamt gibt es in Deutschland über 160 Millionen Mobiltelefonverträge[1], also im Durchschnitt zwei pro Kopf. Klar kann man mit einem Smartphone auch mehrere Nummern nutzen, dennoch nennt der Durchschnittsdeutsche fast zwei Mobiltelefone sein Eigen. Das führt natürlich zu einem ungeheuren Ressourcenverbrauch. Im Elektroschrott findet man heute schon mehr Gold als in der besten Goldmine.[2]

Überhaupt leben wir in einer Welt des Überflusses: Durchschnittlich hat jeder erwachsene Mensch in Deutschland 95 Kleidungsstücke (ohne Unterwäsche)[3], unter anderem acht Jeans, von denen aber nur die Hälfte getragen wird.[4] Als ich diese repräsentative YouGov-Umfrage aus dem Jahr 2022 las, bin ich sofort zu meinem Kleiderschrank gerannt – und ein

Glück: Ich habe nur vier Jeans, somit habe ich meinen überproportionalen Handykonsum wieder ein bisschen reingeholt.

Trotzdem können wir der Masse an Konsumgütern kaum entrinnen. Ein gut sortierter Supermarkt kommt locker auf 60 000 unterschiedliche Produkte.[5] In Deutschland gibt es über 500 verschiedene Mineralwässer[6] und mehr Fernseher als Einwohner.[7] Ich kann Erdbeeren im Winter kaufen und Lebkuchen im Sommer. Kein Wunder, dass wir immer mehr Dinge anhäufen. Dass der Durchschnittsdeutsche aber 10 000 Gegenstände besitzen soll, ist eine Falschmeldung, wie der österreichische *Standard* 2022 herausfand.[8] Trotzdem dürften es einige Tausend sein. Allein in meinem Büro habe ich über 1000 Gegenstände gezählt. Allerdings ist da auch ein Haufen Bücher dabei – und von wissensvermehrenden Qualitätsmedien kann man nie genug haben. Bewahren Sie auch dieses Buch bitte auf.

Dennoch gewinnt man den Eindruck: Wir besitzen zu viel. Da überrascht es nicht, dass der kulturelle Gegentrend schon seit Jahren durch die Konsumgesellschaften geistert. Marie Kondo, die japanische Aufräumexpertin, hat Millionenbestseller über ihre Aufräummethoden geschrieben, Netflix-Serie inklusive. Dave Bruno, US-amerikanischer Unternehmer und Blogger, treibt den Minimalismus gar auf die Spitze: Mehr als 100 Dinge müsse man nicht besitzen. So weit würde ich nicht gehen. Mir fallen auf Anhieb 150 Bücher ein, die ich niemals wegwerfen würde (und das sind nicht nur die, die ich geschrieben habe).

Im Kapitel über die Verkomplizierung der Welt haben wir schon gesehen, warum Menschen dazu tendieren, alles immer umfangreicher werden zu lassen. An dieser Stelle ist die Frage jedoch eine andere: Warum können wir so schlecht auf Dinge verzichten? Immerhin könnte Verzicht der Schlüssel zu einem nachhaltigen Leben sein. Hat nicht schon der »Club of Rome« in seinem legendären Bericht über die »Grenzen des Wachstums« 1972 vor den Folgen eines unkontrollierten Wachstums gewarnt? Die Idee ist schließlich wundervoll einleuchtend: Auf einem Planeten mit begrenzten Ressourcen kann es kein unbegrenztes Wachstum geben. Irgendwann sind alle Ressourcen aufgezehrt, spätestens dann kommen wir ans Limit unserer menschlichen Existenz.

Natürlich ist dieser Gedanke unvollständig. Denn selbstverständlich können begrenzte Dinge Unendlichkeit ermöglichen. Eine Kugeloberfläche ist zum Beispiel endlich, hat aber keine Grenzen. Deswegen können Sie auf einer Kugeloberfläche unendlich weit herumfahren, ohne je an eine Grenze zu stoßen. Um im Bild zu bleiben: Auch ein Gehirn hat nur begrenzte Ressourcen. Es passt in Ihren Schädel und wiegt gerade einmal anderthalb Kilo. Dennoch sind die Möglichkeiten des menschlichen Geistes praktisch unbegrenzt. Denn bei der Frage des Wachstums (auch des geistigen) darf man nicht unterschätzen, dass man dieselben Ressourcen auch mehrfach verwenden kann. Wir trinken zum Beispiel nahezu dasselbe Wasser wie die Dinosaurier.

Solche naturphilosophischen Gedanken lenken natürlich von der eigentlichen Fragestellung dieses Kapitels ab: Können wir mit Verzicht die Welt retten? Oder anders formuliert: Ist nach den Jahrzehnten des Wachstums die Phase des Bremsens und des Negativwachstums gekommen? »Gemeinsam zu verzichten, das ist der richtige Weg, um so eine Transformation zu gestalten«, so sieht es Harald Lesch.[9] Und für Luisa Neubauer ist klar: »Die Frage ist: Wo verzichten wir?«[10] Doch sind wir als menschliche Spezies überhaupt zum Verzicht in der Lage? Oder sind wir grundsätzlich darauf gepolt, immer mehr haben zu wollen? Und wäre das eine dumme Lebenseinstellung?

Weil ich mich an die Botschaft des vorigen Kapitels (»In der Kürze liegt die Würze«) halten möchte, gehen wir also in diesem Kapitel ohne Umschweife gleich *in medias res*, nämlich buchstäblich in die Mitte des Gehirns. Dort entscheidet sich nämlich, was Verzicht ist – und ob wir wirklich so dumm sind, für das Wohlergehen der nachfolgenden Generationen nicht verzichten zu können.

Unglück ist relativ

Um zu verstehen, was bei Gewinn und Verlust, bei Glück und Unglück genau passiert, lohnt sich ein Blick ins Gehirn. Jedes Glück beginnt damit, dass wir im Gehirn einen Fehler machen: einen Vorhersagefehler. Zu jeder Zeit baut sich in unserem Gehirn eine Erwartungshaltung bezüglich unserer Umgebung auf, quasi eine Hypothese, eine Vorhersage dessen, was eintreten könnte. Dafür hat sich ein cleveres System entwickelt, das Dopamin als Botenstoff verwendet.

Dopamin ist das entscheidende Molekül dafür, ob uns etwas glücklich oder unglücklich macht. Permanent wird dazu in einer besonderen Hirnregion Dopamin ausgeschüttet. Weil in ebenjener Region unser Glücksempfinden gesteuert wird, hat man für dieses Gebiet praktischerweise den Namen *Nucleus accumbens* (lat. für »Beischlafkern«) gewählt. Allerdings ist dieses Areal bei praktisch allen Aktivitäten involviert, nicht nur bei lustvoller Zweisamkeit. Der Clou ist: Ob uns etwas glücklich macht oder nicht, entscheidet der Dopaminspiegel in diesem Beischlafkern. Aber, und das ist entscheidend, nicht die absolute Menge an Dopamin ist dabei wichtig, sondern ob sich die Dopaminausschüttung ändert. Steigt sie sehr stark an, macht uns das glücklich. Wir empfinden diesen Moment als »Kick«, als »Rausch«, als »Glücksgefühl«. Wohlgemerkt: Der Unterschied ist entscheidend. Wenn vorher das Dopaminlevel schon sehr hoch war, dann bringt es wenig, wenn es noch ein bisschen ansteigt.

Das zu übertreffende Dopaminlevel ist quasi die Erwartungshaltung, mit der wir durchs Leben gehen. Je mehr wir erwarten, desto stärker muss die Dopaminausschüttung sein, um glücklich zu werden. Umgekehrt gilt auch: Bei niedriger Erwartungshaltung reicht schon ein bisschen Dopamin, um sich besser zu fühlen. Das bedeutet wiederum, dass wir eigentlich nur glücklich sein können, weil wir uns in unserer Erwartungshaltung geirrt haben. Wir werden von der Wirklichkeit positiv überrascht – und genau diese Überraschung wird in ein Mehr an Dopamin übersetzt. Tatsächlich spricht man in der Wissenschaft auch vom »*Reward Prediction Error*«, dem Belohnungs-Vorhersage-Fehler, um überhaupt glücklich werden zu können.[11]

Deswegen ist Glück niemals absolut, sondern immer nur relativ. Wenn Sie viel verdienen und in einem Umfeld mit anderen reichen Menschen wohnen, fühlen Sie sich folglich schlechter, denn Sie vergleichen sich immer mit Ihrer Umgebung. Unweigerlich beeinflusst unser Umfeld immer unsere Erwartungshaltung. Sie haben sich gerade ein neues Fahrrad gekauft? Tolle Sache, bis am Tag darauf der Nachbar mit einem noch viel tolleren Fahrrad aus der Garage rollt. Ob Sie es wollen oder nicht: Sie vergleichen sich sofort mit dem, was Ihr Umfeld besitzt, mit dem, was Sie besitzen könnten, mit dem, was Sie bisher besessen haben. Nur wenn Sie mehr haben, als Sie erwartet hatten, können Sie biochemisch glücklich werden. Leider passen wir unsere Erwartungshaltung fortwährend an und schrauben sie nach oben, sobald wir ein Glücksgefühl hatten. Erhöhen wir jedoch den Dopaminpegel, muss er das nächste Mal noch höher sein, damit wir glücklich sein können. Deswegen muss ein Drogensüchtiger immer weiter die Dosis erhöhen, um sich gut zu fühlen, bis auch das nicht mehr gelingt, weil das zu erreichende Dopaminlevel so hoch ist, dass auch eine Droge nichts mehr nützt. Am Ende trinkt ein Alkoholiker nur, um sich nicht mehr schlecht zu fühlen – also um sich so zu fühlen, wie sich ein Nüchterner immer fühlen kann. Ein äußerst dummer Mechanismus, so scheint es. Eigentlich könnte man sich diese Tretmühle sparen.

Was hat das nun mit dem Verzicht zu tun? Ganz einfach: Durch denselben Mechanismus, durch den Sie glücklich werden, werden Sie auch unglücklich. Sie haben weniger von dem, was Sie vorher brauchten, um Ihr Glückslevel zu halten? Dann wird weniger Dopamin im Mittelhirn ausgeschüttet, und dieses Weniger erleben Sie als trauriges Gefühl.[12] Genau wie Glück ist Traurigkeit also relativ. Beispiel: Sie richten eine Geburtstagsparty aus. Alle Ihre Freunde und Verwandten kommen für einen tollen Abend und eine rauschende Nacht. Sie feiern und tanzen bis in die Puppen. Doch irgendwann wird auch der letzte Gast gegangen sein. Sie verabschieden ihn an der Tür, drehen sich um. Und sind allein. Genau dann ist man (zumindest ein bisschen) traurig, obwohl der Zustand wie vor der Party ist: Niemand ist da. Aber die Erwartungshaltung, das Glückslevel, mit dem Sie Ihren aktuellen Zustand vergleichen, ist ein anderes. Ähnliche Phänomene kennt man von der Rückkehr aus dem Urlaub: Man kommt von einem dreiwöchigen Trip nach Hause, ist noch völlig aufgewühlt von den vielen Eindrücken und Erlebnissen, öffnet die Haustür – und ist im Urlaubsblues.

Verzicht ist Mist

Dies ist der erste Grund dafür, weshalb Verzicht so schwer ist: Wir definieren uns nicht darüber, was wir haben, sondern darüber, ob wir mehr oder weniger haben als zuvor. Und egal, welche psychologischen Tricks Sie anwenden, gegen die Natur Ihres Gehirns kommen Sie nicht an. Wenn Sie weniger von dem haben, was Sie vorher glücklich gemacht hat, dann macht Sie dieser Verzicht unglücklich.

Natürlich ist nicht alles, was weniger wird, gleich ein Grund, unglücklich zu sein. Wie würden sich sonst die kommerziellen

Erfolge von *Simplify*-Ratgebern und Aufräum-Büchern erklären? In einer Gesellschaft des Überflusses ist das Leben in Kargheit geradezu eine Kunst. Seit der Einführung des iPhones ist die stilistische Reduktion des Designs auf die allernötigsten Funktionen ein modernes Kulturprinzip des 21. Jahrhunderts geworden (wenngleich schon der Bauhaus-Stil der 1920er-Jahre einer ähnlich reduktionistischen Fokussierung auf das Wesentliche folgte). Denn wenn die Welt immer komplizierter wird, sehnen sich die Menschen nach Einfachheit – in den 1920ern wie in den 2010ern. Aus diesem Grund verkauft Tesla Autos, die innen aussehen wie eine sterile Arbeitsfläche, und genau deswegen ist der minimalistische Skandi-Look einer der wichtigsten Trends der aktuellen Innenausstattung.

Doch aufgepasst: Es gibt unterschiedliche Formen der Reduktion – und nicht alle sind Verzicht. Wer Müll wegwirft, *verzichtet* nicht auf den Müll. Denn Verzicht bedeutet, dass man weniger von dem hat, was man vorher brauchte, um sein Glückslevel, seine Identität, seinen gesellschaftlichen Status zu halten. Es ist leicht, sich von dem zu trennen, was einem ohnehin nichts bringt. Müll gehört dazu. Überflüssiger Krimskrams in der Wohnung auch. Wer kein Auto hat, tut sich leicht, ein Tempolimit zu fordern. Und ich persönlich trinke ausschließlich Wasser. Für mich wäre es kein Problem, Kaffee zu verbieten, der aufgrund seines Wasserverbrauchs und der hohen Transportkosten die Umwelt belastet. Ich müsste schließlich nicht darauf verzichten. Hier zeigt sich: Jeder Mensch hat etwas, das er für sein Glücklichsein braucht. Genau das loszuwerden wäre Verzicht. Alles andere ist wohlfeile Heuchelei.

Außerdem gilt: Sobald man weniger von etwas hat, um später mehr zu haben, ist es ebenfalls kein Verzicht, sondern ein Investment. In einem Heißluftballon *verzichtet* man nicht auf einen Sandsack, wenn man ihn abwirft. Man investiert ihn, um mehr von dem zu haben, was es einem erlaubt, sich besser zu fühlen als vorher. Wenn ich an der Börse 1000 Euro in eine

Aktie investiere, dann *verzichte* ich ja auch nicht auf das Geld, sondern ich hoffe, dass ich später mehr habe als vorher.

Insofern ist nur das ein neuropsychologischer Verzicht, was uns vorher in irgendeiner Form glücklich gemacht hat. Und genau dieser Verzicht ist Mist – und zwar immer. Für eine gewisse Zeit kann man sich noch ein bisschen zurücknehmen. Aber niemals unter ein Mindestniveau, das wir für unser Wohlbefinden brauchen. Leider ist dieses Niveau noch weit über dem, was wir unserem Planeten zumuten können (zumindest, wenn alle so leben würden wie wir). Während der Coronapandemie mussten wir auf vieles verzichten: auf Reisen, auf Konsum, auf das Treffen mit Freunden, auf Ausgehen und Feiern. Ich kenne niemanden, der sich darüber gefreut hätte. Dieser Verzicht war für alle hart – und dennoch viel zu wenig. Unser Verzicht während der Coronapandemie führte 2020 nur zu einem Rückgang der CO_2-Emissionen um neun Prozent.[13] Man kann dann gerne weiter Verzicht fordern. Doch dass der bloße Verzicht eine gesellschaftliche Aufbruchsperspektive schafft, ist weder historisch belegt noch psychologisch plausibel. Was tun wir, wenn wir nicht so viel verzichten können, wie wir es müssten, um den Planeten zu retten, weil es uns an die emotionale Substanz geht und wir uns schlecht fühlen?

Die Angst vor dem Verlust

Die Angst davor, weniger zu haben als zuvor, ist tief in uns verwurzelt. Sie ist geradezu ein Klassiker der modernen Verhaltensforschung und als »Verlustaversion« bekannt. Konkretes Beispiel, bei dem Sie wieder mitspielen können: Sie werfen eine Münze – unter einer Bedingung: Wenn die Münze Kopf zeigt, müssen Sie 10 Euro abgeben, wenn sie Zahl zeigt, bekommen Sie 10 Euro. Würden Sie die Münze werfen? Die meisten Menschen lassen sich auf diesen Deal nicht ein, obwohl er, statistisch betrachtet, weder Vor- noch Nachteile bringt. Nun haben Sie im Kapitel über das menschliche Risikodenken schon gesehen, dass wir in Entscheidungsfragen nicht gerade die vernünftigsten Lebewesen sind. Auch hier wird wieder das Bild des Verlustes obsiegen, das wir ganz plastisch vor Augen haben und vor dem wir uns ängstigen.

Um es Ihnen leichter zu machen, erhöhe ich den Einsatz: Wenn Sie Kopf werfen, verlieren Sie 10 Euro, wenn Sie Zahl werfen, gewinnen Sie 15 Euro. Nun wird es schon schwieriger, vielleicht schlagen Sie sogar ein. Doch erst wenn ich die Belohnung auf über 20 Euro erhöhe, werden die meisten mitspielen und die Münze werfen. Amos Tversky und Daniel Kahneman führten dieses Experiment schon 1992 durch und entdeckten dabei ebenjenen Zusammenhang, den man heute »Loss Aversion« nennt[14]: Menschen bewerten Verluste etwa doppelt so hoch wie Gewinne. Oder anders gesagt: Es fühlt sich doppelt so schlimm an, 10 Euro zu verlieren, wie es sich gut anfühlt, 10 Euro zu bekommen. Genau deswegen ist es so schwierig, zu verzichten. Die Schmerzen sind einfach zu groß. Auch das ist konkret im Gehirn messbar: Die Region, die an der Steuerung unserer Erwartungshaltung mitbeteiligt ist, ist bei Verlusten deutlich stärker aktiv als bei Gewinnen.[15]

Allerdings muss man fairerweise präzisieren, dass diese Verlustangst maßgeblich davon abhängt, wo die Untersuchung stattfindet. Europa zählt beispielsweise zu den verlustängstlichsten Gegenden der Welt. Konkret kam das heraus, als man 2017 in einer riesigen Studie das Verlustverhalten von Menschen aus 53 unterschiedlichen Ländern untersuchte.[16] Ergebnis: Mit weitem Abstand sind die osteuropäischen Länder am verlustängstlichsten. Menschen in Georgien muss man beispielsweise über 70 Euro für einen erfolgreichen Münzwurf bieten, damit sie einschlagen. Deutschland befindet sich übrigens im Mittelfeld bei 20 Euro Gewinnversprechen.

Für Deutschland wurde allerdings ein weltweit besonderes

Verhalten beobachtet. Typischerweise sinkt nämlich die Verlustangst, wenn Menschen reicher und mächtiger werden.[17] Die Theorie dahinter: Verlust muss man sich leisten können. Plus: Reiche Menschen wurden oftmals reich und mächtig, weil sie eher ins Risiko gingen. Sie sind vielleicht nicht weniger verlustängstlich, sondern vielmehr gewinnsuchend. Nur für Deutschland scheint das nicht zuzutreffen: Hier zeigte eine Studie mit 660 Probanden: Deutsche werden umso verlustängstlicher, je reicher sie sind.[18] Ich war von dieser Studie keinesfalls überrascht. Denn dass die Deutschen auf einmal zu Zockern werden, sobald sie viel Geld angehäuft haben, das hätte mein kulturelles Weltbild völlig zerstört.

Es bleibt neuropsychologisch festzuhalten: Verlustangst gepaart mit der Art und Weise, wie wir Glück und Unglück empfinden, lässt uns an unserem Status quo festhalten. Wir sind nicht dafür gemacht, zu verzichten. Tatsächlich müssen wir unser Glück maximieren. Je besser es uns geht, desto mehr strengen wir uns an, um diesen Zustand nochmals zu übertreffen (wir Deutschen werden jedoch umso ängstlicher, je mehr wir haben). Die Vorstellung jedoch, dass wir auf etwas verzichten, um glücklich zu werden, widerspricht der menschlichen Natur.

Im Gegenteil: Unsere menschliche Existenz beruht überhaupt nur darauf, dass wir das, was wir haben, maximieren. Allen, die dauerhaften Verzicht predigen und ihn als Ausweg aus unserer prekären planetaren Situation preisen, sind die Grundlagen des menschlichen Denkens offenbar unbekannt. Überhaupt: Was ist das nur für eine Fantasielosigkeit der Verzichtsapologeten! Mit dieser Einstellung würden wir immer noch in einer Steinzeithöhle sitzen. Wie kann man angesichts der großen Krisen der Menschheit derart einfallslos sein, dass einem nichts Besseres einfällt, als das Rad in die 1970er-Jahre zurückzudrehen und auf den erworbenen Wohlstand zu verzichten? Deutschland, du Land der Visionäre, der Vordenker, der Ingenieure und Erfinder, was ist aus dir geworden? Du hast den Katalysator entwickelt und den sauren Regen beendet, du hast das Fahrrad erfunden, das Telefon und den ersten Computer. Alle diese Dinge haben die Welt besser gemacht. Und jetzt fällt dir nichts Besseres ein, als nachfolgenden Generationen eine grundlegende Mäßigung aufzuerlegen? Gottlieb Daimler würde sich hinsetzen und ein nachhaltiges Auto bauen. Und Werner von Siemens grüne Energietechnik entwickeln. Bis dahin können altkluge Philosophen ja gerne Verzicht predigen – und sich wundern, warum sie dafür gefeiert werden, aber die Mehrheit trotzdem anders leben will.

Was ist die Alternative?

Im Grunde ist unser Glück zum Scheitern verdammt. Denn wenn es stimmt, dass nur die Änderung des Dopaminspiegels ein Glücksgefühl auslösen kann, dann würden wir mit der Zeit immer größere Anstrengungen unternehmen müssen, um unser Glücksniveau zu halten, bis uns das irgendwann nicht mehr gelingt – und wir folglich wieder unglücklicher werden. Oder wie es im Film *Vanilla Sky* heißt: Das Süße ist niemals so süß ohne das Saure.

Neurowissenschaftlich ist das Glücklichsein also bei Weitem nicht so schön wie das Glücklichwerden. Kein Wunder, dass in der amerikanischen Verfassung auch nicht das »Recht auf Glück«, sondern das Recht auf ein »Streben nach Glück« (*»Pursuit of Happiness«*) verankert ist. Der glückliche Zustand ist überdies auch ziemlich langweilig und unproduktiv. Glückliche Menschen haben schließlich noch nie die Welt verändert. Sie wollen ja gerade nichts mehr ändern, denn wenn man glücklich ist, will man diesen Zustand konstant halten. Nehmen wir ein extremes Beispiel: Schauen Sie sich einen Menschen im Heroinrausch an. Biochemisch ist das Glück in diesem Moment nicht zu toppen, das Maximum ist erreicht. Aber Menschen im Heroinrausch sind niemals produktiv. Nur dadurch, dass sich Glück abnutzt, haben wir überhaupt ein Interesse daran, dass es uns besser geht. Aus diesem Grund finden Sie in Geschichten jedweder Art auch nahezu immer Aufstiegserzählungen. Unser gesamtes Storytelling (ob in Märchen, Liebesromanen oder Hollywoodfilmen) beruht darauf, dass Menschen etwas erreichen, was ihnen Erfüllung, Glück, Zufriedenheit oder irgendeine andere Vermehrung des Glücksgefühls verschafft. Deswegen enden Liebesgeschichten immer dann, wenn sich die zwei gekriegt haben. Denn das Zusammensein ist weitaus weniger spannend als das Zusammenkommen.

Im Grunde ist es deshalb auch unmöglich, den Verzicht als neue Kulturtechnik zu etablieren. Es hat zumindest noch nie in der Menschheitsgeschichte funktioniert. Die Verzichtsgesellschaft ist eine akademische Reißbrettidee. Sie klingt auf dem Papier gut, unterschätzt jedoch die Grundlagen menschlichen Denkens, das organisch immer auf den Vergleich eingestellt ist.

Wobei, ich muss mich korrigieren: Verzicht und Mäßigung haben (zumindest in unserem Kulturkreis) durchaus einmal als gesellschaftliches Prinzip getaugt – in der mittelalterlichen Kirche, die sich ein maßloses Aufstiegsversprechen an die Gläubigen nicht leisten konnte. Allein fünf der sieben Todsünden lassen sich direkt durch verzichtsvolles Verhalten vermeiden: Neid, Völlerei, Habgier, Wollust und Hochmut. So ließen sich weite Teile der Gesellschaft jahrhundertelang von der Macht des Klerus fern- und von jeglicher persönlichen Ambition freihalten. Unter einer Bedingung: dass man den Menschen für ihren Verzicht eine Belohnung verspricht, das Paradies nämlich. Genau das deckt sich mit der aktuellen neuropsychologischen Forschung: Menschen verzichten, wenn sie wissen, wofür. Verzicht kann in dieser Form ein Investment sein – entweder ins transzendentale Seelenheil oder in eine »bessere Zukunft«.

Die Frage ist: Welches Paradiesversprechen können wir für den Verzicht bieten? Selbst wenn sich unsere heutigen Kinder ihr ganzes Leben lang in dauerhaftem Verzicht üben (sorry dafür, dass wir Älteren so gierig die Natur geplündert haben), werden sie im Jahre 2100, wenn der Klimawandel selbst im optimistischsten Fall in vollem Gange sein wird, nicht erleben, dass es ihren Enkeln besser geht. Wofür sich anstrengen, wenn wir wissen, dass es nicht besser wird? Kann man auf diese Weise zukünftige Generationen dauerhaft motivieren? Noch dazu in einem Land, dem die gesellschaftlichen Zukunftsnarrative auszugehen drohen?

Die Antwort aus neurowissenschaftlicher Sicht ist: Nein, das geht nicht. Zumindest nicht im größeren Maßstab. Zum einen haben wir schon in Kapitel 6 gesehen, dass sich Menschen ihr zukünftiges Ich vorstellen wie eine komplett fremde Person.[19] Und auf Kosten eines Fremden lebt es sich leicht. Hinzu kommt, dass Menschen ihr zukünftiges Glück mental abwerten.[20] Selbst bei vergleichbaren Glückszuständen kann man sich nicht vorstellen, dass diese in der Zukunft genauso viel Spaß machen wie in der Gegenwart.

Zum ersten Mal in der deutschen Umfragegeschichte sehnen sich die unter 34-Jährigen eher nach einem Leben in der Vergangenheit statt in der Zukunft.[21] Ein Kunststück, wenn man Mäßigung und Verzicht und nicht Fortschritt und Wohlstandsverbesserung zum klimarettenden Versprechen macht. Utopien haben die Menschheit immer stärker angetrieben als die Aussicht auf Verzicht – und fast könnte man meinen, dass wir gerade eine Renaissance des mittelalterlichen Verzichtsversprechens erleben, um unser sündhaftes Vergehen an der Natur zu sühnen. Wenn die Welt untergeht, können wir in Deutschland dann immerhin behaupten, dass es an uns nicht gelegen hat. Mit reinem Gewissen in die Klimakatastrophe: Das könnte der einzige Gewinn sein, den ein jahrelanges Verzichtsverhalten einbringt.

Natürlich kann man seinen Verzicht positiv umdeuten (auf Englisch »*Reframing*« genannt) und dadurch zumindest ein bisschen nachhaltiger leben. Die Effekte sind jedoch eher gering. So untersuchte eine Studie aus dem Jahr 2020, ob sich Deutsche eher zum Energiesparen motivieren lassen, wenn ihr energetischer Verzicht mit einem konkreten Ziel (Einsparung um fünf Prozent) oder mit einem ökologischen Versprechen (wenn das Ziel erreicht ist, wird ein Baum gepflanzt) verknüpft wird. Ergebnis: Menschen sparen mehr, wenn sie ein konkretes ökologisches Gewissen entwickeln. Allerdings liegt der Effekt lediglich bei knapp fünf Prozent.[22]

Die Idee, dass man Verzicht und ökologisches Verhalten durch Aufklärung besonders gut »reframen« (also umdeuten) kann, wird von der wissenschaftlichen Verhaltensforschung nicht gedeckt. So sparen Menschen (in Italien) nicht nennenswert mehr Energie ein, wenn man an ihr persönliches ökologisches Gewissen appelliert[23], und zur Müllvermeidung ist ein finanzieller Anreiz effektiver als ein ökologisches Framing (zumindest in China).[24] Eine Übersichtsarbeit aus dem Jahr 2022 zeigt sogar, dass einfaches Reframing keine Vorteile für pro-ökologisches Verhalten bringt.[25] Erst wenn man mehrere Umdeutungstechniken kombiniert, ändern Menschen ihr Verhalten. Aber niemals so sehr, wie es nötig wäre und oftmals behauptet wird. Die Vorstellung, man könne Menschen durch eine einfache »Verzicht kann auch ein Gewinn sein«-Umdeutung motivieren, geht an der Wirklichkeit unseres Denkens vorbei.

Was machen die anderen?

Verzicht mag kurzfristig wichtig sein, um ein ressourcenschonenderes Leben zu führen. Vielleicht kann man damit auch ein kurzfristiges »Statuserlebnis« erzielen. Schließlich kann es sich nicht jeder erlauben, auf Dinge zu verzichten. Langfristig betrachtet ist Verzicht aber kein psychologisch-nachhaltiges Verhalten. Denn wenn Sie keine produktive Aufbruchsperspektive anbieten, stirbt die gesellschaftliche Identität. Überhaupt klingt der Ruf nach Verzicht sehr nach einer neo-kolonialistischen Wiederkehr der westlichen Überheblichkeit: Zum Dank dafür, dass wir die Welt industriell ausgebeutet haben, erklären wir jetzt den Verzicht zur zivilisatorischen Zukunftsidee? Denn wenn es Deutschland gelingt, zu verzichten, dann setzen wir ein Zeichen für die Welt, auf dass man sich daran ein Beispiel nehmen kann? Schon Kapitel 8 (über den Spotlight-Effekt) hat gezeigt, dass wir uns selbst nicht zu wichtig nehmen dürfen. Denn mit so einer egozentrischen Weltsicht wird es uns sicher nicht gelingen, die Aufstiegsnarrative der Schwellenländer im Sinne einer nachhaltigen Transformation zu inspirieren.

Das liegt auch daran, dass die Art, wie wir Verlust (quasi das negative »Framing« des Verzichts) erleben, kulturell unterschiedlich beurteilt wird. Sie erinnern sich: Osteuropäische Länder sind am verlustängstlichsten, Deutschland liegt im Mittelfeld, und am ehesten ins Risiko gehen Länder in Afrika. Im eingangs erwähnten Münzwurf-Experiment schlagen Menschen in Tansania schon ein, wenn sie bloß die Aussicht auf 10 Dollar Gewinn haben. Die Erklärung dafür ist aber nicht, dass sie weniger Angst vor Verlust haben, sondern dass sie mehr auf den Gewinn schielen. Gerade in Ländern, die kollektivistisch geprägt sind, kann man sich solch ein Risiko eher erlauben[26], denn man wird bei einer falschen Entscheidung eher von seinem Umfeld aufgefangen als in individualistischen Ländern wie Deutschland. Und damit ist nicht nur das finanzielle Risiko gemeint, sondern auch das gesellschaftliche. Wer in Deutschland beispielsweise ein Unternehmen in den Sand setzt, gilt schnell als Depp und nicht als wagemutiger Macher. Kurz gesagt: Verzicht ist kein globales Exportmodell. Nur weil wir es uns in einer konsumgesteuerten Überflussgesellschaft erlauben können, auf ein bisschen zu verzichten, machen uns das andere nicht gleich nach.

Menschen verzichten nicht gerne. Sie versuchen immer, ein bisschen mehr von dem zu bekommen, was sie glücklich macht – nur um unweigerlich irgendwann wieder unglücklich zu sein. Aber in diesem gefühlten Unglück liegt die größte Stärke des Menschen. Kreativität und der Antrieb, es mal besser haben zu wollen, haben uns die genialsten Erfindungen eingebracht. Man kann versuchen, gegen dieses grundlegende Prinzip anzuarbeiten. Allein, es wird nicht gelingen. Viel cleverer wäre es, diese gestalterische Kraft des Menschen zu nutzen.

Wie die zuvor erwähnten Studien nahelegen: Menschen sparen sehr viel lieber Energie ein oder vermeiden Müll, wenn sie einen ganz konkreten Vorteil davon haben, wenn sie damit Geld sparen oder sich unabhängig von autokratischen Öl-Diktaturen machen können. Menschen essen Biogemüse, wenn es besser schmeckt und weniger kostet als herkömmliche Nahrungsmittel. Niemand rettet den Planeten, weil das eine tolle Idee ist. Was hat man schließlich davon, wenn in 100 Jahren die Welt nicht untergegangen ist?

Die Tretmühle nutzen

Entweder man schafft ein ganz konkretes Nützlichkeitsversprechen – oder man wird gegen Windmühlen kämpfen. Im Grunde muss man das Nützliche mit dem Angenehmen verbinden. 1999 baute Volkswagen beispielsweise das erste Drei-Liter-Auto, den Lupo. Ein Auto, das die Idee des Verzichts in den Vordergrund stellte: Es hatte nur drei Türen, war winzig klein, um Kofferraum zu sparen, und auch beim Design wurde gegeizt, es war (pardon) potthässlich. Aber es war auch äußerst sparsam. Wie man sich nach der Lektüre dieses Kapitels jedoch denken kann, reicht das nicht. Kein Wunder, dass der Lupo kein Longseller und nach weniger als sechs Jahren eingestellt wurde. Kurze Zeit später kam Tesla mit dem ersten Massenfahrzeug auf den Markt. Das Auto verbraucht auf 100 Kilometer halb so viel Energie wie ein Lupo, aber verkauft sich nicht mit einem Verzichtsargument. Im Gegenteil: Man fühlt sich als Tesla-Fahrer als Teil der technologischen Avantgarde, einer mobilen Elite. Kein Wunder, dass Tesla Elektromobilität erst cool gemacht und den deutschen Automobil-Imperien den Fehdehandschuh hingeworfen hat. Kein einziges chinesisches Elektroauto sieht aus wie ein Verzichtsmobil – und dennoch (oder gerade deshalb) spielen Elektroautos eine Schlüsselrolle auf dem Weg in eine moderne Mobilitätswelt.

Biete den Menschen einen konkreten Vorteil, dann setzen sie auch Veränderungen um. Genau deswegen hat sich das Desertec-Projekt in Nordafrika nicht durchgesetzt. Die Idee war eigentlich genial: Statt im grauen Deutschland mit enormen staatlichen Subventionen den Ausbau von Solardächern zu fördern, baut man Solarkraftwerke einfach dort, wo wirklich die Sonne scheint: in Nordafrika, um von dort den Strom nach Europa zu exportieren. Doch nicht die Energieversorgung in Nordafrika stand im Mittelpunkt, um anschließend den überschüssigen Strom nach Europa zu transportieren (eine Win-win-Strategie für alle), sondern purer Eurozentrismus. Okay, es kam auch noch der Arabische Frühling dazwischen, der die Planungsverfahren nicht gerade begünstigt hat. Aber es war das Grundproblem des nicht vorhandenen konkreten Vorteils vor Ort, welches die große Vision des Projektes zu Fall brachte. Gute Ideen lassen sich trotzdem nicht aufhalten, vielleicht kommt die Wüstenenergie irgendwann durch die Hintertür: Saudi-Arabien, Dubai, Abu Dhabi – sie alle erkennen, dass sie in Zukunft günstigen Wasserstoff produzieren und in die Welt verschiffen können.[27] Aber nur, weil sie damit selbst Geld verdienen.

Was wäre das für ein Traum: Man stelle sich vor, man könnte elektrische Energie wirklich nachhaltig gewinnen. Dann könnte man sie nicht verschwenden. Denn wie verschwendet man etwas, das nicht weniger werden kann (wie Sonnenenergie)? Es ist nicht nur die Aufgabe, sondern die verdammte Pflicht der Menschheit, solche Technologien zu entwickeln – und Aufbruchsversprechen zu erschaffen, die nachhaltig sind und trotzdem den menschlichen Drang nach mehr bedienen. Das sehe nicht nur ich so, sondern auch der Bericht des Club of Rome aus dem Jahr 2022. Was für eine Wendung der Geschichte: 50 Jahre nach seinem ersten Paukenschlag stellt der Club of Rome eben nicht den Verzicht, sondern eine Wachstumsperspektive in den Vordergrund.[28] Immerhin haben wir in Deutschland in den letzten 30 Jahren schon gezeigt, dass man Wirtschaftswachstum von CO_2-Freisetzung entkoppeln kann: Seit 1990 hat sich die Wirtschaftsleistung Deutschlands mehr als verdoppelt, die CO_2-Freisetzung wurde im gleichen Zeitraum um 40 Prozent reduziert.[29] Wer kann angesichts dieser Entwicklung ernsthaft behaupten, Wachstum und Umweltschutz seien prinzipiell unvereinbar?

Zurück zur Idee des Verzichtens: Menschen tun es nicht gerne. Niemals. Auch mit guten Erzählungen und Reframings nicht. Wir maximieren immer gerne das, was uns glücklich macht, bis wir über unsere Verhältnisse leben. Auf den ersten Blick erscheint das dumm, schließlich sollte man nicht den Ast absägen, auf dem man sitzt. Auf der anderen Seite war unser Streben nach Wachstum immer die Quelle für die besten Ideen der Menschheit. Man kann dagegen ankämpfen, aber das wird verdammt schwer. Oder man kann diese Kraft clever nutzen, dann schlägt man mehrere Fliegen mit einer Klappe.

Bis wir technisch so weit sind, können wir ja gerne den Verzicht predigen, um mit ruhigem Gewissen einzuschlafen. Es hat ja auch etwas für sich, wenn man sich in einigen Bereichen zurücknimmt. Wer braucht schon frische Erdbeeren im Dezember? Oder acht Jeans? Aber wäre es nicht unfassbar fantasielos und dieses Landes unwürdig, wenn wir nachfolgenden Generationen eine Verzichtsidee predigen, in der Hoffnung, wir könnten damit die Welt retten?

DIE FREUDE AM PESSIMISMUS

12

German Angst statt German Mut

Wer die Zukunft schwarzmalen will, ist in Deutschland am richtigen Ort. Denn egal, wohin man schaut, überall lauert der nächste Untergang: gestörte Lieferketten, die unsere globalisierte Wirtschaft abwürgen, eine Inflation, die das urdeutscheste aller Traumata (die Hyperinflation) wieder wachrüttelt, Energieknappheit, näher rückende Kriege in Europa. Vielleicht kommt auch noch mal eine Corona-Killermutante um die Ecke. Als wären solche kaum vorhersehbaren Fährnisse unseres Lebens nicht schon schlimm genug, laufen wir auch noch sehenden Auges in die wirklich großen Krisen: ein kollabierendes Rentensystem oder die Klimakrise, die unser aller Lebensgrundlagen zerstören wird. Und über allem droht die Mega-Apokalypse: das Artensterben, das ganze Ökosysteme kollabieren lässt.

Wohin man schaut, es geht bergab. Wir waren mal Exportweltmeister, heute sind wir nur noch auf Platz drei. Wir machen Witze über unsere prädigitalen Fax-Behörden, wir lassen uns von chinesischen Elektroautobauern die Butter vom Brot nehmen, und über die Bürokratie der Bundeswehr können wir nur noch spotten. Wir wollen bis 2045 klimaneutral sein (also in gut 20 Jahren ab dem Zeitpunkt, an dem dieses Buch erscheint). Dabei braucht Berlin ganze 24 Jahre, um sein Pergamonmuseum zu renovieren.[1] Das ist übrigens über zehn Jahre länger, als man vor gut 2000 Jahren gebraucht hat, um den

Pergamonaltar überhaupt zu bauen. Wie langsam sind wir nur geworden! Die Bahn will den Deutschlandtakt-Fahrplan bis 2070 fertig haben.[2] Da werde ich wahrscheinlich schon zehn Jahre tot sein.

Früher hatten wir Unternehmen auf Weltniveau: Elektronikkonzerne, Pharmaindustrie, Banken. Heute macht JP Morgan mehr Gewinn als die Deutsche Bank Umsatz. Wir haben den Computer erfunden – aber Apple ist heute an der Börse knapp doppelt so viel wert wie alle DAX-Konzerne zusammen. Selbst im Fußball sind wir zweimal hintereinander in der WM-Vorrunde ausgeschieden. Wir haben nichts mehr.

Kein Wunder, dass es uns so leichtfällt, pessimistisch zu sein. Wäre alles andere nicht weltfremde Traumtänzerei? Als ich Ende 2022 für eine Veranstaltung in den USA war, sollte ein Workshop zum Thema »Pessimismus in der Gesellschaft« moderiert werden. Ich war nicht überrascht, dass ich diese Rolle übernehmen sollte – schließlich haben die Amerikaner keine Ahnung, wie substanzielles Schwarzsehen wirklich funktioniert. Als Deutscher hatte ich keine Probleme, den US-Kollegen mal richtig zu erklären, wie man die Welt schlechtredet. Wenn man in den USA seine Schuhe richtig zubinden kann, ist das gleich *»fantastic«*, *»awesome«* oder *»great«*. Das größte Kompliment, das man von einem Deutschen hören wird, ist die Verneinung des Negativen: »Nicht schlecht«, »Gar nicht übel« oder der Klassiker: »Es hätte schlimmer kommen können.«

»I have a dream«, so rief Martin Luther King Jr. dem amerikanischen Volk seine kühnen Visionen für eine bessere Gesellschaft zu. »Wer Visionen hat, sollte zum Arzt gehen«, entgegnet der Deutsche dann in bester Altkanzler-Helmut-Schmidt-Manier und bügelt sogleich jeglichen Anflug von gesellschaftlicher Kühnheit weg. Der deutsche Dauerpessimismus, die *»German Angst«*, quasi als mentale Versicherung für ewige Besserwisserei. So kann man selbst im Weltuntergang noch sagen: »Seht her, ich hab's ja schon immer gewusst.«

Fairerweise muss man jedoch anmerken, dass wir Deutsche mit unserem Schwarzsehen nicht alleine sind: Weltweit denken knapp zwei Drittel der Menschen, dass ihr Land die aktuellen und zukünftigen Probleme nicht gebacken bekommt.[3] Ein Wert, der schon seit über zehn Jahren praktisch konstant ist. Ist es nicht traurig, dass 70 Prozent der Menschen weltweit denken, dass es die nachfolgenden Generationen einmal schlechter haben werden als sie selbst?[4] Sogar die jungen Menschen verlieren die Hoffnung: Eine Unicef-Umfrage aus dem Jahr 2021 zeigte, dass in den reichen Industrieländern fast 60 Prozent der 15- bis 24-Jährigen denken, dass die eigenen Kinder einmal schlechter leben werden.[5] Wo ist er hin, der jugendliche Optimismus, der Gesellschaften mitreißt in eine bessere Zukunft? Die können doch nicht alle die besorgniserregende McKinsey-Studie aus dem Jahr 2016 gelesen haben, die für 25 Länder zeigen konnte, dass zum ersten Mal in der jüngeren Geschichte das durchschnittliche Haushaltseinkommen global schrumpft.[6] Ein völlig unterschätzter Megatrend, der sich parallel zum globalen BIP-Wachstum vollzieht: Es wachsen die ersten Generationen heran, die vom Wohlstand ihrer Vorfahren in Geschichtsbüchern lesen müssen. Mit unserer Schwarzmalerei sind wir Deutschen also keineswegs allein – und es gibt genügend Studien, die unsere düsteren Prognosen stützen.

Allerdings sind wir Deutsche in einigen Punkten besonders pessimistisch – vor allem, was Zukunftstechnologien angeht: Nur 35 Prozent der Deutschen denken, dass neue Technologien eine Bereicherung darstellen. Damit sind wir in Europa auf dem hintersten Platz.[7] In einer groß angelegten Umfrage (dem »TechnikRadar«) im Jahre 2018 gab noch nicht mal ein Viertel der Deutschen an, dass Technik mehr Probleme löst als schafft.[8] Was für ein Sinneswandel: In den Sechzigern verkörperte das *»Space Age Design«* mit futuristischen Möbeln einen fortschrittlichen Technikoptimismus. Heute wollen wir am liebsten

Naturmaterialien und kein Plastik in der Wohnung, sehnen uns zurück zur Natur und bezweifeln, dass wir die großen Probleme von morgen mit neuen technologischen Ideen lösen werden. Selbst vor klimarettenden Weltverbesserern macht die pessimistische Endzeitstimmung nicht halt. Warum sonst geht bei uns die »Letzte Generation« auf die Straße? Bräuchten wir nicht die »Erste Generation«, die die Dinge wirklich anpackt?

Optimismus versus Pessimismus

Tatsächlich zeigt die Forschung: Optimisten sind in ihrem Leben erfolgreicher als Pessimisten. Unter einer Bedingung: Man hat die Dinge selbst in der Hand. Wenn nicht, dann lohnt es sich, schwarzzusehen. Denn wenn das eigene Schicksal von günstiger Fügung oder anderen Mächten abhängt, dann ist es taktisch cleverer, die Erwartungshaltung zu reduzieren. Erinnern Sie sich an das vorherige Kapitel: Je niedriger die Erwartungshaltung, desto leichter kann man sie übertreffen. Genau deswegen zeigt sich in psychologischen Untersuchungen, dass Menschen von der Zukunft nicht negativ überrascht werden, wenn sie ohnehin mit dem Schlimmsten rechnen.[9] Wer also nach einem Jobinterview davon ausgeht, dass es sowieso nichts wird mit der Zusage, der wird sich auch nicht ärgern, wenn es tatsächlich nicht klappt. Pessimisten halten deswegen chronische Krankheiten, die sich immer weiter verschlechtern, besser aus als Optimisten.[10] Letztere werden von ihrem Leid immer wieder negativ überrascht, Erstere rechnen mit dem Schlimmsten und nehmen Behandlungsempfehlungen deswegen eher an. Wenn das Schicksal zuschlägt, sind Pessimisten offenbar besser dran.[11]

Das sind jedoch Ausnahmefälle. Denn in aller Regel haben wir durchaus Einfluss auf die Dinge – und genau dann zeigt sich: Optimismus siegt. So treffen Optimisten bessere Finanzentscheidungen (und sorgen in Finanzfragen sogar eher für schlechte Zeiten vor als Pessimisten)[12], werden häufiger befördert[13] oder sind besonders gut darin, Leute für Neues mitzureißen.[14] Pessimismus kann hingegen lähmen und dadurch zu einer selbsterfüllenden Prophezeiung werden: Wenn man ohnehin davon ausgeht, dass die Welt untergeht, warum sich dann noch anstrengen? Pflanzt man dann wirklich noch ein Apfelbäumchen? Nein, denn Übersichtsarbeiten zeigen, dass gerade in Fragen des Klimawandels eine negative Pessimismusrhetorik demotiviert.[15]

Hier tritt sie hervor, die dunkle Seite des Pessimismus, denn er ist seinem Wesen nach antiaktivierend. Natürlich ist das Gegenteil genauso falsch: Wer denkt, dass die Zukunft schon gut werden wird, strengt sich ebenso wenig an.[16] Andererseits: Wäre ein solches Verhalten wirklich noch Optimismus oder schon naiv? Der Naivling weiß eigentlich, dass es nicht funktioniert, probiert es aber trotzdem. Das ist dumm. Der Optimist lässt sich auf Herausforderungen ein, die er schaffen kann. Er vertraut mit gutem Grund darauf, dass er es packt. Wenn er dann scheitert, muss er zwar damit klarkommen. Aber er hat vielleicht doch einen Schritt in die richtige Richtung gemacht. Wer auf den Mond fliegen will, aber dort unsanft landet, kann immer noch aus diesem Fehlschlag lernen. Und wer auf den Mars fliegen will, es aber nur bis zum Mond schafft, der hat immerhin schon mal die Erde verlassen. Wenn wir nie das Vertrauen gehabt hätten, dass wir die Welt ein kleines bisschen besser machen können, wir hätten niemals etwas erfunden. Der Optimist verändert die Welt, der Pessimist wartet darauf, dass es nicht ganz so schlimm wird.

Die vier Zutaten des Schwarzsehens

Trotz seiner gewaltigen Nachteile ist Pessimismus weltweit verbreitet. Mit einer Ausnahme: die großen Schwellenländer wie Indien oder China. Dort überwiegt der Optimismus, dass die Zukunft besser wird. Es verwundert nicht, dass diese Länder aktuell das größte technologische Momentum haben. Ähnliches zeigt sich in Umfragen aus Afrika: Junge Gesellschaften wie Kenia (Durchschnittsalter: 19,4) sind mutig, hungrig und optimistisch, dass die Welt besser wird. Wir hingegen betreten zum ersten Mal in der Weltgeschichte absolutes Neuland: Eine übersatte Gesellschaft, deren Aufstiegsgeschichte zu Ende erzählt ist, versucht, ihren Status zu halten. Ob das gelingt, ist völlig offen. Es ist schließlich präzedenzlos. Ob der übermäßige Pessimismus westlicher Industrieländer vielleicht eher ein Indikator für den bevorstehenden Abstieg ist? Aus kognitiver Sicht würde nichts dagegensprechen. Denn Untersuchungen zufolge sind optimistische Menschen oftmals kreativer und proaktiver als pessimistische. Optimisten sind in Kreativitätstests leistungsfähiger,[17] leben fast 15 Prozent länger als Schwarzseher,[18] halten Stress besser aus, leben im Alter glücklicher[19] und erholen sich von Krankheiten besser.[20] Das würde im Umkehrschluss bedeuten: Wenn wir weniger optimistisch denken, verlieren wir unser Momentum. Wir werden schwächer.

Dennoch scheinen Menschen den Pessimismus zu lieben: Einen wichtigen Grund dafür haben wir eben schon gesehen: Sie behalten immer den Worst Case im Auge. Doch es gibt noch andere mentale Grundlagen, weshalb wir der Zukunft gegenüber eher negativ eingestellt sind.

Erstens: Menschen unterschätzen die Wahrscheinlichkeit des Erfolgs.
In Kapitel 7 haben Sie bereits gesehen, dass wir Risiken und Chancen falsch einschätzen. Und da ich in diesem Buch schon

in einigen Kapiteln auf Münzwurf-Experimente zurückgegriffen habe, mache ich das an dieser Stelle wieder. Ein allerletztes Mal, versprochen.

Stellen Sie sich vor, Sie werfen zehnmal eine Münze. Für jedes Mal Kopf bekommen Sie zehn Euro, für jedes Mal Zahl bekommen Sie nichts. Was denken Sie: Wie viel Geld werden Sie nach zehn Würfen wohl in den Händen halten? Statistisch ist die Sache klar, denn im Durchschnitt sollten Kopf und Zahl gleich oft fallen, also sollten Sie 50 Euro erwarten. Doch das tun Menschen nicht. In der konkreten Studie lag die durchschnittliche Erwartung bei 0,37, das wären also 37 Euro.[21] Allerdings muss ich anmerken, dass diese Untersuchung in Frankreich durchgeführt wurde – und in allen Umfragen sind die Franzosen regelmäßig auf den hintersten Plätzen der pessimistischsten Schwarzseher zu finden.[22]

Zweitens: Menschen denken, früher war alles besser.
Das hat wiederum zwei Gründe. Zum einen erinnern wir uns an bestimmte Phasen in unserem Leben ganz besonders deutlich. Wie ist es bei Ihnen? Wenn Sie zurückblicken auf Ihr Leben: An welche Zeit erinnern Sie sich am intensivsten? Bei den meisten Menschen (die über 40 Jahre alt sind) kommen dann Erinnerungen aus ihren Zwanzigern hoch. Zwischen 20 und 30 ging es schließlich rund: Man zog von zu Hause aus, fing eine Ausbildung oder ein Studium an, lernte seinen Partner/seine Partnerin fürs Leben kennen. Kein Wunder, dass das besonders intensiv im Gedächtnis hängen bleibt. Man spricht folglich auch vom Reminiszenzeffekt.[23] Hinzu kommt, dass wir im Laufe unseres Lebens immer mehr Wert darauf legen, intensive Erinnerungen besonders positiv zu behalten.[24] Wenn man diese Effekte kombiniert, bedeutet das: Die besonders intensive Vergangenheit (um das 25. Lebensjahr herum) war am schönsten, danach ging es eher bergab. Und da wir seit Kapitel 3 wissen, dass Menschen gerne in Trends denken,

schreiben wir auch diesen Trend in die Zukunft fort. Mit dem Ergebnis, dass früher alles besser war und es weiter bergab geht. Das ist natürlich falsch, früher war nicht alles besser (auch das haben wir in Kapitel 3 bereits abgehandelt). Aber Menschen haben schon immer so gedacht. Während die Zukunft unsicher ist und man mit Sicherheit irgendwann sterben wird, ist die Vergangenheit gewiss, und wir haben sie überlebt. Wir kontrollieren sie gedanklich, das gibt uns ein gutes Gefühl. Oder wie es der Humorist Karl Valentin sagte: »Heute ist die gute alte Zeit von morgen.«

Drittens: Menschen erkennen den Fortschritt nicht.
Das Unglück ist sichtbar. Das Glück auch. Aber wir sehen es nicht. Denn Fortschritt ist oftmals das, was selbstverständlich geworden ist, oder das, was nicht mehr passiert. Wenn Sie vor 200 Jahren 70 Jahre alt waren, dann waren Sie eine medizinische Sensation. Heute beschweren sich über 70-jährige Best Ager, wenn in der Coronapandemie keine Kreuzfahrten mehr möglich sind. Als ich in den USA meinen Kumpel in Oakland besuchte (und zwar in keiner allzu schlechten Wohngegend), standen vor seinem Haus Straßenschilder mit der Aufschrift: *»Weapons, drugs and prostitution not allowed in this area«*. Einen Monat später war in seiner Nachbarwohnung ein zwei Zentimeter breites Einschussloch in der Hauswand. Da wurde mir klar, dass ich durch Frankfurt laufen kann, ohne Angst zu haben, ständig erschossen zu werden. Fortschritt ist meistens das, was nicht mehr passiert: dass eben keine Kinder mehr nach der Geburt sterben, dass es viel weniger Tote im Straßenverkehr gibt oder keine Kinderlähmung, keine Pocken, keine Cholera. Die größten Errungenschaften finden leider wenig medialen Widerhall. Niemand schreibt die Headline: »Heute wieder keine Mutter bei der Geburt gestorben«.

Fortschritt ist auch deswegen nicht sichtbar, weil er meistens viel langsamer vonstattengeht als ein negatives Ereignis. Es dauert Jahrzehnte, bis die Kindersterblichkeit nachlässt, alle Menschen lesen und schreiben können, die Arbeitslosigkeit sinkt. Gute Nachrichten sind langsam, schlechte sind schnell. Deswegen werden die positiven langfristigen Trends von kurzfristigen Negativnachrichten überrollt. Das ist schon deswegen völlig plausibel, weil Menschen immer einen Hang zum Schlechten haben. Niemand stellt sich an eine Autobahnraststätte und bewundert die 10 000 Autos, die unfallfrei vorbeifahren. Aber wenn sich mal ein Lkw auf der Gegenfahrbahn überschlägt, bilden sich Staus durch Gaffer. Es ist schließlich ein bekanntes psychologisches Phänomen, dass Menschen schon unterbewusst stärker auf negative Meldungen oder Bilder achten.[25] Übrigens ist das tatsächlich ein Trend, der immer schlimmer wird. So wertete eine große Studie Ende 2022 über 23 Millionen Schlagzeilen zwischen 2000 und 2019 aus mit dem Ergebnis, dass immer mehr negative Nachrichten auftauchen.[26] Derart bombardiert von schlechten Meldungen, kann man schon mal die Hoffnung verlieren. Wobei ich an dieser Stelle einem häufigen Vorurteil entgegentreten muss: Dass es die sozialen Medien sind, die uns negativ denken lassen, ist falsch. Eine YouGov-Umfrage Ende 2022 fand nämlich heraus: Je mehr sie Social Media nutzen, desto optimistischer schätzen Menschen die Zukunft der Welt ein.[27] Wenngleich auch die *»Heavy User«* von Instagram & Co zu fast zwei Dritteln denken, dass die Welt schlechter wird, ist das immerhin besser als die 72 Prozent Pessimisten, die nur ab und zu soziale Netzwerke nutzen.

Viele technologische Entwicklungen sind langsam, haben mitunter nur einen minimalen Vorteil, der sich erst auf lange Sicht deutlich bemerkbar macht, und lassen etwas aus der Welt verschwinden – so etwas hat in den Medien einen schweren Stand. Kein Wunder, dass wir dazu verleitet werden, negativ zu denken. Das trifft auch auf die letzte Pessimismus-Zutat zu, der wir uns jetzt zuwenden.

Pessimismus wirkt schlau

Wer ein pessimistischer Schwarzseher ist, den umgibt die Aura des Intellektuellen. Wenn ich in diesem Kapitel schreiben würde, dass die Zukunft wunderbar werden wird, wir auch die größten Probleme wie den Klimawandel oder das drohende Artensterben mit neuer Technologie überwinden werden und Deutschland es vielleicht sogar wieder ins Viertelfinale einer WM schafft, Sie würden wahrscheinlich nur den Kopf schütteln. Was wäre ich für ein naiver Spinner. Wie kann man angesichts der größten Menschheitskrisen derartig verblendet und zynisch sein? Wer hingegen heute schon die heraufziehenden Krisen ausmalt, gilt als weitsichtiger Vordenker. Wir lieben die Mahner und Warner, die uns gruseln lassen: wie schlecht unsere Schulen sind, unsere Digitalisierung, unser Rentensystem und unsere Klimabilanz. In keiner Talkshow darf die Person fehlen, die »Ja, aber …« sagt und uns zeigt, dass es doch nicht ganz so leicht ist, alle Probleme zu lösen.

»*Pessimists sound smart, optimists make money*«, hat der US-amerikanische IT-Unternehmer Nat Friedman gesagt: Pessimisten klingen schlau, Optimisten verdienen das Geld. Während den Pessimisten immer der Hauch des verantwortungsbewussten Nachdenkens umweht, gilt der Optimist schnell als naiver Depp (aber er packt die Sachen an). Das ist auch völlig logisch, denn wenn Sie die Gegenwart sauber und wissenschaftlich analysieren, müssen Sie zwangsläufig zum Pessimisten werden. Auch nach der besten und rationalsten Analyse werden Sie nämlich feststellen, dass sich die größten heutigen Probleme gar nicht lösen lassen. Das Wirtschaftswachstum kann nicht ungebremst weitergehen, weil wir entweder keine Ressourcen mehr haben oder die derzeitige Technologie an Limits stößt. Nur wer daran glaubt, dass es irgendwann einen neuen technologischen Durchbruch gibt, kann optimistisch bleiben. Und wer daran glaubt, dass die Menschheit auch in

200 Jahren noch gut leben wird, hat zu viel *Raumschiff Enterprise* geschaut.

Der Realist wird zum Pessimisten, der Optimist muss ein Träumer sein. Das ergibt sich zwangsläufig aus der Asymmetrie von Problemlösungen. Denn bevor wir eine Lösung haben, haben wir erst mal nur das Problem. Indem wir die zu lösenden Probleme in die Zukunft fortschreiben, unsere Lösungsmöglichkeiten aber nicht, stehen wir den Problemen immer hilflos gegenüber. Zumindest gibt es immer den Moment, an dem man keine Ahnung hat, wie man die Probleme lösen soll. An so einem Punkt stehen wir Menschen praktisch immer.

Genau deswegen sehen die größten Mahner und die klügsten Pessimisten von gestern heute manchmal verdammt alt aus. 1897 wollten Lebensversicherungen beispielsweise keine Männer unter Vertrag nehmen, die Fahrrad fuhren. Begründung: Die Forschung hätte gezeigt, dass Fahrradfahren einige Körperfunktionen ebenso sehr schädigen würde wie Biertrinken.[28] 1915 machte man sich Sorgen darüber, dass die Menschen zu viel Bücher lesen und ihre Augen damit ruinieren würden.[29] Am 26. Februar 1928 titelte die *New York Times*: »Der Aufstieg der Maschinen lässt uns alle arbeitslos werden.«[30] Wohlgemerkt: Nach dieser Meldung wurden in den USA weit über 100 Millionen neue Jobs geschaffen. Ein Trend, der bis heute anhält: Von den 270 Jobs, die im US-Zensus 1950 ermittelt wurden, wurde in den folgenden 65 Jahren ein einziger ersetzt: der Fahrstuhlführer.[31] Alle anderen Tätigkeiten veränderten sich, verschwanden aber nicht. Trotzdem ist auch heute noch die Sorge vor dem Jobverlust durch künstliche Intelligenz aktueller denn je. Wer vor der kommenden Massenarbeitslosigkeit warnt, ausgelöst durch denkende Computer, der gilt als allwissender Prophet. Was für ein Unsinn! Derzeit wachsen mehr neue Tätigkeiten aus dem Boden, als KI zu ersetzen droht.

Solange die besten Funktionen von KI darin bestehen, der

menschlichen Produktivität zu assistieren und unser Denken zu beschleunigen (und auf diesem Niveau befindet sich KI gerade), wird der damit einhergehende Produktivitätszuwachs niemals in Massenarbeitslosigkeit münden, sondern in einen Zuwachs an Arbeit. So war es in der Geschichte immer, Parkinsons Gesetz (siehe Kapitel 10) lässt grüßen. Natürlich könnte man sich vorstellen, dass Maschinen irgendwann die komplette menschliche Arbeit übernehmen und dann unsere demokratische Meinungsbildung kollabiert (siehe Kapitel 4 über die Skalierbarkeit des Individuellen), aber das ist kein gutes Argument, sondern ein Zirkelbezug: Unter der Annahme, dass jede menschliche Arbeit schlechter ist als die maschinelle, gibt es logischerweise keine menschliche Arbeit mehr. Ob es so kommt? Wir wissen es nicht. Bis es aber so weit ist, hat man zwei Möglichkeiten: Man kann sich vor lauter Apokalypse gruseln – oder man bleibt positiv und überlegt sich, wie man die neue Computertechnik am sinnvollsten einsetzt. Dreimal dürfen Sie raten, welche Haltung am meisten Nutzen für die Zukunft verspricht. Überhaupt die Angst vor Computern: Anfang April 1997 druckte das US-Magazin *Newsweek* noch die Schlagzeile »*The Brain's Last Stand*« – das »letzte Gefecht des Gehirns«, nachdem der Schachweltmeister Garri Kasparow vom IBM-Rechner »Deep Blue« im Schach geschlagen worden war. Die Sorge des Artikels: In Zukunft wird wohl niemand mehr Schach spielen, wenn Computer bessere Spielzüge finden als der Mensch. Wie man sich doch irren kann. Am 15. April 2023 titelte die *Washington Post* über den aktuellen Schach-Hype an US-Schulen, ausgelöst von Social-Media-Stars: »Landesweit sind Lehrer perplex ob der Begeisterung ihrer Schüler für Schach«[32].

In Kapitel 3 zum Trenddenken haben wir schon gesehen, dass man nicht überheblich über die Vergangenheit urteilen sollte (Stichwort: Rückschaufehler). Das soll natürlich nicht heißen, dass man nicht aus der Geschichte lernen kann. Gerade die oben genannten Beispiele zeigen: Menschen überschätzen den Fortbestand eines Problems (Stichwort: Trenddenken) in der Zukunft – und unterschätzen, dass wir neue Technologien zu dessen Lösung haben werden. Wie schon in Kapitel 5 beschrieben, hat Rockefellers Öl die Wale gerettet. Die Ammoniak-Synthese durch das Haber-Bosch-Verfahren begründete nicht nur den Aufstieg der BASF zum größten Chemieunternehmen der Welt, sondern war auch die wohl größte Anti-Hunger-Technologie der Geschichte. Man erinnere sich: Im 19. Jahrhundert düngte man die Felder noch mit Guano und anderen natürlich vorkommenden Mineralien. Es war undenkbar, dass die zunehmende Weltbevölkerung weiter ernährt werden könnte, wenn man keine Alternativen für diesen kostbaren Rohstoff fand. Chile, Peru und Bolivien führten 1879 um die letzten Mineralvorkommen in der Atacama-Wüste den »Salpeterkrieg«. Damals, Anfang der 1880er-Jahre, hätte man sich hinsetzen und ein höchst pessimistisches Bild von der Zukunft malen können: von ausgehendem Dünger, folgenden Hungersnöten, Massenmigration und Kriegen. Jeder intellektuelle Beobachter hätte gar keine andere Wahl gehabt, als ein grauenhaftes Zukunftsszenario zu entwerfen. Und jeder hätte ihm recht gegeben, denn ein solches Szenario war völlig plausibel und von der Wissenschaft gedeckt.

Oder man setzt sich hin und findet einen Weg, auf Vogelkot als Dünger zu verzichten. Fritz Haber und Carl Bosch taten das und fanden ein Verfahren, um aus Stickstoff und Wasserstoff künstlich Ammoniak herzustellen. Der Grundstoff für die modernen Kunstdünger (Stichwort »Brot aus Luft«) war plötzlich massenhaft verfügbar. Natürlich wird der Pessimist gleich einwenden, dass diese neue Technologie nicht nur Hunderten von Millionen (wahrscheinlich sogar Milliarden) Menschen das Leben gerettet, sondern auch unser Grundwasser überdüngt hat. Auch dieses Problem könnte man in Zukunft lösen (durch gentechnisch veränderte Pflanzen), wenn man denn will. Man muss es nicht tun. Aber niemals werden wir die Probleme von morgen mit den Technologien und Denkweisen von heute lösen. Und niemals haben Pessimisten die Welt gerettet. Sie waren nur in den größten Krisen besser vorbereitet. Deswegen sind sie nicht ausgestorben. Auch das kann ja manchmal ein Vorteil sein.

Was ist also besser: pessimistisch zu sein und vom Weltuntergang nicht überrascht zu werden? Oder optimistisch zu sein, den Weltuntergang verhindern zu können? Viel wichtiger für das menschliche Handeln ist tatsächlich nicht die Frage nach einer optimistischen oder pessimistischen Haltung, sondern ob man das Heft des Handelns in der Hand hat. Will man die Grundlagen des Optimismus erforschen, beschäftigt man sich in der Neuropsychologie deswegen damit, ob Menschen selbst gestaltend aktiv sind oder passiv reaktiv.[33] Dabei stellt sich heraus: Pessimismus geht mit der Angst vor Kontrollverlust einher. Denn wer davon ausgeht, dass man die Dinge nicht im Griff hat, für den ist es besser, pessimistisch zu sein.

Hingegen neigen Menschen dazu, optimistisch zu sein, wenn sie ihr Glück selbst steuern können. Tatsächlich sind sie dann sogar übermäßig optimistisch, geradezu naiv. Vor einer Heirat unterschätzen sie systematisch die Wahrscheinlichkeit, dass die Ehe scheitern wird. Genauso unterschätzen Raucher konsequent die Gefahr von Lungenkrebs. Unternehmensgründer unterschätzen die Wahrscheinlichkeit einer Pleite und gehen deswegen öfter bankrott, als dass sie reüssieren. Vielleicht ist das der Grund, weshalb die erfolgreichsten Unternehmer eher pessimistisch sind.[34] Auf der anderen Seite sind Menschen immer dann am pessimistischsten, wenn es um die großen Trends in der Welt geht, die sie nicht aktiv beeinflussen können. So schätzen Menschen ihren persönlichen Ausblick für das nächste Jahr konsequent besser ein als den Ausblick für das Land, in dem sie leben.[35] Anders gesagt: Sobald man die Welt wirklich verändern will, muss man Optimist sein. Oder zumindest optimistisch unzufrieden. Man muss ja nicht alles gut finden. Aber wer nicht denkt, dass die Welt besser werden kann, braucht gar nicht anzufangen, in diesem Sinne aktiv zu werden.

Wir haben es in der eigenen Hand

Warum sollten wir also optimistisch sein? Die Antwort ist nicht, weil es irgendwann eine neue Technologie geben wird, die uns retten kann. Das wäre schließlich ein genauso unbelegbarer Glaube wie der Glaube an die Apokalypse. Der Grund, optimistisch sein zu sollen, liegt vielmehr darin, dass optimistische Menschen Probleme lösen, indem sie sich mit ihnen beschäftigen. Folglich verändern sie die Problematik und kommen dadurch auf neue Ideen. Natürlich hat praktisch jede neue Technologie auch negative Folgen. Aber wer diese Tatsache als Argument dafür verwendet, neuen Technologien prinzipiell kritisch gegenüberzustehen, der kann sich gerne seine nächste Mahlzeit ohne Feuer oder Elektrizität erhitzen. Es ist das Wesen von menschlichem Fortschritt (und auch von Wissenschaft), dass jede Antwort neue Fragen und Probleme schafft. Das kann man annehmen, sich den Mund abputzen und nach der nächstbesten Lösung suchen. Wir haben das als Menschen immer getan und werden es auch in Zukunft tun.

Wäre hingegen der menschliche Fortschritt nicht durch unsere Handlungen, unseren Mut und unsere Bereitschaft zu scheitern vorangetrieben worden, sondern durch glückliche Umstände, praktisch durch Zufall, dann wäre jeder Pessimismus berechtigt. Denn wir hätten keine Möglichkeit, die Zukunft proaktiv zu gestalten. Wenn wir Pech haben und uns die Ideen ausgehen, dann war's das mit unserem Fortschritt. Wenn wir jedoch davon ausgehen, dass Fortschritt davon abhängt, was wir daraus machen, dann sollten wir allen Grund haben, optimistisch zu sein. Schließlich kann man Menschen alles vorwerfen: dass wir gemein und brutal sind, dass wir töten und gierig sind, dass wir Kriege führen und andere Menschen unterjochen, dass wir uns in allen diesen Fällen dumm verhalten. Aber den Optimismus zu verlieren, das wäre die größte Dummheit, die wir uns niemals leisten sollten. Natürlich hat die Menschheit kaum eine Gelegenheit ausgelassen, sich von ihrer dunklen Seite zu zeigen. Was man ihr aber nicht vorwerfen kann: dass sie nicht einfallsreich wäre, wenn es darauf ankommt. Wenn es wirklich hart auf hart kommt, erfinden wir Impfstoffe in Rekordzeit oder Kunstdünger. Menschen sind dann am erfindungsreichsten, wenn die Krisen am größten sind.

Im Jahre 1815 brach der Vulkan Tambora im heutigen Indonesien aus. Dieser Ausbruch zählt zu den heftigsten der letzten 20 000 Jahre. Die Folgen waren global und massiv: Die freigesetzten Staub- und Schwefelteilchen reflektierten das Sonnenlicht, die durchschnittliche Temperatur sank im Folgejahr um bis zu 0,8 Grad ab. Es gilt als das »Jahr ohne Sommer«. Schnee auch im Juli bis in tiefe Lagen, Missernten, Hungersnöte, Choleraausbrüche und Massenauswanderungen in die USA waren die Folgen. Doch genau dann werden Menschen erfindungsreich: Justus von Liebig dachte darüber nach, Pflanzen künstlich zu düngen. In Württemberg gründete man eine landwirtschaftliche Unterrichtsanstalt (die heutige Universität Hohenheim) und richtete ab 1818 ein Fest der landwirtschaftlichen Verbände aus: das Cannstatter Volksfest. Dass die Sonnenuntergänge auf den Gemälden von William Turner in solch leuchtenden Farben erstrahlen, hatte damit zu tun, dass durch den Vulkanausbruch so viele Staubpartikel in der Atmosphäre waren, dass das Sonnenlicht besonders intensiv erschien. Mir gefällt auch die Tatsache, dass Karl von Drais im Jahre 1817 seinen ersten Prototyp eines Fahrrades vorgestellt hatte: die Draisine. Die Legende will es, dass die Knappheit an

Pferden (die während der Hungersnot geschlachtet wurden) andere Arten der schnellen Fortbewegung erforderte. Vielleicht hat ein Vulkanausbruch in Indonesien dazu geführt, dass wir heute auf Fahrrädern durch die Welt radeln.

So schließe ich dieses Buch, wie ich es begonnen habe: mit dem Fahrrad. Von dem wir zwar nicht wirklich verstehen, wie es funktioniert (siehe Kapitel 2), das uns aber trotzdem an die schönsten Orte der Welt bringen kann. Das die vielleicht einzige Technologie ist, die man nicht für etwas Schlechtes einsetzen kann, obwohl sie aus der Not geboren wurde. Das man zu fahren dann am besten lernt, wenn man etwas weglässt (siehe Kapitel 10), und das sich umso leichter fahren lässt, je schneller man wird – sobald wir aufhören zu treten, fallen wir um.

Wir sollten nicht vergessen, dass es dieser Erfindungsreichtum ist (und unser Vertrauen darauf, dass wir die Probleme lösen werden, wenn wir sie nur anpacken), der uns die Welt besser machen lässt. Gewiss, nicht immer verhalten wir uns clever. Dieses Buch hat Ihnen viele Beispiele gezeigt, wo uns unser Denken einen Streich spielt. Auch beim Fahrradfahren fallen wir am Anfang hin. Niemand hat zu Beginn den »Biomechanik-Masterplan«, wie man perfekt Rad fährt. Wir springen drauf – und stürzen. Ich bin Rennradfahrer, ich weiß, wie man dann aussieht, das ist nicht schön. Aber wir stehen wieder auf und lernen aus unseren Fehlern. Nicht weil wir den perfekten Plan haben, sondern weil wir den Mut haben, immer weiterzumachen. Dieser Mut ist Optimismus. Ihn zu behalten, ist unsere Aufgabe. Er wird uns erfolgreich machen.

Anmerkungen

Kapitel 1

1 https://www.bpb.de/kurz-knapp/zahlen-und-fakten/soziale-situation-in-deutschland/61547/lebenserwartung/.

2 https://www.youtube.com/watch?v=Z8t4k0Q8e8Y.

3 Veenhoven R & Hagerty M (2006) Rising Happiness in Nations 1946–2004: A Reply to Easterlin, Social Indicators Research 79(3): 421–436.

4 Easterlin A et al. (2010) The Happiness-Income Paradox Revisited, Economic Sciences 107(52) 22463–22468.

5 Rudolf R & Bethman D (2023) The Paradox of Wealthy Nations' Low Adolescent Life Satisfaction, Journal of Happiness Studies, 24:79–105.

6 https://www.thelocal.de/20211111/the-eastern-state-bucking-the-unhappy-german-trend.

7 https://worldhappiness.report/ed/2019/the-sad-state-of-happiness-in-the-united-states-and-the-role-of-digital-media/.

8 https://www.dak.de/dak/bundesthemen/erneuter-hoechst-stand-bei-psychisch-bedingten-fehltagen-2609614.html#/.

9 https://ec.europa.eu/eurostat/de/web/products-eurostat-news/-/edn-20210910-1.

10 https://www.astronomie.de/bibliothek/interviews/professor-harald-lesch-2001.

11 Karst J et al. (2023) Positive citation bias and overinterpreted results lead to misinformation on common mycorrhizal networks in forests, Nature Ecology & Evolution:1–11.

12 Kavanagh J et al. (2019) News in a Digital Age, Rand Corporation, https://www.rand.org/pubs/research_reports/RR2960.html.

13 https://fowid.de/meldung/religionszugehoerigkeiten-2021.

14 https://www.ifd-allensbach.de/fileadmin/kurzberichte_dokumentationen/FAZ_Dezember2021_Christen.pdf.

15 https://de.statista.com/infografik/26016/glaube-an-vorhersagen-aus-horoskopen/.

16 https://www.faz.net/aktuell/wirtschaft/unternehmen/wie-mit-spiritualitaet-und-esoterik-milliarden-verdient-werden-17683951.html.

17 https://de.tinderpressroom.com/jahresrueckblick-2022.

18 Whitson JA, Galinsky AD (2008) Lacking control increases illusory pattern perception, Science, 322(5898):115–117.

19 Kramer RM (1994) The sinister attribution error: Paranoid cognition and collective distrust in organizations, Motivation and emotion, 18:199–230.

20 Gmelch G (1971) Baseball magic, Trans-Action, 8(8):39–41.

21 Sales SM (1973) Threat as a factor in authoritarianism: an analysis of archival data, J Pers Soc Psychol, 28(1):44–57.

22 Namdiero-Walsh A et al. (2022) Does Magical Thinking Bind or Separate Us? A Re-analysis of Data from Germany, India, South Korea, and Turkey, Human Arenas, 1–27.

23 Kahan DM et al. (2012) The polarizing impact of science literacy and numeracy on perceived climate change risks, Nature Climate Change, 2:732–735.

24 Rosenberger M. (2014), Die Ratio der »Klima-Religion«. Eine theologisch-ethische Auseinandersetzung mit klimaskeptischen Argumenten, GAIA 23(2), S. 93–99.

25 https://www.theatlantic.com/politics/archive/2019/03/us-counties-vary-their-degree-partisan-prejudice/583072/.

26 West RF et al. (2012) Cognitive sophistication does not attenuate the bias blind spot, Journal of personality and social psychology, *103*(3):506–519.

27 Hatemi, PK & McDermott R (2016) Give Me Attitudes, Annual Review of Political Science, 19:331–350.
28 Kahan DM (2013) Ideology, Motivated Reasoning, and Cognitive Reflection: An Experimental Study, Judgment and Decision Making, 8:407–724.
29 Joslyn MR & Haider-Markel DP (2014) Who knows best? Education, partisanship, and contested facts, Politics & Policy, 42(6):919–947.
30 Jones PE (2020) Partisanship, political awareness, and retrospective evaluations, 1956–2016, Political behavior, 42:1295–1317.
31 Phillips DL & Clancy KJ (1972) Some effects of »social desirability« in survey studies, American Journal of Sociology, 77:921–940.
32 Bishop GF et al. (1980) Pseudo-opinions on public affairs. Public Opinion Quarterly, 44:198–220.
33 Atir S et al. (2015) When Knowledge Knows No Bounds: Self-Perceived Expertise Predicts Claims of Impossible Knowledge, Psychological Science, 1–9.
34 Marsh JK et al. (2022) The Compelling Complexity of Conspiracy Theories, Proceedings of the Annual Meeting of the Cognitive Science Society, 44:44.
35 https://www.duh.de/presse/pressemitteilungen/pressemitteilung/deutsche-umwelthilfe-zu-ergebnissen-des-koalitionsausschusses-verheerende-attacke-auf-den-klimasch/.
36 https://www.deutschlandfunk.de/antidemokratische-dynamiken-in-der-klimabewegung-politologe-100.html.
37 https://www.quarks.de/umwelt/klimawandel/wie-klimaschaedlich-sind-kinder-wirklich/.
38 Roberts AJ et al. (2022) Does Speeded Decision-Making Reveal Tacit Teleological Tendencies? Collabra Psychology, 8(1): 38108.
39 Jenkins W et al. (2018) Religion and Climate Change, Annual Review of Environment and Resources, 43:85–108.
40 Sendung »Anne Will« vom 15. April 2023, Minute 16:37,

https://daserste.ndr.de/annewill/videos/Deutschland-schaltet-ab-Ist-der-Atom-Ausstieg-die-richtige-Entscheidung,-annewill7908.html.
41 https://www.rand.org/pubs/monograph_reports/MR1546.html.
42 https://www.wsj.com/articles/a-red-team-exercise-would-strengthen-climate-science-1492728579.

Kapitel 2

1 Lawson R (2006) The science of cycology: Failures to understand how everyday objects work, Memory & Cognition, 34(8):1667–1675.
2 https://www.gianlucagimini.it/portfolio-item/velocipedia/.
3 Rozenblit L & Keil F (2002) The misunderstood limits of folk science: An illusion of explanatory depth, Cognitive Science, 26(5):521–562.
4 Fernbach PM et al. (2013) Political extremism is supported by an illusion of understanding, Psychological Science, 24(6):939–946.
5 Porter T et al. (2022) Predictors and consequences of intellectual humility, Nature Reviews Psychology, 1(9):524–536.
6 Meyers EA et al. (2020) Inducing feelings of ignorance makes people more receptive to expert (economist) opinion, Judgment and Decision Making, 15(6):909–925.
7 Rizzolatti G, Sinigaglia C (2016) The mirror mechanism: a basic principle of brain function, Nat Rev Neurosci, 17(12):757–765.
8 Preston JL, Shin F (2021) Anthropocentric biases in teleological thinking: How nature seems designed for humans, Journal of Experimental Psychology: General, 150(5):943–955.
9 https://www.n-tv.de/leute/Hannes-Jaenicke-ueber-Mensch-und-Misere-article22024763.html.

10 https://www.sueddeutsche.de/wissen/corona-tierschutz-massentierhaltung-goodall-1.5136714.
11 https://www.youtube.com/watch?v=CyJ3swz1_W0.
12 Trommler F et al. (2018) Students' reasons for preferring teleological explanations, International Journal of Science Education, 40(2):159–187.
13 [1] Lombrozo T et al. (2007) Inferring design: evidence of a preference for teleological explanations in patients with Alzheimer's disease, Psychol Sci, 18(11):999–1006.
14 https://www.edge.org/annual-question/what-is-your-favorite-deep-elegant-or-beautiful-explanation.
15 https://news.gallup.com/poll/261680/americans-believe-creationism.aspx.
16 Zemla JC et al. (2017) Evaluating everyday explanations, Psychonomic Bulletin & Review, 24(5):1488–1500.
17 https://blogs.lse.ac.uk/impactofsocialsciences/2014/04/23/academic-papers-citation-rates-remler/.
18 Van de Calseyde PP & Efendić E (2022) Taking a disagreeing perspective improves the accuracy of people's quantitative estimates, Psychological Science, 33(6):971–983.

Kapitel 3

1 Wason PC (1960) On the failure to eliminate hypotheses in a conceptual task, Quarterly Journal of Experimental Psychology, 12(3):129–140.
2 https://www.beatlesbible.com/1962/01/01/recording-decca-audition/.
3 https://www.snopes.com/fact-check/ken-olsen/.
4 https://www.wallstreet-online.de/nachricht/10423085-steve-jobs-musik-streaming-falsch.
5 Chew SH et al. (2020) Motivated false memory. Journal of Political Economy, 128(10):3913–3939.

6 Howes SS et al. (2020) When and why narcissists exhibit greater hindsight bias and less perceived learning, Journal of Management, 46(8):1498–1528.
7 Groß J & Pachur T (2019) Age differences in hindsight bias: A meta-analysis, Psychology and Aging, 34(2):294–310.
8 Meuer M et al. (2022) What determines hindsight bias in written work? One field and three experimental studies in the context of Wikipedia, Journal of Experimental Psychology: Applied.
9 https://de.statista.com/statistik/daten/studie/303339/umfrage/umsatzanteil-von-e-books-im-buchmarkt/.
10 Clinton V (2019) Reading from paper compared to screens: A systematic review and meta-analysis, Journal of Research in Reading, 42(2):288–325.
11 Lui P et al. (2020) Ready to bully automated vehicles on public roads? Accident Analysis and Prevention, 137(6):105457.
12 Quoidbach J et al. (2013) The end of history illusion Science, 339(6115):96–98.
13 Van Ryzin GG (2016) Evidence of an ›end of history illusion‹ in the work motivations of public service professionals, Public Administration, 94(1):263–275.
14 https://www.mackinac.org/OvertonWindow.
15 https://www.dw.com/de/denkmal-der-schande-f%C3%BCr-bj%C3%B6rn-h%C3%B6cke/a-41487274.
16 https://www.wsj.com/articles/SB10001424052702304388004577531002591315494.
17 https://group-media.mercedes-benz.com/marsMediaSite/de/instance/ko/August-1888-Bertha-Benz-unternimmt-die-erste-Fernfahrt-der-Welt-mit-einem-Automobil.xhtml?oid=9361401.

Kapitel 4

1 https://www.youtube.com/watch?v=Gh2YU1mS5tY.

2 https://www.welt.de/print-welt/article499801/Beschleunigt-das-Internet-die-Demokratisierung.html.

3 https://ourworldindata.org/democracy?insight=the-world-has-recently-become-less-democratic#key-insights.

4 https://www.youtube.com/watch?v=Gh2YU1mS5tY.

5 https://eu.dispatch.com/story/lifestyle/2011/05/14/facebook-class-at-stanford/23347973007/.

6 https://www.nytimes.com/2011/05/08/technology/08class.html.

7 Rollwage M et al. (2020) Confidence drives a neural confirmation bias, Nature Communications 11.1:2634.

8 Zollo F et al. (2017) Debunking in a world of tribes, PLOS ONE 12.7: e0181821.

9 Brugnoli E et al. (2019) Recursive patterns in online echo chambers, Scientific Reports 9.1: 20118.

10 https://www.statista.com/outlook/dmo/digital-media/video-games/worldwide.

11 https://www.statista.com/statistics/271856/global-box-office-revenue/.

12 Mayer G et al. (2020) Expressions of individualization on the internet and social media: Multigenerational focus group study, Journal of Medical Internet Research 22.11: e20528.

13 Lorenz-Spreen P et al. (2023) A systematic review of worldwide causal and correlational evidence on digital media and democracy, Nature Human Behaviour 7.1: 74–101.

14 Müller K & Schwarz C (2021) Fanning the flames of hate: Social media and hate crime, Journal of the European Economic Association 19.4: 2131–2167.

15 Pearson GDH & Knobloch-Westerwick S (2019) Is the confirmation bias bubble larger online? Pre-election confirmation bias

in selective exposure to online versus print political information, Mass Communication and Society 22.(4): 466–486.
16 https://www.pewresearch.org/journalism/2021/09/20/news-consumption-across-social-media-in-2021/.
17 https://www.virtualhumans.org/article/the-top-virtual-influencers-trending-on-chinas-social-media-platforms.
18 https://gizmodo.com/almost-none-of-the-women-in-the-ashley-madison-database-1725558944.
19 Aroyo AM et al. (2021) Overtrusting robots: Setting a research agenda to mitigate overtrust in automation. Paladyn, Journal of Behavioral Robotics 12.1: 423–436.
20 Burt S & Ronchi D (2007) Teaching executives to see social capital: Results from a field experiment, Social Science Research 36.3: 1156–1183.
21 Pan W, Altshuler Y, Pentland A (2012) Decoding Social Influence and the Wisdom of the Crowd in Financial Trading Network. Privacy, Security, Risk and Trust (PASSAT), 2012 International Conference on Social Computing, 203–209, Institute of Electrical and Electronics Engineers (IEEE).
22 Roozenbeek J et al. (2022) Psychological inoculation improves resilience against misinformation on social media, Science Advances 8.34: eabo6254.

Kapitel 5

1 https://www.latimes.com/archives/la-xpm-2004-may-28-me-barbra28-story.html.
2 https://www.californiacoastline.org/streisand/motion-anti-slapp-exh.pdf, S. 5.
3 https://www.californiacoastline.org/news/sjmerc5.html.
4 Pham N et al. (2016) Messages from the food police: how food-related warnings backfire among dieters, Journal of the Association for Consumer Research, 1(1):175–190.

5 Berman ER & Johnson RK (2015) The unintended consequences of changes in beverage options and the removal of bottled water on a university campus, American Journal of Public Health, 105(7):1404–1408.

6 https://www.oekotest.de/freizeit-technik/Nabu-Studie-zeigt-Papiertueten-nicht-besser-als-Plastiktueten-_12361_1.html.

7 Kaplan JT et al. (2016) Neural correlates of maintaining one's political beliefs in the face of counterevidence, Sci Rep, 6:39589.

8 https://projekte.uni-erfurt.de/cosmo2020/web/topic/impfung/10-impfungen/#unterschiede-zwischen-geimpften-und-ungeimpften.

9 Tschötschel R et al. (2021) Climate change policy support, intended behaviour change, and their drivers largely unaffected by consensus messages in Germany, Journal of Environmental Psychology, 76:101655.

10 Chinn S & Hart PS (2021) Climate change consensus messages cause reactance, Environmental Communication, 1–9.

11 https://www.rnd.de/gesundheit/portugal-was-machte-die-impfkampagne-so-erfolgreich-CMLJOGQ5MBBNLPAEWUTKUKQDFE.html.

12 https://www.umweltbundesamt.de/daten/verkehr/emissionen-des-verkehrs#-das-mehr-an-pkw-verkehr-hebt-den-fortschritt-auf.

13 Barr S et al. (2010) ›A holiday is a holiday‹: practicing sustainability, home and away, Journal of Transport Geography, 18(3):474–481.

14 Hirst E et al. (1985) Indoor temperature changes in retrofit homes, Energy, 10(7):861–870.

15 Klöckner CA et al. (2013) Positive and negative spillover effects from electric car purchase to car use, Transportation Research Part D: Transport and Environment, 21:32–38.

16 Mazar N & Zhong CB (2010) Do Green Products Make Us Better People? Psychological Science, 21(4):494–498.

17 »Furcht vor der Fessel«, in: Der Spiegel 1975, 50: S. 40–52, hier: S. 40.
18 Der Spiegel 1970, 43: S. 252.
19 Der Spiegel 1975, 50: S. 40–52, hier: S. 40.
20 Bundesverfassungsgericht Beschluss vom 24. Juli 1986 (Az. 1 BvR 331/85).
21 https://www.umweltbundesamt.de/daten/verkehr/emissionen-des-verkehrs#pkw-fahren-heute-klima-und-umweltvertraglicher.
22 https://www.nationalgeographic.de/umwelt/2021/09/klima-schutz-wie-steht-es-um-das-ozonloch.
23 https://www.coffeecircle.com/de/b/kaffee-prohibition-deutschland.
24 https://www.bundesgesundheitsministerium.de/service/begriffe-von-a-z/a/alkohol.html.
25 https://www.destatis.de/DE/Themen/Gesellschaft-Umwelt/Verkehrsunfaelle/Publikationen/Downloads-Verkehrsunfaelle/unfaelle-alkohol-5462404217004-1_2021449.pdf?__blob=publicationFile.
26 https://www.bzga.de/presse/pressemitteilungen/2019-09-03-bzga-zum-tag-des-alkoholgeschaedigten-kindes/.
27 Tiefenbeck V et al. (2013) For better or for worse? Empirical evidence of moral licensing in a behavioral energy conservation campaign, Energy Policy, 57:160–171.
28 Wisdom J et al. (2010) Promoting healthy choices: Information versus convenience, American Economic Journal: Applied Economics, 2(2):164–178.
29 Tricomi E, Fiez JA (2008) Feedback signals in the caudate reflect goal achievement on a declarative memory task, Neuroimage, 41(3):1154–67.
30 https://www.youtube.com/watch?v=5sMBhDv4sik.
31 Griskevicius V et al. (2010) Going green to be seen: status, reputation, and conspicuous conservation, Journal of Personality and Social Psychology, 98(3):392–404.
32 White K et al. (2019) How to SHIFT consumer behaviors to be

more sustainable: A literature review and guiding framework, Journal of Marketing, 83(3):22–49.

Kapitel 6

1 https://www.heise.de/news/Intel-Chef-kritisiert-Internet-Nutzung-durch-die-Wirtschaft-25491.html.

2 eGovernment Benchmark 2022, European Commission, https://digital-strategy.ec.europa.eu/en/library/egovernment-benchmark-2022.

3 Digital Economy and Society Index (DESI), 2022, https://digital-strategy.ec.europa.eu/de/policies/desi.

4 Erwerbspersonenvorausberechnung 2020, Statistisches Bundesamt, https://www.destatis.de/DE/Themen/Arbeit/Arbeitsmarkt/Erwerbstaetigkeit/Publikationen/Downloads-Erwerbstaetigkeit/erwerbspersonenvorausberechnung5124208209004.pdf?__blob=publicationFile.

5 https://www.economist.com/business/2023/01/12/go-to-texas-to-see-the-anti-green-future-of-clean-energy.

6 https://www.csis.org/analysis/saudi-arabias-hydrogen-industrial-strategy.

7 Qin P & Northoff G (2011) How is our self related to midline regions and the default-mode network?, NeuroImage, 57:1221–1233.

8 Hershfield HE (2011) Future self-continuity: how conceptions of the future self transform intertemporal choice, Ann N Y Acad Sci, 1235:30–43.

9 Ersner-Hershfield H et al (2009) Saving for the future self: Neural measures of future self-continuity predict temporal discounting, Soc Cogn Affect Neurosci, 4(1):45–92.

10 Wakslak CJ (2008) Representations of the self in the near and distant future, Journal of Personality and Social Psychology, 95(4):757–773.

11 Bartels DM & Urminsky O (2011) On intertemporal selfishness: How the perceived instability of identity underlies impatient consumption, Journal of Consumer Research, 38(1):182–198.
12 Van Gelder JL et al. (2013) Vividness of the future self predicts delinquency, Psychological Science, 24(6):974–980.
13 The American Future Gap, Institute for the Future, Palo Alto, 2017, https://legacy.iftf.org/americanfuturegap/.
14 Rendell PG et al. (2012) Older adults have greater difficulty imagining future rather than atemporal experiences, Psychology and Aging, 27(4):1089–1098.
15 Ersner-Hershfield H et al. (2009) Don't stop thinking about tomorrow: Individual differences in future self-continuity account for saving, Judgment and Decision Making, 4(4):280–286.
16 Rodzon K et al. (2014) Within-Subject Comparison of Degree of Delay Discounting Using Titrating and Fixed Sequence Procedures, Behav Processes, 86(1):164–167.
17 Kassam KS et al. (2008) Future anhedonia and time discounting, Journal of Experimental Social Psychology, 44(6):533–537.
18 Pronin E et al. (2008) Doing unto future selves as you would do unto others: psychological distance and decision making, Pers Soc Psychol Bull, 34(2):224–236.
19 Wilson M & Daly M (2004) Do pretty women inspire men to discount the future?, Proc Biol Sci, 271 Suppl 4:177–179.
20 Shoda Y et al. (1990) Predicting adolescent cognitive and self-regulatory competencies from preschool delay of gratification: Identifying diagnostic conditions, Developmental Psychology, 26:978–986.
21 Casey BJ et al. (2011) Behavioral and neural correlates of delay of gratification 40 years later, Proceedings of the National Academy of Sciences, 108:14998–15003.
22 Richmond-Rackerd LS et al. (2021) Childhood self-control forecasts the pace of midlife aging and preparedness for old age, Psychological and Cognitive Sciences, Proceedings of the National Academy of Sciences, 118(3):e2010211118.

23 Watts TW et al. (2018) Revisiting the Marshmallow Test: A Conceptual Replication Investigating Links Between Early Delay of Gratification and Later Outcomes, Psychol Sci, 29(7):1159–1177.
24 Smiley A & Fisher M (2022) The Golden Age Is Behind Us: How the Status Quo Impacts the Evaluation of Technology, Psychological Science, 33(9):1605–1614.
25 Samuelson W & Zeckhauser R (1988) Status Quo Bias in Decision Making, Journal of Risk and Uncertainty, 1(1):7–59.
26 Shiffman S (2006) Natural history of nicotine withdrawal, Addiction, 101(12):1822–1832.
27 Smith KS & Graybiel AM (2022) Habit formation, Dialogues in Clinical Neuroscience, 18(1):33–43.
28 Hershfield HE et al. (2012) Short horizons and tempting situations: Lack of continuity to our future selves leads to unethical decision making and behavior, Organizational Behavior and Human Decision Processes, 117(2):298–310.
29 O'Donnell S et al. (2017) Does Goal Relevant Episodic Future Thinking Amplify the Effect on Delay Discounting? Conscious Cogn, 51:10–16.
30 Konovalov A & Krajbich I (2020) Mouse tracking reveals structure knowledge in the absence of model-based choice, Nature Communications, 11(1):1893.

Kapitel 7

1 Rottenstreich Y & Hsee, CK (2001) Money, kisses, and electric shocks: On the affective psychology of risk, Psychological Science, 12(3):185–190.
2 Monat A. et al. (1972) Anticipatory stress and coping reactions under various conditions of uncertainty, Journal of Personality and Social Psychology, 24(2):237–253.
3 Kunreuther H et al. (2001) Making low probabilities useful, Journal of Risk and Uncertainty 23:103–120.

4 Howard RA (1980) On making life and death decisions, Societal risk assessment: how safe is safe enough? 89–113.
5 https://de.statista.com/statistik/daten/studie/554932/umfrage/sterberisiko-ausgewaehlter-aktivitaeten/.
6 https://www.visualcapitalist.com/wp-content/uploads/2018/08/crunching-numbers-on-mortality.html.
7 Howard RA. (1989) Microrisks for medical decision analysis, Int J Technol Assess Health Care, 5(3):357–370.
8 Spiegelhalter D (2012) Using speed of ageing and »microlives« to communicate the effects of lifetime habits and environment, BMJ, 345:e8223.
9 Sandman PM. (1998) Communications to reduce risk underestimation and overestimation, Risk Decision and Policy, 3(2):93–108.
10 https://www.bfs.de/DE/bfs/wissenschaft-forschung/stellungnahmen/ion/radon-wohnungen.html.
11 https://www.destatis.de/DE/Themen/Gesellschaft-Umwelt/Verkehrsunfaelle/Tabellen/getoetete-fahrzeugart.html.
12 Johnson EJ. (1993) Framing, Probability Distortions, and Insurance Decisions, Risk & Uncertainty, 7:35–51.
13 Viscusi WK et al. (1987) An investigation of the rationality of consumer valuations of multiple health risks, The RAND Journal of Economics, 465–479.
14 VG Ansbach, Urteile vom 2.11.2022, Az.: AN 14 K 22.00468 und Az.: AN 14 K 21.01431.
15 https://www.tmf-ev.de/DesktopModules/Bring2mind/DMX/Download.aspx?Method=attachment&Command=Core_Download&EntryId=32081&PortalId=0.
16 https://www.ohnegentechnik.org/artikel/bundestagswahl-fast-zwei-drittel-gegen-lockerungen-der-gentechnik-regeln.
17 https://www.bund.net/fileadmin/user_upload_bund/publikationen/landwirtschaft/landwirtschaft_gentechnik_gene_drive_umfrage.pdf.

18 https://www.destatis.de/DE/Presse/Pressemitteilungen/2022/07/PD22_286_46241.html.
19 Lewis J et al. (2023) The Worst-First Heuristic: How Decision Makers Manage Conjunctive Risk, Management Science 69(3): 1575–1596.
20 Viscusi WK (1997) Alarmist decisions with divergent risk information, The Economic Journal, 107(445):1657–1670.
21 https://www.spiegel.de/wirtschaft/corona-impfstoffe-bund-hat-offenbar-fuer-13-1-milliarden-euro-bestellt-a-3b777502-bb21-4699-948d-30cf43e9c618.
22 https://www.n-tv.de/wirtschaft/Zu-viele-LNG-Terminals-loesen-auch-keine-Probleme-article23957035.html.
23 https://ariadneprojekt.de/publikation/deutschland-auf-dem-weg-aus-der-gaskrise/.
24 https://wildliferangerchallenge.org/wp-content/uploads/2021/08/WRC-2021-Launch-Press-Release.pdf.
25 https://www.helmholtz-klima.de/aktuelles/die-nordsee-im-klimawandel-hier-steigt-das-wasser.
26 https://www.swp-berlin.org/publications/products/projekt_papiere/Transatlantic_Risk_Governance_Survey_July_2013.pdf.
27 Blanchett D et al. (2018) The effect of advanced age and equity values on risk preferences, Journal of Behavioral Finance 19(4): 434–441.
28 Grubb MA et al. (2016) Neuroanatomy accounts for age-related changes in risk preferences, Nature Communications, 7(1:13822.
29 Sproten AN et al. (2018) Decision making and age: Factors influencing decision making under uncertainty, Journal of Behavioral and Experimental Economics, 76:43–54.
30 https://www.internationalinvestment.net/internationalinvestment/news/3722990/german-investors-risk-averse.
31 Futagami K & Sunaga M (2022) Risk aversion and longevity in an overlapping generations model, Journal of Macroeconomics, 72:103415.

32 https://aiindex.stanford.edu/report/.
33 Hsee CK, Ruan B (2016) The Pandora Effect: The Power and Peril of Curiosity, Psychol Sci, 27(5):659–666.

Kapitel 8

1 https://www.lemonde.fr/idees/article/2020/05/29/jens-spahn-pourquoi-l-allemagne-surmonte-relativement-bien-cette-crise_6041110_3232.html.
2 https://www.dkv.global/covid-safety-assessment-200-regions.
3 https://www.faz.net/aktuell/politik/inland/hohe-uebersterblichkeit-in-deutschland-in-der-corona-pandemie-18020243.html.
4 https://www.politico.com/story/2016/07/michelle-obama-hillary-clinton-226182.
5 https://www.bloomberg.com/opinion/articles/2022-10-24/california-poised-to-overtake-germany-as-world-s-no-4-economy.
6 https://www.silkroadbriefing.com/news/2023/03/27/the-brics-has-overtaken-the-g7-in-global-gdp/.
7 Gilovich T et al. (2000) The spotlight effect in social judgment: An egocentric bias in estimates of the salience of one's own actions and appearance, Journal of Personality and Social Psychology, 78(2):211–222.
8 Crosby JR et al. (2014) The minority spotlight effect, Social Psychological and Personality Science, 5(7):743–750.
9 Beasley MA & Fischer MJ (2012) Why they leave: The impact of stereotype threat on the attrition of women and minorities from science, math and engineering majors, Social Psychology of Education, 15:427–448.
10 Bursztyn L et al. (2018) Misperceived social norms: Female labor force participation in Saudi Arabia (No. w24736), National Bureau of Economic Research.

11 https://www.destatis.de/Europa/DE/Thema/Bevoelkerung-Arbeit-Soziales/Arbeitsmarkt/ArbeitsmarktFrauen.html.
12 Newton L (1990) »Overconfidence in the Communication of Intent: Heard and Unheard Melodies«, Unpublished doctoral dissertation, Stanford, CA: Stanford University.
13 Ross L et al. (1977), The »false consensus effect«: an egocentric bias in social perception and attribution processes, J Exp Soc Psychol, 13:279–301.
14 Choi I & Cha O (2019) Cross-cultural examination of the false consensus effect, Frontiers in Psychology, 10:2747.
15 Gilovich T et al. (1998), The illusion of transparency: biased assessments of others' ability to read one's emotional states, Journal of Personality and Social Psychology, 75(2):332–346.
16 https://www.wiwo.de/politik/deutschland/hauptthema-energiesicherheit-lng-und-wasserstoff-kanada-und-deutschland-wollen-zusammenarbeit-verstaerken/28618466.html.
17 https://exxpress.at/gaskrise-kanada-laesst-europa-im-stich-aus-ruecksicht-auf-den-klimaschutz/.
18 https://www.weltenergierat.de/wp-content/uploads/2021/10/2021-Blueprint-Survey_complete.pdf.
19 https://www.bmz.de/de/laender/kenia/kernthema-erneuerbare-energie-58008.
20 Sparkman G et al. (2022) Americans experience a false social reality by underestimating popular climate policy support by nearly half, Nature Communications, 13(1):4779.
21 https://www.meintrendyhandy.de/shop/iphone-xs-max-gefalschte-kamera-aufkleber-250955p.html.
22 https://newsroom.mobile.de/autobesitz-vor-klimaschutz-so-steht-die-jugend-zum-thema-fuehrerschein-und-co/.
23 Tschötschel R et al. (2021) Climate change policy support, intended behaviour change, and their drivers largely unaffected by consensus messages in Germany, Journal of Environmental Psychology, 76:101655.
24 Richter I et al. (2018) A social norms intervention going wrong:

Boomerang effects from descriptive norms information, Sustainability, 10(8):2848.
25 Helm SV et al. (2018) Differentiating environmental concern in the context of psychological adaption to climate change, Global Environmental Change, 48:158–167.
26 Tehan R et al. (2017) Beacons of litter: A social experiment to understand how the presence of certain littered items influences rates of littering, Journal of Litter and Environmental Quality, 1(1):5–15.
27 Keizer K et al. (2018) Social norms and pro-environmental behaviour. Environmental psychology: An introduction, 179–188.
28 Schultz PW et al. (2007) The constructive, destructive, and reconstructive power of social norms, Psychological Science, 18(5):429–434.
29 Mani A et al. (2013) Fostering Peer Interaction to Save Energy, 2013 Behavior, Energy, and Climate Change Conference, Sacramento.

Kapitel 9

1 https://www.presseportal.de/pm/118695/5069979.
2 https://yougov.de/topics/international/articles-reports/2021/09/08/homo-bisexuell-transgender-oder-non-binar-die-span.
3 Ebd.
4 Centola D et al. (2018) Experimental evidence for tipping points in social convention, Science, 360(6393):1116–1119.
5 Grey S (2006) Numbers and Beyond: The Relevance of Critical Mass in Gender Research, Politics & Gender, 2(4): 492–502.
6 https://de.statista.com/statistik/daten/studie/1250556/umfrage/umfrage-in-deutschland-zur-nutzung-von-gendersprache-in-den-medien/.

7 Asch SE (1956) Studies of independence and conformity: I. A minority of one against a unanimous majority, Psychological Monographs: General and Applied, 70(9):1–70.
8 Bond R, Smith PB (1996) Culture and conformity: A meta-analysis of studies using Asch's (1952b, 1956) line judgment task, Psychological Bulletin, 119(1):111–137.
9 Erb HP et al. (2015) The minority decision – A risky choice, Journal of Experimental Social Psychology, 58:43–50.
10 Moscovici S et al. (1969) Influence of a consistent minority on the responses of a majority in a color perception task, Sociometry, 32(4):365–80.
11 Iacopini I et al. (2022) Group interactions modulate critical mass dynamics in social convention, Communications Physics, 5(1):64.
12 https://diewochentester.podigee.io/263-folge262-dasinterview22112022.
13 Dalege, J, van der Does T (2022) Using a cognitive network model of moral and social beliefs to explain belief change, Science Advances, 8(33), eabm0137.
14 https://www.americanrhetoric.com/speeches/mlkihaveadream.htm.

Kapitel 10

1 Adams GS et al. (2021) People systematically overlook subtractive changes, Nature, 592(7853):258–261.
2 Fillon AA et al. (2022) People systematically overlook subtractive changes (2021): Replication and extension, Preprint from PsyArXiv, DOI: 10.31234/osf.io/4jkvn.
3 https://www.researchandmarkets.com/reports/5642349/self-storage-market-global-industry-trends?utm_source=-BW&utm_medium=PressRelease&utm_code=hd8xwv&utm_campaign=1739838+-+Global+Self+Storage+Market+-

(2022+to+2027)+-+Industry+Trends%2c+Share%2c+Size%2c-+Growth%2c+Opportunity+and+Forecasts&utm_exec=jamu-273prd.

4 https://financesonline.com/app-usage-statistics/.

5 Morrot G et al. (2001) The color of odors, Brain Lang., 79(2):309–20.

6 Farris HH, Revlin R (1989) Sensible reasoning in two tasks: Rule discovery and hypothesis evaluation, Memory and Cognition, 17(2):221–32.

7 Hopkins EJ et al. (2016) The seductive allure is a reductive allure: People prefer scientific explanations that contain logically irrelevant reductive information, Cognition, 155:67–76.

8 Silas J et al. (2021) The seductive allure of technical language and its effect on covid-19 vaccine beliefs and intentions, Vaccine, 39(52): 7590–7597.

9 Giurge LM et al. (2020) Why time poverty matters for individuals, organisations and nations, Nature Human Behaviour, 4:993–1003.

10 Perlow, L.A. (1999) The time famine: Toward a sociology of work time. Administrative Science Quarterly, 44(1):57–81.

11 Parkinson CN (1955) Parkinson's Law, The Economist, 177(5856):635–637.

12 https://www.youtube.com/watch?v=Ibkg5E-0Pz4.

13 Hidalgo C (2021) Economic complexity theory and applications, Nature Reviews Physics, 3, pages 92–113.

14 https://www.wind-energie.de/themen/mensch-und-umwelt/planung/.

15 https://www.handelsblatt.com/politik/deutschland/jahresbericht-nkr-erhoehung-des-mindestlohns-liess-buerokratie-stark-steigen/28864224.html.

Kapitel 11

1 https://de.statista.com/statistik/daten/studie/3907/umfrage/mobilfunkanschluesse-in-deutschland/.

2 https://www.factory-magazin.de/themen/trennen/mehr-gold-im-muell-als-in-der-mine.html.

3 https://www.greenpeace.de/publikationen/20151123_greenpeace_modekonsum_flyer.pdf.

4 https://themen.ebay-kleinanzeigen.de/medien/pressemitteilungen/tag-der-gebrauchten-kleidung-fast-die-halfte-der-klamotten-liegt-ungetragen-in-kleiderschranken/.

5 https://verbund.edeka/unternehmen/was-ist-der-edeka-verbund/m%C3%A4rkte-vertrieb/edeka/.

6 https://www.vdm-bonn.de/mineralwasser-fakten/marktdaten-mineralwasser/.

7 https://www.destatis.de/DE/Themen/Gesellschaft-Umwelt/Einkommen-Konsum-Lebensbedingungen/Ausstattung-Gebrauchsgueter/Tabellen/a-evs-unterhaltungsElektr-d.html.

8 https://www.derstandard.de/story/2000132723089/besitzen-wir-wirklich-10-000-dinge.

9 https://www.zdf.de/gesellschaft/lesch-sieht-schwartz/weniger-ist-das-neue-mehr-100.html.

10 https://www.merkur.de/politik/mbarek-energie-markus-lanz-zdf-luisa-neubauer-ukraine-g7-spd-gruene-scholz-stegner-zr-91637487.html.

11 Colombo M (2014) Deep and beautiful. The reward prediction error hypothesis of dopamine, Stud Hist Philos Biol Biomed Sci, 45:57–67.

12 Canessa N et al. (2017) Neural markers of loss aversion in resting-state brain activity, NeuroImage, 146:257–265.

13 https://www.bmwk.de/Redaktion/DE/Pressemitteilungen/2022/01/20220120-finale-klimabilanz-2020-emissionen-sanken-um-41-prozent-gegenuber-1990.html.

14 Tversky A & Kahneman D (1992) Advances in prospect theory:

Cumulative representation of uncertainty, Journal of Risk and Uncertainty, 5(4):297–323.

15 Canessa N et al. (2017) Neural markers of loss aversion in resting-state brain activity, NeuroImage (146):257–265.

16 Wang M et al. (2017) The impact of culture on loss aversion, Journal of Behavioral Decision Making, 30(2):270–281.

17 Inesi M (2010) Power and Loss Aversion, Organizational Behavior and Human Decision Processes, 112:58–69.

18 Gächter S et al. (2007) Individual-level loss aversion in riskless and risky choices, Theory and Decision, 92(3–4):599–624.

19 Hershfield HE (2011) Future self-continuity: how conceptions of the future self transform intertemporal choice, Ann N Y Acad Sci, 1235:30–43.

20 Kassam KS et al. (2008) Future anhedonia and time discounting, Journal of Experimental Social Psychology, 44(6):1533–1537.

21 https://www.zdf.de/nachrichten/panorama/jugend-vergangenheit-zukunft-umfrage-100.html.

22 Ghesla C et al. (2020) Pro-environmental incentives and loss aversion: A field experiment on electricity saving behavior, Energy Policy, 137:111131.

23 Bonan J et al. (2021) Can social information programs be more effective? The role of environmental identity for energy conservation, Journal of Environmental Economics and Management, 108:102467.

24 Lu B & Wang J (2022) How can residents be motivated to participate in waste recycling? An analysis based on two survey experiments in China, Waste Management, 143:206–214.

25 Florence ES et al. (2022) Message framing effects on sustainable consumer behaviour: a systematic review and future research directions for social marketing, Journal of Social Marketing, (ahead-of-print).

26 Bontempo RN et al. (1997) Cross-cultural differences in risk perception: A model-based approach, Risk Analysis, 17(4):479–488.

27 https://www.tagesschau.de/wirtschaft/desertec-wueste-strom-solarenergie-101.html.
28 https://www.oekom.de/buch/earth-for-all-9783962383879.
29 https://www.bmuv.de/media/entwicklung-der-gesamten-treibhausgasemissionen-nach-quellbereichen-1990-bis-2035.

Kapitel 12

1 https://www.zeit.de/kultur/2023-03/museumsinsel-pergamonmuseum-berlin-renovierung?utm_referrer=https%-3A%2F%2Fwww.google.com%2F.
2 https://www.tagesschau.de/wirtschaft/unternehmen/bahn-deutschlandtakt-101.html.
3 https://www.ipsos.com/sites/default/files/ct/news/documents/2022-09/Global-report-what-worries-the-world.pdf.
4 https://www.pewresearch.org/fact-tank/2022/08/11/large-shares-in-many-countries-are-pessimistic-about-the-next-generations-financial-future/.
5 https://changingchildhood.unicef.org/stories/future-fortunes.
6 https://www.mckinsey.com/featured-insights/employment-and-growth/poorer-than-their-parents-a-new-perspective-on-income-inequality.
7 https://www.vodafone-institut.de/wp-content/uploads/2018/02/Ipsos_VFI_Technologieakzeptanz.pdf.
8 https://www.acatech.de/publikation/technikradar-2018-was-die-deutschen-ueber-technik-denken/.
9 Norem JK & Chang EC (2002) The positive psychology of negative thinking, Journal of Clinical Psychology, 58(9):993–1001.
10 Sirois FM (2015) Who Looks Forward to Better Health? Personality Factors and Future Self-Rated Health in the Context of Chronic Illness, International Journal of Behavioral Medicine, 22:569–579.
11 Price MH & Jones JH (2020) Fitness-maximizers employ pes-

simistic probability weighting for decisions under risk, Evolutionary Human Sciences, 2:e28.
12 https://investor.frostbank.com/news-market-data/News-Details/2019/Improving-Financial-Health-Can-Be-A-Matter-Of-Mind-Over-Money/default.aspx.
13 Kaniel R et al. (2010) The importance of being an optimist: Evidence from labor markets, National Bureau of Economic Research, w16328.
14 Seligman ME & Schulman P (1986) Explanatory style as a predictor of productivity and quitting among life insurance sales agents, Journal of Personality and Social Psychology, 50(4):832–838.
15 Neimanis A et al. (2015) Four problems, four directions for environmental humanities: Toward critical posthumanities for the Anthropocene, Ethics & the Environment, 20(1):67–97.
16 Rogers T (2017) The belief in a favorable future, Psychological Science, 28(9):1290–1301.
17 Icekson T et al. (2014) Effects of optimism on creativity under approach and avoidance motivation, Front Hum Neurosci, 8:105.
18 Lee LO et al. (2019) Optimism is associated with exceptional longevity in 2 epidemiologic cohorts of men and women, Proceedings of the National Academy of Sciences, 116(37):18357–18362.
19 Lee LO et al. (2022) Optimism, Daily Stressors, and Emotional Well-Being Over Two Decades in a Cohort of Aging Men, The Journals of Gerontology, 77(8): 1373–1383.
20 Fanaroff AC et al. (2019) Relationship between optimism and outcomes in patients with chronic angina pectoris, The American Journal of Cardiology, 123(9):1399–1405.
21 Mansour SB (2006) Is there a »pessimistic« bias in individual beliefs? Evidence from a simple survey, Theory and Decision, 61(4):345–362.
22 https://www.eurofound.europa.eu/publications/report/2021/towards-the-future-of-europe-social-factors-shaping-optimism-and-pessimism-among-citizens.

23 Koppel J & Rubin DC (2016) Recent Advances in Understanding the Reminiscence Bump: The Importance of Cues in Guiding Recall from Autobiographical Memory, Curr Dir Psychol Sci, 25(2):135–149.
24 Mather M & Carstensen LL (2005) Aging and motivated cognition: The positivity effect in attention and memory, Trends in Cognitive Sciences, 9(10):496–502.
25 Oosterwijk S (2017) Choosing the negative: A behavioral demonstration of morbid curiosity, PLOS ONE, 12(7):e0178399.
26 Rozado D et al. (2022) Longitudinal analysis of sentiment and emotion in news media headlines using automated labelling with Transformer language models, PLOS ONE, 17(10): e0276367.
27 https://business.yougov.com/content/44584-american-pessimism-and-social-media.
28 https://www.newspapers.com/clip/38987812/democrat-and-chronicle/.
29 https://www.newspapers.com/clip/49089773/harper-advocate/.
30 https://www.nytimes.com/1928/02/26/archives/march-of-the-machine-makes-idle-hands-farm-employment-less-with.html.
31 https://cepr.org/voxeu/columns/how-computer-automation-affects-occupations-technology-jobs-and-skills.
32 Im Original: Teachers nationwide are flummoxed by students' new chess obsession, https://www.washingtonpost.com/education/2023/04/15/school-chess-class-clubs/.
33 Hecht D (2013) The Neural Basis of Optimism and Pessimism, Exp Neurobiol, 22(3):173–199.
34 de Meza et al. (2019) Curb your enthusiasm: Optimistic entrepreneurs earn less, European Economic Review, 111:53–69.
35 Nancy J (2016) Major changes in European public opinion regarding the European Union, European Parliament Research Service, S. 50 ff.